中小学生心理健康服务体系构建与指导：国际经验概览

王永丽　等著

人民教育出版社
PEOPLE'S EDUCATION PRESS

责任编辑：张镕涵
责任设计：张克青
责任校对：张奕淳
责任印制：邢同锐

图书在版编目（CIP）数据

中小学生心理健康服务体系构建与指导 ： 国际经验概览 / 王永丽等著. -- 北京 ： 人民教育出版社，2024. 12. -- ISBN 978-7-107-39130-9

Ⅰ. G444

中国国家版本馆CIP数据核字第2024RN1358号

中小学生心理健康服务体系构建与指导：国际经验概览

出版发行 人民教育出版社
（北京市海淀区中关村南大街17号院1号楼　邮编：100081）
网　　址 http://www.pep.com.cn
经　　销 全国新华书店
印　　刷 保定市中画美凯印刷有限公司
版　　次 2024年12月第1版
印　　次 2025年2月第1次印刷
开　　本 787毫米 ×1 092毫米　1/16
印　　张 23.25
字　　数 296千字
定　　价 75.00元

教育战略国际比较研究丛书编委会

总 序

20世纪80年代初，教育部成立情报资料室，专门从事国内外教育情报资料搜集、翻译、整理和研究工作。1986年，情报资料室更名为情报研究室。1990年，情报研究室并入教育管理信息中心。自此，收集、处理、分析国内外有关教育管理信息，为教育宏观管理和科学决策服务，为各级教育行政部门的管理工作服务，成为教育管理信息中心的重要工作职责。

新时代以来，党中央、国务院做出加快建设教育强国的决策部署，国外教育研究事业肩负新职责新使命。教育部教育管理信息中心坚持围绕中心、服务大局，找准定位、开拓创新，明确国外教育研究新定位，将加强国外教育研究、服务教育强国建设作为攻坚方向，积极以数字化赋能国外教育研究，逐步形成全方位、多层次、立体化的国外教育研究体系。

教育部教育管理信息中心发挥自身技术优势，开发上线全球教育信息平台。基于决策需求导向，分国别、专题、语种，持续汇集和丰富全球教育最新战略、法律、案例等基础信息和数据资源，为国外教育研究提供支撑，建成国外教育综合性信息资源库。目前，全球教育信息平台累计汇集数据36万条、65亿字，覆盖20多个语种，涉及195个国家和33个国际组织，实现"一网看遍世界教育"。

教育部教育管理信息中心与高等院校、科研院所深度合作，汇聚研究力量，动员百校千人开展协同攻关，开展有组织科研，形成国外教育政策研究集群。累计完成各类研究报告300余篇、200万字，涵盖战略规划、拔尖创新人才培养、学制改革、心理健康教育、国际教育、工程教育、数字教育、人工智能、校园欺凌预防与治理等各国教育共同关心的主题20多个。

为更好发挥系列研究成果的实用价值，促进信息交流与共享，教育部教育管理信息中心组织策划出版教育战略国际比较研究丛书，内容涉及主要国家教育发展战略规划、国外教育政策分析、拔尖创新人才早期培养、基础教育学制改革、心理健康教育、高中教育发展、数字教育等多个主题，服务管理决策和战略咨询，助力教育强国建设深入推进。

感谢课题组各位专家学者的辛勤付出。我们将继续加强合作，坚持学术追求与社会责任相统一，坚持正确方向，紧跟时代步伐，持续追踪、深入分析与研究国外教育动向。本套丛书难免有不足之处，敬请广大读者批评指正。

教育部教育管理信息中心

2024年10月

序　言

《中小学生心理健康服务体系构建与指导：国际经验概览》是一本按照习近平总书记提出的“扎根中国、融通中外”思想创作的作品，也是一份落实党的二十大报告中提出重视心理健康和精神卫生建设、为新时代做好心理健康和精神卫生工作提供有益参考的科研报告。加强心理健康服务、健全社会心理服务体系，是改善人民心理健康水平、促进社会心态稳定和人际和谐、提升人民幸福感的关键措施。

当前，心理健康在我国受到充分的重视，追求自尊自信、理性平和、积极向上的社会心态，让心理健康服务在社会上广受关注，并赢得了多方的重视。因此，从心理健康教育走向心理健康指导与服务，这是心理健康教育发展的必然趋势。心理健康服务体系的建设更是为了纲举目张。这也有助于切实把心理健康服务工作摆在更加突出的位置，健全健康教育、监测预警、咨询服务、干预处置“四位一体”的学生心理健康工作体系，德、智、体、美、劳五育并举促进心理健康，完善学校、家庭、社会和相关部门协同联动的学生心理健康工作格局。

近二十年来，我国学生心理健康服务获得快速发展，但仍有很多问题亟待解决，于此，我们在开展学生心理健康指导和服务的比较研究及其数据库建设的同时，有必要“融通中外”，借鉴不同国家学生心理健康指导和服务体系建设的经验，了解国际改革趋势和动向，以促进我们制定加强和改进新时代学生心理健康工作的政策，为我国儿童青少年健康成长保驾护航。为此，我们要概览国际经验。不少国家在学生心理健康指导与服务方面起步早，已经历较长的发展历史，甚至这项工作有的起始于19世纪。他们的学校都已开设心理健康课程，并为学生提供一系列的社会心理健康服务。这些服务的提供者包括社会工作者、学校心理学家、家庭咨询师或心理治疗师，以及依托一些公益项目、研究项目的心理健康服务机构。经历了一两个世纪的发展，国外学生心理健康服务已实现整合化、信息化、专业化、精细化、全员化和全程化。所有这些，都值得我们借鉴。

《中小学生心理健康服务体系构建与指导：国际经验概览》是国内第一本从国家战略角度系统研究学生心理健康指导与服务体系建设国际经验的专业书籍，为贯彻落实《全面加强和改进新时代学生心理健康工作专项行动计划（2023—2025年）》提供可借鉴、可操作的国际经验，对于建设健康中国、教育强国、人才强国具有一定意义。希望广大读者能与作者交流，提出不同的见解，共同探讨关注的课题。

是为序。

林崇德

2024年10月于北京师范大学

前　言

为贯彻落实党的二十大报告中关于重视心理健康和精神卫生的指示和要求，2023 年，教育部教育管理信息中心设立研究课题——“学生心理健康指导和服务国际比较研究及数据库建设”。为促进相关工作的开展和落地，我们联合中国科学院心理研究所、首都师范大学、浙江师范大学、西交利物浦大学、北京教育学院等研究机构，共同创建学生心理健康教育与服务研究课题组，开展学生心理健康教育与服务的国际比较研究。课题组从国家战略角度系统梳理了俄罗斯、德国、英国、法国、丹麦、芬兰、美国、加拿大、巴西、墨西哥、阿根廷、韩国、日本、以色列、印度、新加坡、澳大利亚、南非共 18 个国家学生心理健康指导与服务体系建设，具体包括：学生心理健康指导与服务推进的历史脉络，各国颁布的相关政策法规，学校心理健康服务的主要内容及操作手段，以及家庭、学校、社会协同促进学生心理健康指导与服务的机制，跨部委之间如何紧密协作等。

本书作者包括：王永丽、秦霁柯、周琦、陈天莹、Irina Shcheglova（第一章），王永丽、陆金金、Michael Day、毛知航、徐承启、张泽昊（第二章），王永丽、陈罗康卉、张兴利（第三章），王永丽、代文静、李佳仪、孙阮珏、任丽欣（第四章），王永丽、李晓乐、张兴利（第五章），王永丽、石予鑫、王蕾、邢淑芬（第六章），王永丽、金蕾、赵金、杜美彦、黄乐妍、罗心瑜、叶乃嘉、刘钰（第七章），王永丽、邢淑芬、路晓晗、刘伊宁（第八章），王永丽、孙琪、王娇、张晓艳（第九章），王永丽、吴蒙、闫嵘、高琳婷、Yu Jeong Jin、谭翎（第十章），王永丽、晏甜甜、颜笑、申嘉琪、董晓飞（第十一章），王永丽、黄银、肖露瑶、彭菁媛、陈妍琳、丁菀（第十二章），王永丽、李文俏、翟羽佳（第十三章），王永丽、赵怡然、刘婧雯、赖琦琪、刘雨晴（第十四章），王永丽、张秦涵、孙炳海、李伟健（第十五章），王永丽、刘伊宁、刘瑞琪、邢淑芬（第十六章），王永丽、刘燕、邢淑芬（第十七章），孙茜、印义、叶颖琪、王庆、陈雪（第十八章）。王永丽负责全书的框架搭建及各章内容的梳理和统稿，郭向和、姚力宁参与书稿的编校工作。

王永丽

2024 年 9 月

目 录

第一章

俄罗斯中小学心理健康教育与服务

俄罗斯中小学生面临的社会压力日益增加，压力源来自学业竞争、家庭期望、社会交往和互联网使用等，这些压力对他们的心理健康产生了负面影响。有数据显示，俄罗斯中小学生面临着日益严峻的心理健康问题，包括情绪障碍、抑郁、注意力不集中等。[1] 更令人担忧的是，俄罗斯中小学生的自残率、自杀人数也呈上升趋势。面对这些问题，俄罗斯政府、社会和家庭正努力加强对中小学生心理健康的关注和支持，通过推动政策的制定，开发和整合资源，加强心理健康教育，改善中小学生的心理健康状况。

一、俄罗斯中小学生心理健康问题的主要类型

俄罗斯是一个具有悠久历史的国家，对经济社会发展的迫切需求让整个社会极其看重中小学生的学业成绩，学生的学业负担重，加上社会、家庭因素（如家庭冲突、校园欺凌等），俄罗斯中小学生的心理健康问题面临严峻挑战。据俄罗斯的专业大众媒体报道，大约 40%—80% 的俄罗斯青少年有心理健康问题。一项针对孟加拉国、巴西、英国、印度、挪威、俄罗斯和也门七个国家的调查研究也发现，俄罗斯中小学生的心理问题检出率最高，7—14 岁的儿童中，17.1% 存在心理问题。[2] 通过梳

理相关研究发现，俄罗斯中小学生的心理健康问题主要表现为以下三种类型。

一是注意缺陷多动障碍。注意缺陷多动障碍是俄罗斯儿童和青少年中一种常见的行为障碍，主要表现为注意力集中困难、多动和冲动行为。有研究表明，俄罗斯 4%—18% 的中小学生患有注意缺陷多动障碍，在俄罗斯莫斯科地区，注意缺陷多动障碍的发病率为 15%—28%。

二是抑郁等情绪问题。俄罗斯青少年环境研究与网络监测中心 2020 年的一份报告中援引世界卫生组织的统计数据显示，俄罗斯 18 岁以下的中小学生中，抑郁症的患病率约为 11%。

三是自残、自杀行为。俄罗斯联邦国家统计局的数据显示，2021 年，俄罗斯每 10 万名 10—14 岁儿童中，有 1.6 人死于自杀；15—19 岁青少年中，每 10 万人中有 6.2 人死于自杀。5—8 岁儿童的最新数据来自 2016 年，每 10 万人中有 0.1 人自杀。俄罗斯统计局 2016 年的青少年自杀统计数据显示，自杀多发地区包括俄罗斯联邦的楚科奇自治区（每 10 万人中有 29.67 人）、布里亚特共和国（每 10 万人中有 11.05 人）和跨贝加尔湖地区（每 10 万人中有 7.7 人）、堪察加地区（每 10 万人中有 6.67 人）、阿尔泰共和国（每 10 万人中有 5.02 人）。此外，自残行为在俄罗斯也十分普遍。据资料显示，10%—14% 的高中生报告至少有过一次自残行为，3% 的高中生报告过多次自残行为。[2] 有研究者认为，地理、文化、种族异质性和社会经济等，可能是导致俄罗斯中小学生高自杀率的影响因素。除此之外，俄罗斯的校园欺凌事件发生率较高，27% 的俄罗斯学生报告经常受到欺凌，9.5% 的俄罗斯学生频繁受到欺凌或目睹了欺凌行为，这也是导致俄罗斯中小学生高自杀率的因素。

二、俄罗斯中小学生心理健康教育的政策措施

俄罗斯对中小学生心理健康教育的相关政策措施可以追溯到19世纪初，政府首次将国外心理学课程纳入中学教育体系。由于当时只是复制国外经验，没有充分结合本国师资、教材、教学方法等实际情况，心理学课程在后来的100多年中经历了多次中断和恢复。直到20世纪中叶，苏共中央委员会为了抚平战争给儿童带来的创伤，出台了“关于在中学教授逻辑学和心理学课程”的决议，要求自1947年起，在四年内实现苏联所有中学心理学课程的全覆盖。1988年，国家教育委员会颁布法令，要求在所有教育机构设立教育心理学家这一岗位。自此，俄罗斯中小学生心理健康教育步入正轨。下面以时间脉络为主线，梳理俄罗斯中小学生心理健康教育的相关政策措施。

1999年，当时的俄罗斯联邦教育部出台《实用心理学服务条例》。该条例的目标是确定阻碍个人和社会发展的心理原因并制定预防策略，激发学生的创造能力，帮助学生形成积极的学习动机，养成健康的生活方式，促进学生的个性发展。为了实现这些目标，该条例规定了俄罗斯联邦教育系统内心理服务机构活动的组织方法，这些心理服务机构包括：各级教育部门的教育方法办公室，各级心理、教育、医疗和社会援助中心，各级心理、医疗和教育委员会，科学机构，高等教育机构下属部门，以及其他向中小学生提供心理援助的机构。

2012年，俄罗斯联邦总统普京批准出台《关于2012—2017年国家儿童行动战略》。该战略旨在确保实现儿童权利领域的现有国际标准，在俄罗斯联邦国家当局、地方政府、民间社会机构和公民层面形成统一方法，致力于为儿童创造一个舒适、友好的环境。该战略明确提出要确保教育的可及性和质量，包括确保向中小学生提供高质量的心理预防和干预援助、

确保制定示范性方案、确保制定帮助中小学生形成健康生活方式的措施。此外，该战略还对教育心理学家向儿童提供心理援助作出了详细的法律规定，提出建立家庭心理教育支持系统、提高父母的心理教育能力。

2015 年，俄罗斯联邦劳动和社会保障部批准《教育心理学家（教育领域的心理学家）专业标准》，并于 2017 年 1 月 1 日起施行。文件明确教育领域心理工作者的专业目标是为基础教育、职业教育和附加教育提供心理和教学支持。

2017 年，当时的俄罗斯联邦教育和科学部出台《至 2025 年俄罗斯联邦教育系统心理服务发展纲要》（以下简称《纲要》）。《纲要》是落实《关于 2012—2017 年国家儿童行动战略》的重要举措之一，确定了到 2025 年俄罗斯联邦教育系统关于心理服务的国家政策目标、目的、原则、主要方向和机制，并要求地方制定发展心理服务的区域计划（成套措施）。2022 年，俄罗斯联邦教育和科学部结合《纲要》实际推进落实情况，更新并出台《至 2025 年俄罗斯联邦普通教育和中等职业教育系统心理服务发展方案》，进一步细化了相关举措。

2019 年，俄罗斯联邦政府出台《至 2020 年改善未成年人自杀预防体系措施》，针对俄罗斯中小学生居高不下的自杀率，要求教育部、卫生部等在一年内按照职责分工落实 20 条措施预防中小学生自杀行为，包括对相关职能部门提出应对建议，对学生、家长、教师开展培训活动，加强互联网信息和未成年人自杀率统计监测等。

2020 年，俄罗斯联邦教育和科学部出台《关于普通教育机构心理服务运作体系的方法建议》。该文件充分吸收了地方实践经验，确定了普通教育机构心理服务活动的目标方向、对象范围、实施主体、工作模式等内容，旨在为需要帮助的学生提供个性化服务，维护和加强学生的心理健康和福祉，促进学生发展，提高教育效果。

当前，俄罗斯《联邦教育法》（2012 年颁布，2023 年修订）和《联邦州教育标准》（2009 年确立，2020 年修订）都明确将心理健康教育作为学生全面发展和社会适应的组成部分。其中《联邦教育法》第 42 条明确向那些在完成基础教育计划、发展和社会适应方面遇到困难的学生提供心理、教学、医疗和社会援助，《联邦州教育标准》将心理健康纳入基础教育教学体系，明确教育工作计划应以学生人格及个性发展为目标，加强心理健康教育，保护学生的心理健康。

三、俄罗斯中小学校心理健康服务的实施

作为心理健康服务实践的重要场所，俄罗斯中小学为预防和干预中小学生心理健康问题开展了大量工作。本部分从俄罗斯中小学生心理健康服务的组织体系、心理健康服务的师资情况、心理健康服务的主要内容三个方面系统介绍俄罗斯中小学的心理健康服务。

（一）心理健康服务的组织体系

俄罗斯联邦的心理健康服务自上而下由联邦层面、市级层面和学校层面三级组织体系构成。其中联邦层面和市级层面均包括心理、教育、医疗和社会援助中心以及心理、医疗和教育委员会两个组织。各级心理、教育、医疗和社会援助中心作为最高级的部门，主要负责统筹资源，确保各级心理、医疗和教育委员会的良好运作。此外，它还直接为学校层面的心理和教育委员会提供设备、平台等支持，提供计算机心理诊断系统，创建远程沟通的虚拟平台，采用统一线上平台登记各级服务内容等。各级心理、医疗和教育委员会主要负责为各类需要心理健康医疗服务的儿童（包括有特殊需求儿童）提供全方位支持。具体包括：筛查儿童心理健康问

题，编写向儿童提供心理、医疗和教学支持的建议，为有心理问题的儿童父母、教育机构等提供咨询援助等。此外，它还接收学校层面的心理和教育委员会无法处理的有心理问题的儿童，替代或弥补学校层面无法解决的心理支持和援助问题。

在学校层面，俄罗斯联邦教育和科学部《教育机构心理和教育委员会的条例》规定所有教育机构都应设立心理和教育委员会，其组成人员包括主席（机构副主任）、副主席（可从成员中确定）、教育心理学家、言语治疗师、心理教师等。学校心理和教育委员会的任务是为学生提供心理和教育的支持和指导，帮助他们克服学习困难、发展个人技能、提高社交能力，并适应学校和社会环境。

（二）心理健康服务的师资情况

《学校教育系统心理服务工作条例》是俄罗斯学校心理健康教育工作的指导性文件，对学校心理健康教育工作者（包括教育心理学家和心理教师）的责任、权利和义务等做出明确规定，保证了学校心理健康教育的科学性、教育性和有效性。俄罗斯中小学心理健康教育工作者可根据工作侧重点不同分为两类，即教育心理学家和心理教师，前者侧重于运用心理学知识为学生、家长、教师等教育活动的参与者提供心理服务，后者则主要负责向学生传授心理学知识（即授课）。在《学校教育系统心理服务工作条例》基础上，俄罗斯2015年制定的《教育心理学家（教育领域的心理学家）专业标准》规定，教育心理学家和心理教师必须接受过高等教育；接受过心理学专业高等教育的学生在成为心理学家之前须至少具有1 200小时的心理服务和实践；而未接受过心理学专业高等教育的学生则必须完成心理学专业的在职培训项目，且须至少提供1 200小时的心理服务和实践。

根据《关于普通教育机构心理服务运作体系的方法建议》，学校可以直接招聘专职教育心理学家，也可以通过与心理、教育、医疗和社会援助中心签订合同，由各级心理、教育、医疗和社会援助中心的专家执行教育心理学家的工作。该文件还建议每300名中小学生应配备一名专职教育心理学家或心理教师。但相关调查显示，在中小学教育心理学家和心理教师的配备上，俄罗斯各学校之间存在较大的差异。2015年的数据表明，有47.44%的中小学没有配备心理服务人员，1.15%的中小学配备有4—5名心理服务人员。总的来说，52.56%的俄罗斯中小学至少拥有一名心理服务人员，中等职业教育机构至少配备一名在校心理服务人员的比例达到了70.46%。[3]

俄罗斯非常注重对学校心理教师的培训。自2021年起，俄罗斯组织开展国家和市级学前教育、普通教育、中等职业教育等教育机构专职心理教师进修。例如，俄罗斯政府委托莫斯科国立心理师范大学制定了专业发展计划，旨在提高教师为目标群体儿童实施各种形式的心理和教学支持的能力，以维护和增强学生的心理健康和福祉，促进学生全面发展，提升教育成果。2021年，参加进修班的心理教师数量达3 575人。此外，俄罗斯教育和科学部联合其他主体单位还经常组织各种教师专业技能竞赛、论坛、培训等，提高心理教师的专业素质。例如，自2007年以来，俄罗斯开始举办全俄专业技能竞赛“俄罗斯教育心理学家”。该竞赛的主办方为俄罗斯联邦教育和科学部和全俄公共组织“俄罗斯教育心理学家联合会”，参赛者为学校和其他教育机构的教育心理学家，包括开放和封闭类型的特殊教育机构，心理、教育、医疗和社会援助中心。比赛目标为：为教育心理学家的自我实现和释放其创造潜力创造条件；在俄罗斯联邦的教育系统中发现优秀的教育心理学家，并为其提供支持；在教育机构和心理、教育、医疗和社会援助中心推广教育心理学家的最佳专业经验；复制最佳心理和教学实践以及创新技术，为学生、家长、教师等提供心理和教学援助。

（三）心理健康服务的主要内容

俄罗斯中小学提供的心理健康教育目标在于为学生、教师、家长等教育活动的参与者提供心理服务和社会支持。为了满足这些目标，中小学心理健康教育活动主要包括心理教育、心理预防、心理诊断、心理咨询四个方面。

一是心理教育。俄罗斯中小学目前存在两种主要的学校心理学课程形式，即以心理学知识为导向的课堂教学和以个体为导向的促进学生发展的系统活动，前者主要通过心理教师来实施，后者则由教育心理学家开展，均有统一的教学大纲。此外，针对不同教育阶段的学生，学校心理健康服务的工作侧重点也会有所不同。在小学阶段，学校的心理健康服务重点在于增加儿童对学习活动的兴趣，激发儿童的学习动机，提高儿童创造力，帮助儿童与父母、同伴建立建设性的关系，并对儿童心理问题进行早期诊断和干预等。在中学阶段，学校的心理健康服务重点在于协助学生确定职业发展方向、支持学生青春期心理发展等。

二是心理预防。俄罗斯的教育心理学家为教师和家长提供相关培训课程，加强教师和家长对中小学生心理发展的认知，进而预防中小学生心理障碍的发生或防止进一步发展。在预防中小学生自杀行为方面，教师、班主任以及教育心理学家通过开展通识教育，尽可能地降低学生出现自杀意图的风险。

三是心理诊断。俄罗斯鼓励教育心理学家对学前和学龄时期的中小学生进行深入的心理研究，从而帮助识别个体特征、挖掘个体发展潜能、确定学习和行为障碍的原因、诊断自杀行为等。对于有自杀行为风险的学生，根据诊断结果采取相应措施，包括转介给专家、开展个人和团体（家庭）咨询、与班级和教师合作等，同时建议学生及其家长单独向教育、医疗和社会保障系统的专家寻求心理帮助。

四是心理咨询。俄罗斯联邦政府鼓励中小学教育心理学家通过心理咨询活动，协助教师、家长和儿童解决个人、职业和其他具体生活问题。根据俄罗斯联邦教育和科学部 2016 年“关于批准教育组织中的教师和其他雇员的工作时间和休息时间的特殊性”的命令第 8.1 条，中小学教育心理学家每周需工作 36 小时，且每周至少有一半时间用于对学生、教师、家长等相关参与者进行个人和团体咨询工作。

四、俄罗斯社会与家庭心理健康服务

保障学生心理健康不仅需要来自学校的关注和支持，也离不开社会与家庭的通力合作与支持。在社会层面，俄罗斯联邦政府为中小学生的心理健康服务提供了诸多社会资源。俄罗斯联邦政府和社会机构也采取一系列措施为家庭心理健康指导提供支持。

（一）基于社会的心理健康工作

一是成立俄罗斯教育科学院心理研究所。这是俄罗斯第一个专门研究心理学基础和应用问题的大型专业科学中心，其成立标志着科学心理学和社会需求紧密结合，促进了心理学家职业的出现。如今，它已发展成为俄罗斯最大的研究心理学的科学机构，旗下的科学部门进行了广泛的心理学研究，并着重以实践为导向，致力于解决教育等特定领域活动中人类发展的问题。该研究所在现代心理科学的发展及俄罗斯教育的心理学和教学支持方面做出了显著贡献。

二是设立儿童权益保护中心。儿童权益保护中心是俄罗斯联邦教育和科学部的下属机构，下设发展预防学生偏差行为系统，联邦心理、医疗和教育委员会资源中心，信息和教育资源支持与管理中心，联邦青少年发展中心等。该中心通过设立资料库、开展培训等方式为教师、心理健康服务人员以及家长提供解决中小学生心理健康问题的指导和解决方案，并且为中小学生提供心理健康支持和干预计划，保障中小学生健康发展。此外，该中心还开展俄罗斯联邦的学生社会心理测试，支持全俄专业技能竞赛“俄罗斯教育心理学家”等活动。

三是成立心理服务联邦协调中心。作为实施《至2025年俄罗斯联邦普通教育和中等职业教育系统心理服务发展方案》的一部分，俄罗斯莫斯科国立心理师范大学成立了心理服务联邦协调中心（前身为莫斯科国立心理师范紧急心理援助中心，经改组后重组），该中心内设监测和协调教育系统的心理服务活动司、科学和方法支持部以及紧急心理援助部，为俄罗斯联邦中小学和中等职业学校提供心理服务支持，也为教师和家长提供应对紧急情况和危机心理的支持。

四是成立俄罗斯心理治疗协会。该协会是由俄罗斯心理治疗领域的专家自发组织并参与的公共协会，定期举办专家监督、心理治疗方法研讨会、学生心理治疗俱乐部、专家干预小组等活动，旨在提高心理治疗专家的专业性以确保心理干预治疗的有效性。

五是建立基于社区的心理健康服务站。这些服务站中的工作人员主要由精神科医生、护士和心理治疗师组成，为民众提供心理健康咨询、精神疾病预后随访等心理健康服务。世界卫生组织2020年统计数据显示，俄罗斯当前基于社区建立的心理健康服务站总共为282个，达到每10万人0.19个。

（二）针对家庭的心理健康指导

一是国家出台法律并规范相关培训，为家庭心理健康教育提供政策支持。俄罗斯《联邦教育法》第 42 条明确规定“心理、教育、医疗和社会援助应包括：为学生及其家长（法定代表人）和教职员工提供心理和教育咨询”，第 64 条明确规定“未成年学生的父母（法定代表人）确保儿童以家庭教育的形式接受学前教育，有权免费获得心理、教育、诊断和咨询援助”，这些条目为指导家庭应对中小学生心理健康问题提供了法律支撑。同时，俄罗斯教育部门也持续出台面向父母的心理及教育指导意见。例如，2019—2020 年，俄罗斯教育和科学部先后发布若干方法建议，为开展面向学龄前儿童父母的心理、教育、诊断和咨询援助活动明确具体流程、质量评估方法以及改进措施等。2020 年 10 月，俄罗斯教育和科学部儿童权利保护领域国家政策司建议教育机构为家长举办家长会、讲座等活动，介绍青春期心理特征、自杀行为迹象、心理援助知识等，以确保有效预防未成年人自杀行为。

二是社会非政府组织为问题家庭提供心理咨询服务支持。根据俄罗斯政府发布的《关于 2021 年执行教育领域国家政策的报告》，俄罗斯的一些社会非政府组织持续地为问题家庭提供心理咨询和教育建议方案。例如，有数据显示，2021 年，非政府组织累计为俄罗斯家庭提供了 300 多万次心理、教育和咨询支持服务。

三是高校科研院所为家庭心理健康教育提供培训支持。俄罗斯的高校、科研院所为家庭提供免费的咨询、培训、帮助服务。例如，莫斯科国立心理师范大学免费向家庭提供有关心理健康教育的服务，包括设立家长帮助热线，向家长提供面对面咨询及书面咨询服务，开设家庭教育免费课程，举办家庭心理健康教育培训网络研讨会等。

五、俄罗斯中小学生心理健康服务中的信息化手段

俄罗斯政府近年来逐渐加强了中小学生心理健康服务系统的建设，提供了针对中小学生的线上咨询服务，以便更好地帮助中小学生保持较好的心理健康状况。虽然心理健康问题在俄罗斯的受重视程度有所提高，但信息化手段在心理健康服务中的应用整体上比较初级，对于信息化手段在中小学生心理健康服务中的应用还在探索中。俄罗斯在中小学生心理健康服务中主要运用了以下信息化手段。

一是开通俄罗斯儿童帮助热线。在莫斯科政府倡议及莫斯科州教育部的资助下，莫斯科国立心理师范大学提供心理服务的联邦协调中心远程咨询部门在2008年开通了“儿童帮助热线”并运作至今。有报道显示，自俄罗斯“儿童帮助热线”开通的2008年至2023年间，该热线已累计接到过300多万次电话求助咨询，通话时间根据求助咨询的内容，持续1分钟到2小时不等。该热线的工作者均为接受过高等心理教育的专家，主要针对与儿童的发展、教育心理和抚养有关的问题向中小学生、家长、教师提供建议，为有心理问题的中小学生提供心理支持和帮助，还为家长和教师提供紧急心理援助。

二是基于应用程序的信息化心理自助服务。俄罗斯心理机构和相关公司开发了一系列心理自助服务的应用程序。例如，俄罗斯“i认知”（iCognito）公司开发了“抗压力和健康”“抗抑郁”和“人际关系”三个心理自助应用程序。作为经典心理咨询的替代方案，这些程序借助虚拟心理学家（聊天机器人）的身份，利用认知行为疗法帮助用户客观分析他们的想法并解决问题。2021年，该公司创建的三个心理自助应用程序累计有超过25万次下载，其中最受欢迎的是“抗抑郁”程序，占总下载量的五分之四。类似的应用程序还有“反恐慌精简版”（AntiPanic

Lite）、“反恐慌专业版”（AntiPanic Pro）、“魅力”（Charisma）和“四月”（April）等。

六、俄罗斯天才儿童的心理健康状况及相关指导服务

俄罗斯联邦从20世纪开始就高度重视天才儿童的选拔和培养，并形成了基于补充教育和竞赛系统的天才儿童教育体系，为国家科技、文化、艺术、体育等领域的发展输送了大量人才，为俄罗斯在激烈的国际竞争中保持领先地位做出了突出贡献。心理健康对天才儿童的个人发展和职业成就至关重要。同时许多学者也注意到，天才儿童与普通同龄人相比，在认知、情感等很多方面存在独特的心理特征。

（一）俄罗斯天才儿童的心理特征和心理健康状况

俄罗斯学者将天才儿童的发展类型分为和谐发展与不和谐发展两种：和谐发展的天才儿童拥有高水平的心理健康，往往能够在他们的天赋领域中取得成就，具有较高的社会活跃度和生产力；而不和谐发展的天才儿童往往存在发展不平衡的现象，心理发展跟不上天赋领域的快速增长，最终导致这部分天才儿童产生一系列社会和情感问题。

总的来说，天才儿童的天赋和能力是一把双刃剑，既有可能成为其心理健康的保护因素，也可能使他们处于特定风险中。表1–1从认知、意志、情感、社会四个领域具体分析了俄罗斯天才儿童的心理特征。

表1–1　天才儿童在四方面心理特征中的优势与风险

心理特征	天才儿童的优势	天才儿童的风险
认知领域	高智力，高创造力，高记忆力，高求知欲	自我要求过高、不切实际，过度自我批评导致自卑感，伴随对世界的悲观感知，敏感多疑

续表

心理特征	天才儿童的优势	天才儿童的风险
意志领域	内部动机较强，对了解周围世界、学习新事物有强烈渴望	过度专注，限制或打断其活动会导致挫败感，有完美主义倾向，固执或缺乏灵活性，导致身心疲惫和过度紧张
情感领域	积极性高、适应能力强，处事成熟、独立、冷静	面临情感及社会障碍，易被孤立，更加敏感、脆弱、情绪化，为满足他人期望而出现高度焦虑以及对失败的恐惧
社会领域	社会适应能力强，更受欢迎，社交活跃，比普通儿童更早形成友谊的概念和个人责任感	高度自我意识导致与普通儿童疏远，傲慢和具有优越感，高水平的道德判断导致不宽容和不理解他人，形成打断、纠正他人的习惯

当前，俄罗斯对于本国天才儿童心理健康状况的实证研究并不多，且结论存在争议。大多数研究认为天才儿童心理健康水平低于普通同龄人。例如，俄罗斯阿尔泰国立师范大学心理学系的学者在2004—2018年对天才儿童开展了一系列研究[4]，揭示了各年龄段不同天赋的天才儿童均存在罹患心理健康问题的风险。这些风险因素包括：天才儿童的社交能力普遍较差，忽视责任感和社会规范，对自身容易感到不满，对他人易怒等（2004—2008）；有天赋迹象的学龄儿童存在动机、沟通等方面的困难，且家长未能及时注意到儿童的潜力（2010—2013）；在具有音乐天赋的青少年中，一半具有专制型人际关系，且大多数缺乏责任感（2014—2015）；在天才高中生群体中，25%的受访者表示自我发展水平低，需要心理援助来了解自己并实现自身价值（2017）。然而也有研究发现，天才儿童往往比普通同龄人有更高的心理健康分数[5]，或者天才儿童与同年龄段的正常儿童相比，心理健康水平没有显著差异[6]。

（二）俄罗斯对天才儿童心理健康的指导和服务

《关于普通教育机构心理服务运作体系的方法建议》围绕“教学活动”“学生家长”和“学生本人”三个方面对天才儿童的心理健康提出了精准帮扶计划。一是在教学活动方面，教育心理学家应当与教师就学生的培训、发展和教育问题进行交流，共同制定有效支持学生学习的策略，制定教学活动的方法。二是在学生家长方面，教育心理学家应当通过专题谈话、讲座、家长会等提高家长的心理素养，为家长提供有关儿童认知和个人发展、社交互动、行为问题的个人咨询，对家长进行问卷调查以了解他们对学校的期望、价值取向。三是在学生本人方面，教育心理学家应当对学生进行入学心理和教学测验，对不同类型和天赋水平的学生进行心理和教学监测，对发展不平衡的天才儿童进行心理诊断检查并帮助其克服困难，根据教师和家长的要求为儿童提供咨询和矫正服务，为学生适应新的学习环境提供支持，为中学生提供就业指导和职业选择的心理支持，为天才儿童的项目及其研究活动提供支持，为参加考试的学生提供心理支持，建立天才心理诊断系统以充分发掘儿童现有的和潜在的天赋。

俄罗斯教师比较重视天才儿童的认知能力发展、竞赛结果等，对其沟通能力、合作能力、交际能力等心理社会发展方面关注较少。因此，有学者认为，有必要在各地区构建科学、有效的天才儿童管理系统，依托高等专业教育机构，为天才儿童和天才教育过程中的潜在参与者（教师、家长等）提供全面的互动、心理和教学支持，充分挖掘潜在的天才儿童。例如，阿尔泰国立师范大学设立了为天才儿童提供健康发展服务的天资开发中心，该中心与阿尔泰国立师范大学内部的各个职能部门以及校外的阿尔泰地区相关政府部门和机构组成了为天才儿童服务的三层服务组织（见图1-1），为天才儿童的健康成长提供支持。

具体来说，第一层是学校的天资开发中心协调委员会。天资开发中心协调委员会由中心各部门、各个科室、俱乐部和多个实验室组成（见图 1–2），主要负责指导、协调中心所有下属机构的活动，广泛推进并实践针对天才儿童潜能的各类支持项目和心理辅助项目。例如，开设天才儿童家长课堂（帮助家长掌握培养天才儿童的恰当方法，使孩子形成积极思维，能够积极看待自我和他人），设立天才儿童心理辅助和心理培养室（在天才儿童参加比赛时，对他们进行有效辅导，引入特殊教育方法和活动帮助其“自我概念”的发展）等，保障天才儿童的心理健康。

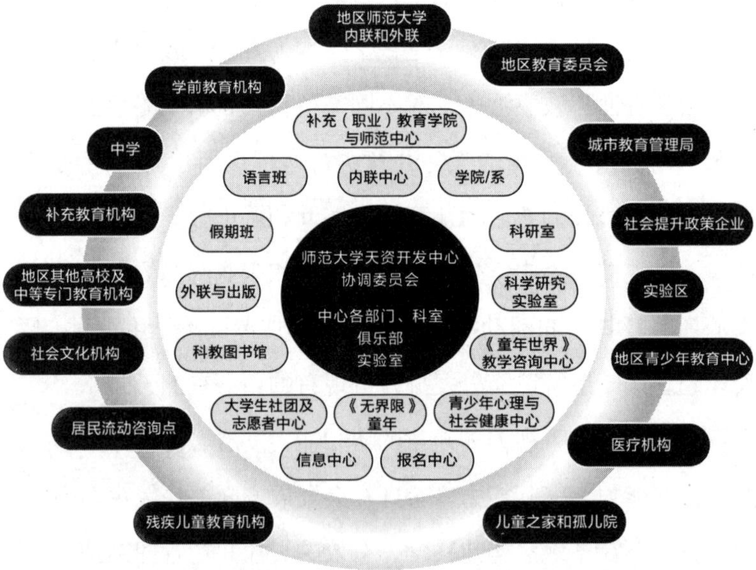

图 1–1　阿尔泰国立师范大学天资开发中心的三级管理模型

第二层由学校的各个相关职能部门组成。天资开发中心协调委员会与本校院系、科研室、青少年心理与社会健康中心、补充（职业）教育学院与师范中心等职能部门相联系。这些职能部门各司其职，为天才儿童的健康成长提供校内资源。例如，校内的青少年心理与社会健康中心不仅为全校普通师生提供心理服务，还利用校内资源为天才儿童提供专门的心理支持。又如，各院系在所开展的各种活动中发现并发展大学生和年轻教师的天赋和能力。

第三层为校外的相关机构和组织。例如，校外医疗机构通过与天资开发中心密切合作，为天才儿童的心理问题提供针对性的心理干预支持，还通过与地方其他机构（如孤儿院）合作，对天才儿童进行鉴别。

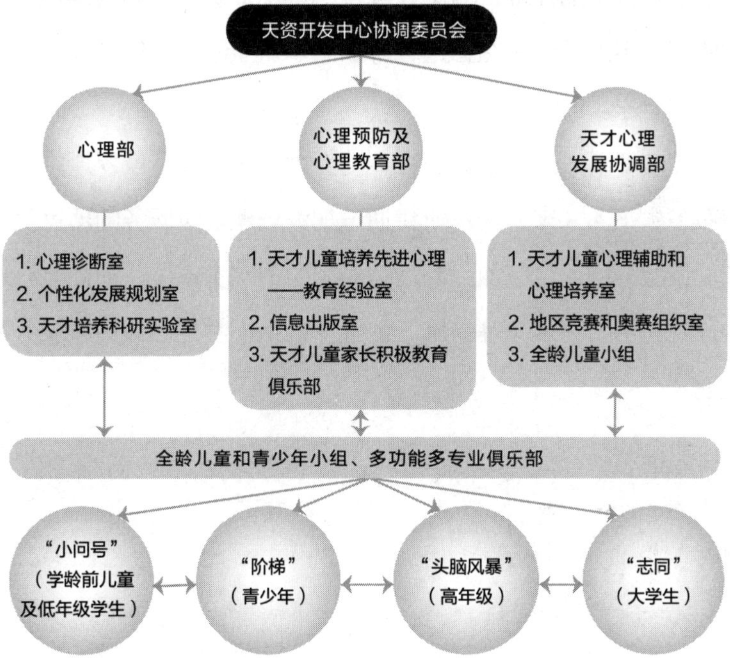

图 1-2　阿尔泰国立师范大学天资开发中心的管理模式

（注：“小问号”“阶梯”“头脑风暴”“志同”为各年龄段学生俱乐部名称）

总的来说，俄罗斯中小学生的心理问题突出，面临严重挑战。为了改善这一状况，俄罗斯政府和社会团体启动了多个心理健康服务项目。他们还通过学校和社区开展活动，普及心理健康知识，提升中小学生对心理健康的认识。但是，俄罗斯中小学生心理服务领域还存在一些问题。例如，俄罗斯联邦教育部在 2022 年更新的《至 2025 年俄罗斯联邦普通教育和中等职业教育系统心理服务发展方案》中提到，当前的普通教育体系还未能形成一个与时代挑战相匹配的高质量心理和教学服务系统。具体存在以下不足:（1）心理和教学援助的水平、质量不足，以及俄罗斯联邦主体基础设施状况不平衡。（2）在确定心理服务的目标、内容、活动方法以及学校心理专家职位方面缺乏统一规划。（3）缺乏提供心理和教学援助的标准，包括诊断工具使用的标准。（4）在各中小学校提供心理和教学援助方面缺乏统一的互动系统。（5）在普通教育和中等职业教育系统中没有配备必要数量的心理专家。

综上，俄罗斯政府和社会正在共同努力，不断改善俄罗斯中小学生心理健康服务水平。未来，俄罗斯将通过加大心理健康服务的覆盖范围、提高心理健康服务的质量、加强心理健康问题的教育宣传、消除对心理健康问题的歧视和污名化现象等措施，使俄罗斯中小学生心理健康服务的未来更加光明。

参考文献：

[1] Slobodskaya H R, Semenova N B. Child and adolescent mental health problems in Tyva Republic, Russia, as possible risk factors for a high suicide rate [J]. European child & adolescent psychiatry, 2016, 25: 361−371.

[2] Goodman A, Heiervang E, Fleitlich−Bilyk B, et al. Cross−national differences in questionnaires do not necessarily reflect comparable differences in disorder prevalence [J]. Social psychiatry and psychiatric epidemiology, 2012, 47: 1321−1331.

[3] Artamonova E G, Efimova O I, Khydyrova A V. Psychologist in the educational system: his role in the prevention of addiction and deviance [J]. International Journal of Environmental and Science Education, 2016, 11 (17): 9891−9901.

[4] Парфенова Г Л, Колесова С В. Модель системы управления работой с одаренными детьми в регионе [J]. Russian Journal of Education and Psychology, 2018, 9 (8): 123−151.

[5] Volkova E N, Bezgodova S A, Miklyaeva A V, et al. Psychological well-being of adolescents gifted in math, humanities and sports: comparative analysis [J]. Psychology in Education, 2020, 2 (4): 358−365.

[6] Волкова Е Н, Беляева С И. Тревожная оценка перспектив и психологическое благополучие одаренных подростков [J]. Сибирский психологический журнал, 2021 (80): 91−106.

第二章

德国中小学心理健康教育与服务

作为第二次世界大战后迅速崛起的国家，德国政府十分重视中小学生的心理健康问题。德国从幼儿园起，16 岁以下的学生每年都有一次心理体检。然而，当今德国面临着中小学生日益严峻的心理健康挑战，特别是抑郁症、饮食障碍和自我伤害等。精神疾病已成为德国儿童和青少年健康的主要挑战。针对德国 0—17 岁儿童和青少年开展的全国大型健康调查研究发现，16.9% 的人出现心理异常。调查还发现德国男性总体心理疾病检出率为 19.1%，比女性高出 4.6%；自杀率是衡量一个社会国民心理健康状况的替代指标之一，2015 年至 2016 年在德国德累斯顿针对青少年的调查数据显示，青少年在青春期的自杀行为有所增加，从 10 岁开始（<1%），直到 12 岁时略有增加（2.2%），此后急剧增加直到 20 岁（13.5%）。

中小学生的心理健康问题已成为德国社会的关注点，也是德国政府、家庭和学校等各方的重要议题。为改善和提升中小学生的心理健康状况，德国的学校、家庭和社会各方通力合作，为中小学生创设一个充满关怀和友爱的心理健康服务体系。

一、德国中小学生常见心理问题类型

当前，德国中小学生的健康发展面临许多压力。学业焦虑、人际关系问题、与家长缺乏沟通、对未来前景的担忧、家长和中小学生自身的高期望等，都成为影响中小学生心理健康的潜在风险因素。德国联邦心理治疗师协会的报告显示，中小学生的心理问题主要涉及以下几个方面。

一是广泛性焦虑障碍。这是德国儿童青少年最常见的心理障碍。据德国汉堡埃彭多夫大学医学中心儿童公共卫生研究部实施的一项研究发现，在2020年12月至2021年1月的检测中，17.6%的中小学生有广泛性焦虑症状。

二是注意缺陷多动障碍。多动症是德国青少年高发的心理障碍，德国0—17岁儿童和青少年全国大型健康调查研究发现，有多动症状的儿童和青少年占比4.4%，男孩比女孩的诊断率高出近三倍。

三是抑郁、焦虑等问题。这也是德国中小学生高发的心理问题之一。德国联邦统计局报告，在接受抑郁治疗的患者中，约有5 790名15岁以下儿童和青少年因抑郁症住院，在治疗病例总数中所占的比例约为2%。但近年来中小学生病例数增长显著：与2000年相比，增加了十倍。德国的另一项国家纵向研究（2009—2012）也表明德国约有17%的中小学生有心理问题，其中抑郁症的患病率居首位。

四是校园欺凌。根据2017—2018学年全德范围内共3 448名学生访谈结果，校园欺凌行为甚至在德国小学就已经普遍存在：接近30%的接受调查的男生和女生表示，他们在一个月内被其他学生戏弄、边缘化和“故意伤害”。

二、德国为中小学生心理健康提供政策与立法保障

德国作为第二次世界大战后迅速崛起的工业化国家，非常重视公民的身心健康。德国是开展心理治疗最早的国家之一，其心理治疗服务管理已

有约100年的发展历史。德国联邦议会为中小学生的社会心理发展提供全面支持。

一是保障中小学生福祉。自20世纪90年代末起，德国出台了一系列针对中小学生福祉的政策和法律框架。例如，1998年，德国修订了《社会法典第八卷：儿童和青年服务》，这一针对青少年成长需求的重要联邦文件经修订后成为一部专门的法律，被称为《儿童和青年服务法》。该法为患有或面临心理健康问题的儿童和青少年及其家庭提供多项保障，包括童工保护、教育援助、心理福利等广泛的支持，特别是第27至35条，规定了儿童青少年有权从公共青年福利机构、日托中心和学校获得综合性的帮助。[1]

二是保障中小学生成长环境。2002年，德国颁布新版《联邦政府儿童和青年保护法》，旨在对未成年人在公共场合和媒体中的活动进行限制和监管，维护未成年人身心健康和道德水准。该法于2008年再次修订并更新了对视频游戏（尤其是暴力游戏）的规定，禁止销售可能损害儿童和青少年心理健康的游戏，同时禁止涉及青少年性描写等可能影响儿童心理或道德发展的媒体内容。2009年，该法为防止年轻人购买香烟而新增了对自动售烟机的限制。2016年，为进一步完善该法，又发布“防止儿童和青少年消费电子烟和水烟”的新规，控制未成年人在酒吧、餐馆或不适当的场所过长逗留，从而避免对其心理健康造成不良影响。

三是加强中小学生健康促进和疾病预防。2015年，联邦议院和联邦参议院批准《加强健康促进和疾病预防法》，要求健康保险基金为儿童和青少年提供有助于预防心理负担和障碍、增强心理韧性的健康促进服务。同时，该法也规定健康保险基金应与各州和市镇协作，在日常生活环境，如日托中心、学校等公共场所，促进儿童和青少年的心理健康。另外，联邦卫生部还资助了多个项目，旨在改善对患有精神疾病儿童和青少年的服务。

三、德国政府促进中小学生心理健康的支持措施

（一）项目与会议支持

1. “健康生活”项目

政府为了支持儿童的健康成长和心理健康，制定了多项法规，并且在各地开展多种科研项目。例如，德国联邦教育及研究部倡议的“健康生活”项目，旨在为保障儿童和青少年的健康以及更快康复奠定基础，着力解决如何使用以儿童为中心的方法预防和治疗慢性疾病。同时，该项目也关注如何维护精神弱势人群的健康状况。“健康生活”项目是一项跨学科研究，密切关注如何改善中小学生精神问题和身体疾病的诊断、使用何种预防和治疗的方法，并且把早期生活事件对中小学生身心健康的影响也纳入了计划。

2. 降低中小学生性虐待风险

2010 年，德国联邦政府曾为改善遭受性虐待中小学生的福利召开会议并展开激烈讨论，此次会议对德国在州以及市层面如何多方联动降低儿童和青少年性虐待的影响和风险，以及如何展开有针对性的预防和干预措施等都进行了研判。德国联邦三部委呼吁加强多机构（如儿童保护机构、儿童福利机构、警察机构、医疗机构和社区组织等）之间的合作。

3. 早期帮助网络和社会预警系统

2006 年，德国启动“早期帮助网络和社会预警系统”。2007 年，联邦家庭事务、老年公民、妇女和青年部倡议并提出“父母和儿童早期帮助和社会早期预警”联邦计划，旨在有效防止忽视和虐待儿童，尽早识别儿童面临的风险，提高父母的育儿技巧。

4. 国家早期帮助中心

2007 年，德国建立国家早期帮助中心，汇集联邦各州 10 个示范项目的经验和成果，形成了有针对性的知识交流平台。该中心的原则是建立一个紧密且可靠的系统网络，其中包括医疗保健、儿童和青少年福利机构、怀孕咨询、妇女庇护所、警察和法院以及当地就业机构。该中心主要为那些面临社会心理压力的（准）父母和家庭提供支持，服务对象是所有怀孕的父母和 0—3 岁孩子的家庭。其早期帮助涵盖了各种主题，包括照顾和喂养孩子、促进孩子的发展、亲子互动以及获取进一步的支持服务。其目的是让每个儿童都能在无暴力的环境中健康成长。

（二）资金支持

在许多情况下，德国支持儿童和青少年心理健康的措施取决于所处区域的条件、资源和落实情况。例如，巴伐利亚州卫生部长克劳斯（Klaus Holetschek）2023 年指出，自 2012 年以来，巴伐利亚通过乡村医生津贴支持了 191 名精神治疗师与 17 名儿童和青少年精神病医生。在 2023 年 1 月的卫生部长会议上，在巴伐利亚州的倡议下，各州呼吁联邦政府调整对心理治疗师薪资待遇的政策和规定，特别是针对为儿童和青少年提供心理治疗的合同心理治疗师。

2015 年，德国用于精神疾病的直接和间接费用占国内生产总值的 4.8% 左右。2022 年，德国联邦教育及研究部为了维护儿童和青少年的健康投入 4 200 万欧元优先资助“儿童和青少年健康”为主的项目，其中包括慢性身体疾病和精神障碍。

自 2018 年 1 月以来，联邦早期干预基金会年度预算为 5 100 万欧元，用于推进儿童早期援助联网合作和幼儿家庭的心理社会支持。2021—2022 年，早期干预被纳入康复行动方案的实施范围，并获得 5 000 万欧元的额外资助，其中，2021 年 1 500 万欧元，2022 年 3 500 万欧元。这些资金的五分之四以上可供各州用于实施早期干预网络的建设。

2023 年，德国儿童保护部际工作组制定了以下三个方面的资助建议：其一，联邦政府加大儿童日间照料行动领域的资金投入，提高日间照料服务的质量，加强德国儿童日间照料的危机抵御能力。其二，德国联邦政府在 2023 年和 2024 年加强资金投入以改善儿童和青少年的医疗服务。这些资金主要用于保障医院儿科护理收入以及儿童和青少年的住院治疗费用。其三，联邦政府加强儿童早期预防方面的资金投入，共投入 5 600 万欧元帮助负担过重的新生儿家庭。

四、德国学校心理健康服务

2004 年，德国各州教育和文化事务部长会议通过《教师教育标准：教育科学》，规定教师应该掌握儿童青少年发展及社会化相关的教育学、社会学和心理学理论。该会议发布的《关于学校健康促进和预防成瘾的建议》提出，在学校人力资源和组织发展框架内，管理层承担促进健康和实施健康管理方面的核心职能和责任，应该培养学生、教师和其他教育工作者养成健康的生活方式，并以此目标来打造工作学习环境。全日制学校在开展健康相关项目时，应该以行为和关系为导向，帮助学生获取技能，利用好学校环境的空间和社会条件；并考虑不同利益相关者的需求，提高参与度，整合跨学科主题，如营养和消费教育、体育运动推广、心理健康、暴力和事故预防以及急救。

（一）开展心理健康教育项目

学校作为促进健康的主要场所，通过教育项目和组织、学校心理咨询和专业人员提供心理健康服务，帮助学生更好地应对生活中的挑战和压力，提高自尊心和自信心，增强学习动力和积极性。

1. Klasse 2000 项目

该项目由纽伦堡诊所肺科主任医师伯尔斯凯（Bölcskei）于 1991 年创建，是德国规模最大的小学健康促进和暴力及成瘾预防计划，覆盖小学 1—4 年级；目标为提高儿童生活技能，促进儿童健康和幸福，保护儿童免受暴力、成瘾和欺凌等危害。该项目方案涵盖健康饮食、运动和放松、自爱和友谊、解决问题和冲突、批判性思考和拒绝五大板块，分布于每学年 13—15 个教学单元内。受过专业培训的 Klasse 2000 健康促进者与教师密切合作，每学年会深入学校班级 2—3 次，并为每个案例设计一个教学单元，由教师依据项目提供的教材进行教学。

Klasse 2000 健康促进者的工作既为学生提供新鲜的学习内容和材料，又能加强教师将该健康计划融入日常校园生活的动力。此外，该项目也鼓励家长参与。例如，和孩子共同完成课外活动，通过线上平台了解孩子的学习成果，阅读家长信件和电子杂志。根据 Klasse 2000 项目网站的信息，2022—2023 学年，该项目覆盖了德国 3 728 所学校的 22 258 个班级和 480 806 名儿童，占德国所有小学班级的 15.6%。自项目启动以来，已经有超过 220 万儿童受益。该项目在德国各个联邦州都有开展，但分布不均匀。按照学校覆盖率来看，参与度最高的是萨尔州（42.0%）、巴伐利亚州（30.1%）和巴登—符腾堡州（28%）。参与率最低的是柏林（11.2%）、梅克伦堡—前波莫瑞州（14.1%）和勃兰登堡州（14.8%）。

2. 十点计划

2019 年，巴伐利亚州的文化教育部长迈克尔·皮亚佐洛（Michael Piazolo）博士提出关于学校抑郁症和焦虑症教育的“十点计划”（10-Punkte-Programm），作为对已有心理健康项目的延伸和补充。其中最重要的内容包括以下四个方面[2]：一是教师培训课程涵盖抑郁症话题，心理研讨班的教师接受抑郁症模块的培训。这些措施旨在提高教师对心理健康问题的认知和预防能力，为学生提供更好的支持和帮助。二是规范学校心理学家提供的咨询服务，统一由州立学校咨询中心协调，以提高咨询服务的质量和效率，确保学生和家长能够及时得到心理健康方面的支持和帮助。三是将有关抑郁和焦虑的教育以具体课堂实例的形式纳入在线课程并提供给教师，教师也将收到有关临床情况和咨询模型的相关材料。为学生及其法定监护人提供的信息与建议，被制作成教育视频，在教育部网站上发布。为了更好地支持学生，教育部已经创建了该区域所有校内和课外支持资源的概览，并由各学校进行维护。四是推进学校心理学家和外部专家合作，加强学生个性化发展，并制定针对抑郁症的专项措施。

3. 黑森州学校心理学能力中心

黑森州学校心理学能力中心成立于 2017 年，是黑森州高等教育、研究与艺术部的下属机构，目标是支持并推进本州学校的心理学工作。其日常工作包括以下方面：一是加强学校心理学家的专业水平和职业发展；二是促进学生心理健康；三是促进研究与实践的融合；四是研究和评估学校心理学工作的方法、项目和措施；五是协调和推行全州范围内的优先课题，如危机干预、移民、成瘾和暴力预防、系统咨询和组织发展。从 2021 年开始，黑森州学校心理学能力中心还专门设立了关注心理健康和学生压力的学校心理工作组，目的是在这一领域建立学校心理健康网络，并为学校心理咨询实践提供理论基础和素材。

（二）设立学校心理咨询中心

在德国，学校心理咨询中心是为学生心理健康提供服务与支持的机构，主要任务包括：为教师提供培训、监督和个案建议，为家长和孩子提供个性化建议，为学校管理和暴力预防以及危机干预提供系统建议。由于德国是联邦制国家，各州有自己的教育部，因此并非每所学校都提供相同的支持，学校咨询的形式也会有所不同。但通常，当学生出现学习和行为问题或学生的能力与实际表现之间存在显著差距时，就需要进行个案工作，其中涉及与学校和家长的协商，还要提供学校心理学家的联系信息，传播创新教学方法，分享教育心理学知识。

心理咨询中心所使用的方法包括开展讨论、启动心理诊断程序和上课行为观察；预期目标包括发展沟通技巧，加强社交能力以及开展资优教育。根据案例的结构和需求，心理咨询中心会组织教师、社会教育学家和家长参与个人和小组讨论，让参与者熟悉彼此观点，共创新观点，探讨解决方案。此外，学校心理咨询中心的工作人员还会提供职业咨询，为家长和学生提供未来择业的相关信息，并会根据标准测试结果提供个性化的职业发展指导。

（三）安排专业人员提供心理健康服务

20 世纪 70 年代，德国学校心理咨询开始逐渐制度化和专业化。1973 年，德意志联邦共和国各州教育和文化事务部长常设会议决定，将提供学校心理服务的工作移交给专业心理咨询人员，这些校外专业人员被称为“学校心理学家”，校内配置的专业人员被称为“咨询教师”。学校心理学家有的直接在公立学校工作，有的受雇于学校咨询机构，在地区一级为其他州和所有私立学校提供服务。学校心理学家通常拥有心理学和教育学双学位，或者拥有学校心理学专业学位；咨询教师是经过额外专业培训的教师，主要负责咨询和学校中的相关工作。

学校心理咨询中心工作人员的类别取决于各联邦州的政策。例如，在巴伐利亚州，学校心理学家通常是完成了心理学硕士课程并在学校提供心理咨询服务的教师；而在其他州，学校心理学家是拥有心理学本科文凭或硕士学位的心理学家。根据实际情况，咨询教师和学校心理学家的工作可能有所重叠，咨询教师的任务也会随着学校类型和规模而变化。

（四）日托服务

德国十分重视幼儿教育和日托中心的建设。根据《儿童和青少年福利法》，在日托中心工作的专业人员需要能够识别危害儿童的重要迹象，包括识别已发生在儿童身上的伤害，以及预防性地识别风险，以便能够及时提供帮助。日托中心的具体任务是保护儿童安全，尽量避免儿童经历任何暴力或羞辱；提高儿童的社交、情感、身体和心理技能；培养儿童的个性和意见表达能力（如“幼儿园+”项目）。因此，有资格进入日托机构的教育人员，都能够通过履行日常工作职责来预防儿童心理疾病。

五、德国社会与家庭心理健康服务

（一）政府成立地区社会教育服务机构

地区社会教育服务机构是青少年福利办公室的一部分，负责为父母、儿童和青少年提供教育及家庭问题相关的咨询和支持。该机构提供有关权利、援助和设施的信息，帮助抚养，提供危机援助和儿童保护，旨在使儿童和青少年免于危险，提供帮助以应对危险。在严重危机情况下，青少年福利办公室必须立即进行干预，必要时可将问题提交法院处理。例如，家庭和教育支持专家服务是波恩市儿童、青年和家庭办公室社会服务部的一项工作内容，为家庭提供咨询、需求导向的教育帮助和保护等服务，重点保护中小学生免受忽视以及身体、心理和性暴力的侵害。

（二）社会组织为家庭提供心理健康服务

德国有多种在儿童和青少年心理健康领域发挥重要作用的社会组织，承担政府和家庭之间的联络角色，向上为政府提供建议，向下深入家庭了解实际情况，向内激发组织活力，向外拓宽协同网络，从而整合庞杂的社会资源。

“对抗悲伤的电话”（Nummer gegen Kummer e.V.）援助热线是1980年成立的非营利性组织，为德国家长提供全国性的咨询服务，解答有关儿童教育、学习困难、家庭危机、网络等方面的问题。

德国抑郁症援助基金会是致力于抑郁症教育、预防和治疗的独立非营利基金会。该基金会通过参与制定和评估心理健康领域的预防和护理措施，为政府提供专业建议；通过为患者及其亲属和专业人士提供各种信息和支持服务，如抑郁症紧急求助电话、在线自助计划“对抗抑郁”（iFightDepression）以及播客“走出抑郁症”等，向家庭提供帮助。该基金会拥有一支在精神病学、心理治疗和心理学方面训练有素的专业队伍，并通过跨领域合作扩大协同网络；还负责协调德国抗抑郁联盟（由90个地方联盟组成），在地方层面提供有关抑郁症的信息。

罗伯特·科赫研究所是联邦卫生部的下属机构，负责收集、分析和发布有关传染病和健康的数据信息，为政府提供有关健康问题的科学证据和专业支持，并向公共卫生服务部门提出建议。该研究所定期收集和公布有关儿童和成人的心理健康问题以及风险和保护因素的数据，向普通家庭提供信息。这些数据成为政府向公众提供信息和制定卫生政策的依据。

德国心理学家协会成立于1904年，是德国心理学领域最大的科学协会之一。该协会的宗旨是促进心理学的应用和发展，支持心理学家的专业成长，提高社会对心理学的认识和理解。协会在关注中小学生心理健康方面发挥着重要作用：一是支持和资助中小学生心理健康方面的研究项目，研发有效的干预措施；二是为中小学生心理健康领域的专业人员提供培训和教育机会。

德国儿童保护协会于1953年在汉堡成立，致力于维护德国所有儿童青少年的权利，促进他们在智力、情感、社交和身体方面的发展。该协会代表儿童青少年的利益干预联邦和州立法，以及城市和社区的规划和决策；呼吁改善儿童和家庭的物质生活条件，营造适合儿童成长的健康环境，为儿童青少年提供良好的设施。德国儿童保护协会由联邦协会、16个州协会和400多个地方协会组成，这种多元化结构使该协会能够积极推进各个层面的事务。例如，当地协会为中小学生以及家长提供帮助；区域协会通过进一步培训为目标群体提供建议，并支持地方协会落实儿童保护工作。协会还将儿童的利益纳入国家政策考量因素。联邦协会通过跨协会委员会、工作组和活动来支持州和地方协会。儿童保护协会开设了一门课程，名为“坚强的父母·坚强的孩子”，旨在强调儿童享有免受精神和身体暴力的权利。该课程面向父母，采用线上和线下相结合的方式（线下课程已于2011年结束），帮助父母学习非暴力和尊重的育儿方式，把儿童的身心健康放在首位。该课程分为五个层次，即厘清家庭价值观和教育理念；巩固父母的角色；增强自信心以支持儿童发展；确定家庭中的沟通规则；培养识别和解决问题的能力。父母通过该育儿课程了解心理健康知识并提高育儿敏感度。该课程由儿童保护协会的区域协会负责培训，合格人选需要满足的条件包括：接受过教育／心理学工作领域的培训，具有在教育、咨询或治疗方面与家长合作的经验，具有成人小组领导者的经验。该项目现在是全德国最受欢迎、最成功的项目之一。

（三）多方联动加强对家庭的支持

联邦家庭事务、老年公民、妇女和青年部资助了一项“家长机会N:

在家长的支持下为家庭赋能”项目（Eltern Chance N−mit Elternbegleitung Familien stärken）。该项目于2022年启动，为处于困境（如社会弱势地位）的家庭建立社区网络，包括中小学生福利组织和社会机构，如日托中心、小学、家庭教育中心等。该项目通过家长、同伴将家庭与教育机构联系起来，并在社区内提供低门槛的咨询服务和教育优惠，有效地促进儿童教育可持续发展，让每个儿童都能在无暴力的环境中健康成长。

联邦卫生部又与联邦家庭事务、老年公民、妇女和青年部共同成立了部际工作组，建议中小学生福利组织以及学校和日托中心的专家和志愿者接受在线培训，以便尽早识别与流行病相关的压力因素。2023年2月，部际工作组在其报告中提出，要加强中小学生的心理健康和心理弹性，并为不同领域提出了建议；列举了行动计划或已经实施的具体措施，相应措施将设在儿童青少年经常接触的地方，如学校、儿童日托中心、儿科医生诊所以及青年和家庭福利部门等。

联邦政府正在加强早期预防服务，其中包括通过“欢迎访问”或试点服务直接对接孩子出生后有压力的家庭，并通过家庭助产士等专业人员为他们提供支持。同时通过多种渠道，向家长普及政府为家庭提供的服务，通过数字咨询服务加强专业人员对逃生、心理健康和营养等专题的了解。

在日托行动领域，推行日托质量法、扩大日托的联邦投资计划和推进优秀人力资源战略，助力提高日托服务质量，加强相关人员危机应对能力。联邦政府还在2023年和2024年为各州提供约40亿欧元的支持，用于落实健康、营养和体育活动领域的行动措施。

在青年和家庭支持领域，为落实1996年修订的《加强青年法》中的新权利，为儿童、青年和家庭提供咨询和支持，规定儿童可以直接在青年福利办公室接受社会心理咨询，而不必通知其父母。患有精神疾病的父母能够从教育咨询中心获得便捷的帮助。

六、数字化赋能心理健康服务

（一）充分利用门户网站

联邦健康教育中心门户网站。联邦健康教育中心创建了儿童健康门户网站（www.kindergesundheit-info.de），提供与儿童健康和发展有关的内容，包括饮食、睡眠、玩耍等日常话题，儿童常见病、过敏、二手烟和事故预防等健康问题的早期检测筛查，以及六岁前的儿童发育及指导。该网站为卫生、幼儿教育、儿童和青年福利领域的专家和机构提供多种形式的实用材料和背景信息，以便他们能够随时为年轻的父母提供与儿童健康和发展有关的内容，帮助并支持儿童发展。

"我是一切"（ich bin alles）项目门户网站。由慕尼黑大学附属医院的儿童青少年精神病学、心身病学和心理治疗科以及综合科联合开发，旨在为儿童青少年抑郁症的治疗提供建议。该网站不仅提供文字信息，还有播客、影片和特色界面设计，传播关于日常生活、压力处理、激发活力和放松的建议，并提供专业帮助，为预防儿童青少年抑郁症和精神疾病做出了重要贡献。

家庭门户网站（Familienportal）。该网站由联邦健康教育中心负责运营，提供育儿、儿童发展、家庭生活和心理健康等各种主题的信息和指导，以及相关资源和服务的链接。此外，联邦健康教育中心还出版一系列名为《使儿童强大》（*Kinder Stark Machen*）的小册子，向家长和教育工作者免费发放，普及如何促进儿童和青少年的心理弹性和心理健康。

（二）实施线上干预

ProHEAD 项目。在海德堡中心的协调下，由多地合作开展的 ProHEAD 项目，旨在鼓励有心理健康问题的中小学生更加积极地寻求和使用专业帮助。该项目将惠及 1.5 万名 12 岁及以上的学生。经过学校筛选，每个参与者都会收到相关个人反馈。每个学生都有机会参加其专属的在线干预。该项目包括一个中心项目和八个子项目，资助金额在 21 万欧元到 119 万欧元之间不等。其中，在针对有抑郁症状但未被诊断为抑郁症的中小学生研究中，子项目 4 检查了两种新的在线干预措施的功效和成本效益。该项目实施时间为 2017—2022 年。子项目 5 正在开发和实施线上通用预防产品 StressSOS，以加强心理健康服务。调研者也将通过两项对照研究来评估疗效、成本效益和用户接受度。作为实施中央项目的总协调机构，海德堡分部负责确保所有地点的招聘和年度考试，并规范网络合作伙伴之间的合作。

此外，欧洲抗抑郁联盟研发了一项非营利抗抑郁程序——iFight-Depression，经过培训的治疗师可以免费为患者激活相关功能，指导他们使用。德国技术人员健康保险公司（Techniker Krankenkasse，TK）与柏林自由大学合作开发了“TK 抑郁症教练”在线干预服务，可供 TK 医疗保单持有者免费使用。

（三）制定数字心理健康服务的评估标准

德国精神疾病问题医学科学学会和德国心理学会共同成立的数字心理健康工作组，定义了数字心理健康服务和程序的质量评估要点，可用于检测在线预防和治疗心理健康疾病的自我管理干预措施的质量。评估包括以下标准：对适应证和目的清晰描述；对干预措施的描述，包括循证基础、形式、开发过程和实施说明；受影响人群和专家组参与开发过程；有效性证明；应解决精神危机中患者安全的问题，并对可能的副作用和风险保持信息透明；提供数据保护并保证数据安全；提供透明的成本信息。

七、德国天才儿童心理健康状况及应对措施

（一）天才儿童及其心理健康状况

“天赋”（talent）一词在专业文献中有很多不同的描述形式，因此没有统一的定义。但是，远高于平均水平的智力被认为是（高）天赋的基本标准。根据斯坦福—比奈智力量表，如果一个人的智商达到130（约占人口的3.5%），就可以被认为是有天赋的。此外，还必须考虑其他因素。在德国，有些地区把天才儿童称为资优儿童（hochbegabte kinder）。许多研究显示，天才儿童除认知能力外，与其他儿童并没有系统性的差异。人们认为天才儿童具有高度的心理稳定性，能够克服在学校包括寄宿学校的挑战。研究也证明天才中小学生并不比普通儿童群体更容易出现行为失常、社会问题或心理问题。

（二）天才儿童的心理健康指导与服务

咨询中心是德国为资优群体提供心理健康服务的主要载体，全国16个州中有13个州都采纳了此形式。这些咨询中心专门为天才儿童提供咨询服务，但是在提供的服务类型和所隶属的单位上有所差异。

巴登—符腾堡州有两所天才儿童学校。天才儿童咨询中心位于国立天才儿童寄宿学校中。而该州的私立天才儿童特殊学校则没有专门的咨询中心。巴伐利亚州服务天才儿童的咨询中心是附属于三所大学的天才儿童研究与咨询中心。此外，巴伐利亚州还有8所学校为天才儿童提供额外课程，以支持其情感和社会技能的发展。不来梅州有多所政府设立的区域性

咨询与支持中心，它们关注天才儿童的情商发展，并帮助其应对各种心理健康问题。汉堡政府的学校与职业教育人士于1996年设立特殊人才咨询中心，为特殊儿童及学校、家长和教师提供咨询服务。

黑森州设立多所咨询中心，并聘任多位学校心理学家，例如，马尔堡大学专注天才儿童的咨询和研究中心“BRAIN”，以及法兰克福的天才中心。梅克伦堡—前波美拉尼亚州所有参与天才儿童教育项目的学校同时也作为诊断天才和提供天才儿童咨询服务的机构。北莱茵—威斯特法伦州为天才儿童提供的咨询服务是基于学校自身已有的咨询服务，该州也有几所科研与咨询中心，专注于天才儿童的研究和咨询服务。莱茵兰—普法尔茨州对天才儿童的心理咨询服务由三所学校心理咨询中心提供。萨克森自由州有两所专门的天才儿童咨询中心，一所由联邦政府支持；另一所则属于专门为天才儿童提供跨校际整合式支持服务的学校网络“GIFted”，由莱比锡大学支持。萨克森—安哈尔特州的天才儿童咨询中心名为“LISA’s Supporting Giftedness”，为家长、学生和教师提供咨询，并统筹为天才儿童提供服务。石勒苏益格—荷尔斯泰因州，由基尔大学附属的咨询中心“MIND”为天才儿童提供咨询服务，同时，个别教师也与政府协作提供服务。图林根州有多所数学特色学校，其内部包含一个地区咨询中心。

参考文献：

[1] BGBl. Sozialgesetzbuch（SGB）−Achtes Buch（VIII）−Kinder−und Jugendhilfe−（Artikel 1 des Gesetzes v. 26. Juni 1990, BGBl. I S. 1163）[EB/OL]. [2023−04−30]. https://www.gesetze−im−internet.de/sgb_8/.

[2] Bayerisches Staatsministerium fir Unterricht und Kultus. 10−Punkte−Programm zur Aufklärung über Depressionen und Angststö−rungen an Schulen Übersicht über innerschulische und außerschulische Hilfsangebote [EB/OL].（2019−11−11）[2023−04−30]. https://www.km.bayern.de/.

第三章

英国中小学心理健康教育与服务

中小学生时期的心理健康问题会对其成年后的健康状况、社会经济地位等产生一定的影响，进而可能影响整个社会的稳定。因此，关注中小学生心理健康状况显得尤为重要。英国政府一直致力于为教育系统提供全面的心理健康支持，并获得了较为良好的成效。

一、英国中小学生心理健康状况

有证据表明，抑郁症和反社会行为在内的精神健康问题，在英国青少年中的患病率正在逐年上升。因此，中小学生心理健康成为英国学校和心理健康服务机构非常关注的话题之一。据统计，1999—2017 年，随着时间的推移，5—15 岁儿童的心理障碍患病率在缓慢上升，从 1999 年的 9.7% 上升到 2004 年的 10.1%，2017 年则增长到 11.2%。2017—2021 年，患有心理障碍的中小学生比率仍在持续上升，在 7—16 岁的青少年中，这一比率从 11.6% 上升到 16.7%，在 17—19 岁的青少年中，则从 10.1% 上升到 17.4%。[1] 目前，选择主动报告自身心理健康状况的学生呈持续增加的趋势，但是仍有很多学生会因为隐私等原因，选择不记录或不公开心理健康相关问题。因此，目前学生存在心理健康问题的状况可能远比数据所展现出来的更为严重。

心理健康对学生的学业、生活等多个方面都有着至关重要的影响。有研究者提出，心理健康问题会影响学生发挥自身学业潜力，且有心理健康问题的学生顺利完成个人学业的可能性较小。因此，学校需要及时了解学生接受心理健康服务的经历以及提供学生所希望得到的支持，以确保他们的需求得到满足。

（一）心理障碍横断面统计结果

心理障碍指由生物、社会、心理等因素造成患者出现情绪反应，进而难以适应社会，导致社交、生活功能下降等一系列问题。其与心理健康问题紧密联系，一些心理健康问题可能会发展为心理障碍，而心理障碍也可能导致各种心理健康问题的出现。因此，在关注个人的心理健康问题时，需要及时识别和处理，以预防其可能演变为严重的心理障碍。

英国国家医疗服务体系（National Health Service，NHS）分别在2017年、2020年、2021年和2022年对7—24岁人群的心理健康状况进行了大规模调查。数据结果显示[1]，在7—16岁的人群中，可能患有心理障碍的人数比率从2017年的12.1%上升到2020年的16.7%；在17—19岁的年轻人中，可能患有心理障碍的人数比率从2017年的10.1%上升到2020年的17.7%，2021年比率保持稳定，但随后又从2021年的17.4%增加到2022年的25.7%。

从心理障碍风险的性别比率来看，2022年，在7—10岁的人群中，男孩遭受心理障碍的风险率为19.7%，是女孩10.5%的近两倍；11—16岁的男孩和女孩遭受心理障碍风险的比率相近；在17—24岁的人群中，年轻女性31.2%的心理障碍风险率远远高于年轻男性13.3%的风险率。

（二）心理障碍纵向追踪统计结果

英国国家医疗服务体系于2017—2021年对总计2 866名6岁直到23

岁的同一批个体进行连续三次的心理健康状况的追踪调查。[1]结果表明，2017—2021年，在6—16岁的儿童中，39.2%的儿童心理健康状况与自己前一年相比出现持续恶化趋势，有21.8%的儿童心理健康状况与自己前一年相比则有所改善；而在17—23岁人群中，有52.5%的人心理健康状况与自己前一年相比持续恶化，仅15.2%的人与自己前一年相比有所改善。

在性别和年龄方面，6—10岁儿童中，21.9%的男孩面临心理健康状况持续恶化的风险，这一比率在女孩中仅为12.0%；女孩11—16岁比同龄男孩更有可能经历心理健康状况恶化；而在17—23岁的人群中，年轻女性的持续恶化风险率高于年轻男性，即年轻女性比年轻男性更容易出现心理健康状况恶化。

在种族方面，在6—23岁的人群中，白人和混血组的心理障碍发生率较高，分别为18.9%和22.5%。相比之下，亚裔和非洲裔英国人的心理障碍发生率较低，分别为8.4%和8.3%。

（三）心理健康状况的亚群体差异

1. 特殊教育或残疾

在有特殊教育需求或残疾的儿童中，面临心理障碍风险的个体占比高达56.7%，而在其他儿童中，这一比例仅为12.5%。

2. 长期身体健康状况

在6—16岁中小学生中，身体健康状况处于长期不良状态下的个体患心理障碍的可能性是身体健康状况良好个体的两倍。具体而言，身体健康状况不良的个体中有29.6%患有心理障碍，而身体健康状况良好的个体中只有14.9%患有心理障碍。

针对愈发严重的中小学生心理健康问题，英国政府高度重视，建立起以政府为核心，教育部门、卫生部门、社会民间机构有机合作的组织体系，以此对中小学生心理健康问题进行有效的识别、预防和干预。

二、英国心理健康服务的政策及管理体系构建

在英国的心理健康服务体系中，相应的体系架构是以政府为核心进行构建。政府首先通过制定国家战略，指明总体的政策目标和行动计划，继而各相关部门开展跨部门合作，共同应对未成年人心理健康问题。

政策保障。2015 年，英国政府开始实施“心系未来：保护、促进和改善儿童青少年心理健康计划”（Future in Mind：Promoting，Protecting and Improving Our Children and Young People's Mental Health and Wellbeing）[2]；2017 年 7 月，发布《改革儿童青少年心理健康服务：绿皮书》（*Transforming Children and Young People's Mental Health: A Green Paper*，以下简称《绿皮书》）[3]，提出在未来五年拨款 14 亿英镑，建立更多的心理健康诊所和咨询服务机构，加强学校心理健康教育，以及通过互联网等媒体渠道提供心理健康支持等。这些国家战略和政策为未成年人心理健康服务提供了整体指导。

跨部门合作。教育部、卫生部、社会服务部门等多个部门合作开展有关心理健康问题的政策制定、资源整合和服务提供等工作。其中教育部负责提供心理教育支持服务，鼓励各级学校雇佣心理咨询师、心理健康顾问等专业人员，以便为学生提供咨询和支持，同时加强心理健康教育的推广，帮助学生了解和维护自己的心理健康；卫生部提供心理医疗监管服务，负责监管儿童青少年的心理医疗服务，致力于增加心理医生和心理治疗师的数量，确保能够提供专业的心理健康服务，同时卫生部还促进心理健康服务的可及性和质量，与其他部门合作建立综合性的心理健康支持网

络；社会保障及公共卫生部则建立综合性支持网络，确保未成年人能够获得全面的支持和服务；社会服务部门主要负责提供社区和家庭层面的心理健康支持，使社会工作者、辅导员等社会服务工作人员，通过提供咨询、支持和介入服务，帮助未成年人和家庭应对心理健康问题。

注重研究和宣传。英国政府还通过资助研究和评估项目，提高对该领域的理解，并基于科学证据进行政策制定和实践改进。如上文提到的国家医疗服务体系对英国中小学生开展长期的横断面心理健康调查和纵向追踪。[1]同时，英国政府采用的心理健康宣传方式具有多途径、多形式的鲜明特征。例如，在学校中推广心理健康教育，在公共交通工具上展示心理健康宣传海报，鼓励社交媒体上的积极心理健康内容，支持电影和电视节目中涉及心理健康的主题等。

成立专门组织和机构。英国还有一些专门从事心理健康服务的组织和机构。例如，成立于 1901 年的英国心理学会（British Psychological Society，BPS）致力于推动心理学的发展和实践，为心理学专业人员提供支持和资源，现已成为全球最大的心理学组织之一。它通过出版资料、举办研讨会和培训班、颁发奖项、制定伦理准则等方式来支持英国心理健康相关工作的研究和实践。

英国心理咨询及心理治疗协会（British Association for Counselling and Psychotherapy，BACP）则致力于提供心理治疗和咨询服务，并推动心理治疗领域的发展，能够提供注册和认证心理治疗师的服务，并制定和实施相应伦理准则。

英国精神健康基金会（Mental Health Foundation，MHF）是一个致力于提高公众对心理健康问题的认识、推动相关政策和实践改善的慈善组织。其通常为公众提供有关心理健康的信息和资源，并举办心理健康相关活动，如研讨会和培训班。

英国心理健康研究院（Institute of Psychiatry，Psychology & Neuroscience，IoPPN）是英国伦敦国王学院的一部分，是欧洲最大的心理健康研究机构之一。该机构由精神病学、心理学和神经科学相关部门组成，致力于研究和培养心理健康领域的专业人才，开发新的治疗方法和创新技术，推进心理健康状况的改善。以上机构在英国心理健康服务中发挥重要的作用，涉及心理健康服务的管理、研究和实践等多个方面，为提高英国民众的心理健康水平、推动心理健康事业的发展做出了重要贡献。

三、英国学校心理健康服务

英国教育部通过多种方式、多个渠道提供心理支持服务，确保学生在学校获得必要的心理健康支持。例如，颁布心理健康相应的政策及指导文件，为教职工提供相应的心理健康培训指导和考核认证，建立心理健康专业支持团队，为不同年龄段学生设置适配的心理健康课程等。

（一）颁布心理健康政策和指导文件

教育部发布心理健康政策和指导文件，为学校提供关于实施心理健康支持的指导原则和最佳实践。2017 年颁布的《绿皮书》提出辅助支持的八项指导原则，具体包括：以支持拥护促进情绪健康的领导及其管理为核心，设置课程教学以促进情感学习，将学生意见纳入决策，促进教职工专业能力发展，提升学生心理需求识别和干预效果监测，与家长共同维护学生心理健康，提供针对性支持并在必要时转介，创造尊重多样性的校园环境。[3] 2021 年，英国教育部颁布的《心理健康和福祉计划》（*Mental Health and Wellbeing Programme*）进一步为学校提供了更全面的心理健康支持，包括指导材料、培训资源和工具，以帮助学校建立积极的心理健康文化，进而提高学生的福祉水平。[4]

（二）提供心理健康培训和指导

英国教育部设立专业的教师资质考核认证，并提供相应培训和指导，旨在帮助学校教职员工了解和应对学生心理健康问题，掌握有效的心理健康支持技巧。培训内容包括心理健康意识培训、早期干预、心理健康干预技巧、危机管理等。学校教职工可以参加这些培训，并获得相应的认证。通过线上渠道，教育部构建了以心理健康学校（Mentally Healthy Schools）为名的在线平台，公开提供一系列有关学生心理健康的资源和工具，以及针对教师和其他学校员工的专门培训。通过线下途径，教育部与多个机构组织建立合作伙伴关系（如“Place2Be”“YoungMinds”和“Child Bereavement UK”等慈善组织），共同开发培训资源和课程体系。

（三）建立学校心理健康支持团队

英国教育部鼓励每所学校组建专门的心理健康支持团队，负责为学生提供心理健康咨询、支持和干预。其具体措施包括鼓励每所学校确立高级心理健康领导、设立心理健康支援小组等。

1．高级心理健康领导培训

英国教育部门倡导每所学校确立一位高级心理健康领导，对其所在学校的心理健康教育和措施进行战略监督。对校长、副校长等承担领导学校战略变革的人，展开高级心理健康领导培训，其培训目标是帮助参加培训的各级领导提高对学生心理健康问题的敏感性，并为他们推进学生心理健康教育提供相应的支持。培训内容涵盖学生心理健康教育的重要性、常见的心理健康问题、早期干预措施等方面。培训课程包括理论知识、案例研究、实践技巧和自我反思等。培训通常与公共卫生机构、心理健康基金会合作进行，这些合作伙伴提供专业知识、指导和支持，以此确保培训内容与最新的研究和实践相一致。

2. 心理健康支援小组

心理健康支援小组是为5—18岁中小学生提供心理健康支援的服务团队。心理健康支援小组有三个核心功能：（1）对轻度到中度的心理健康问题采取循证干预措施。（2）支持每所学校的高级心理健康领导（如已设立）引入和发展全校心理健康管理方法。（3）为学校员工提供及时建议，并与外部专业服务机构进行联络，帮助中小学生获得专业、适宜的心理健康支持和教育。

为实现心理健康支援小组在英格兰地区公平覆盖，将布局重点放在需求水平较高、处境不利的地区。预计每个心理健康支援小组可为约7 000至8 000名学生或10至20个教育机构提供充足的服务。截至2023年，已经有将近400名心理健康支援小组成员在英国中小学和大学工作。到2024年春季，这一数字将增加到500以上，超过2017年心理健康绿皮书中预期达到的数量。

（四）构建适配的心理健康课程体系

英国教育部根据中小学生不同发展阶段可能面临的不同心理健康问题，设置了不同的课程，以此提高课程的针对性。

1. 小学阶段：引导学生认识心理健康

英国小学阶段心理健康课程主要涵盖以下六个方面内容：（1）引导学生了解自己的情绪范围、尺度以及适当情绪和行为。（2）引导学生了解各项活动与心理健康的关系，包括体育活动、社会活动等。（3）引导学生保持良好的作息和睡眠。（4）让学生掌握简单的自我保健技巧。（5）引导学生初步了解孤独、孤立和欺凌等问题。（6）引导学生与他人正确交谈、寻求帮助和支持。

2. 中学阶段：帮助学生正确评估心理健康水平

中学心理健康课程在小学阶段课程的基础上，会展开更深入、更符合年龄特征的教学内容。除了引导学生继续谈论情绪、认识心理健康的重要性，还会普及常见的心理问题和精神疾病方面的知识，帮助学生正确评估心理健康水平。其主要内容包括：（1）更准确地谈论情绪。（2）了解心理健康与人际关系的联系。（3）认识心理健康问题的早期迹象，并了解常见的心理问题和精神疾病。（4）了解保持心理健康的积极要素。

在中学阶段，新增了向学生普及常见心理问题和精神疾病的内容。学生首先要了解几种最普遍的类型，如情绪低落、焦虑症、抑郁症等，同时需要知道这些疾病的征兆，以保证自己或身边认识的人出现这些征兆时能够及时干预治疗。

（五）建立家校合作体系

家庭在影响中小学生心理健康和福祉方面发挥着关键作用。《绿皮书》中明确提出，中小学在维护学生心理健康方面要建立起稳固的家校合作体系，确保监护人悉知学生的心理健康需求，并保证能够为监护人提供必要的支持资源。[3]例如，国王树篱小学（Kings Hedges Primary School）为家长提供了一项名为“红母鸡项目”（The Red Hen Project）的服务。该项目配备家校工作人员，其主要职责为建立家庭与学校之间的连接，以此帮助家庭解决学生因欺凌、家庭破裂、家庭暴力、父母去世等变故可能导致的心理健康和学习障碍问题。阿斯菲尔德学校（Ashfield School）通过与心理健康支持团队建立合作来加深家长与学校之间的连接，具体而言，他们会共同开设适配家长的教育课程，让父母能够更好地应对自己与孩子的心理健康问题。

四、基于数字化手段的心理健康服务

随着技术的不断进步，基于数字化手段的心理健康服务得到了越来越多的关注和发展。这些服务利用互联网和移动技术，为人们提供便捷的心理健康支持和资源，改善了人们的心理健康状况。

（一）在线心理咨询和数字化心理治疗

在英国，许多机构和平台提供在线心理咨询服务，人们可以通过文字、语音或视频与心理健康专家进行沟通和咨询。英国国家医疗服务体系的心理咨询服务（NHS Talk Changes），提供免费的咨询和治疗，用户进入官网后，在主页点击“获取帮助”按钮，即会弹出问卷页面，用户输入自己的个人信息并提交问卷后，会有相应的团队成员通过预留电话联系用户；“心智”（Mind）、“撒玛利亚会”（Samaritans）是英国的慈善组织，能够提供电话咨询等服务，用户通过网址登录官网，点击主页“获取帮助”按钮，即可在相应页面获得心理援助热线号码，在整个过程中用户的个人信息和通话内容都会被严格保密。还有在线咨询平台，如“好助手”（BetterHelp）、“畅聊空间”（TalkSpace）等，提供与专业心理医生进行文本、语音和视频交流的服务，用户登录官网并注册个人账号，在填写完基本的个人信息后即可申请咨询服务，申请范围包括为自己申请、为伴侣申请和为子女申请。

另外还有机构和服务平台提供数字化心理治疗服务。如“银云健康”（SilverCloud Health）、“探索数字健康”（Ieso Digital Health）等，数字化心理健康平台能够为用户提供一系列在线自助心理治疗课程，内容覆盖多种心理健康问题。

（二）心理健康管理应用程序

在英国，一些特有的心理健康应用程序可以帮助人们管理和改善他们的心理健康状况，用户在移动手机端下载应用程序并注册为用户，在应用程序上通过选择相应功能即可获得对应服务。这种以移动端应用程序为载体的心理健康服务充分利用用户碎片化时间，极大提高了心理健康服务的便利性。例如，“冥想空间”（Headspace）软件提供冥想练习和放松技巧，帮助用户减压和提升注意力；“平静”（Calm）软件提供冥想、睡眠故事和放松音乐等功能，帮助用户缓解焦虑和改善睡眠质量；“情绪调适”（Moodfit）软件提供情绪追踪、冥想和认知行为疗法练习等功能，帮助用户更好地管理情绪和应对压力；“心心向荣”（Thrive）软件提供认知行为疗法练习、放松音乐和情绪追踪等功能，帮助用户提升心理弹性和幸福感。

（三）网上社区支持

英国还有较为完善的心理健康网上社区支持服务，网络社区不仅配有专业的心理健康人员，还具有高隐私性和安全性，可以让用户自由安心地分享自己的经历并获得相应支持和建议。例如，“心智”所运营的在线社区平台，为用户提供了一个可以充分交流的环境。“强迫症联合王国”（OCD-UK）是专门为强迫症患者提供支持和信息的慈善组织，通过组织论坛，旨在供强迫症患者及他们的亲友进行交流和互助。“混搭”（The Mix）是一个面向年轻人的支持网站，同样设有论坛提供关于心理健康、情感问题和其他年轻人关心的主题的信息和支持。

参考文献:

[1] NHS England. Mental health of children and young people in England, 2022–wave 3 follow up to the 2017 survey [EB/OL]. (2022–11–29) [2023–11–21]. https://www.gov.uk/government/statistics/mental-health-of-children-and-young-people-in-england-2022-wave-3-follow-up-to-the-2017-survey.

[2] Department of Health. Future in mind：promoting, protecting and improving our children and young people's mental health and wellbeing [EB/OL]. (2015) [2023–11–10]. https://assets.publishing.service.gov.uk/government/uploads/system/uploads/attachment_data/file/414024/Childrens_Mental_Health.pdf.

[3] Department of Health and Social Care, Department for Education. Transforming Children and Young People's Mental Health Provision：A Green Paper [EB/OL]. (2017–12–04) [2023–11–09]. https://www.gov.uk/government/consultations/transforming-children-and-young-peoples-mental-health-provision-a-green-paper.

[4] Department for Education. Promoting and supporting mental health and wellbeing in schools and colleges [EB/OL]. (2021–06–02) [2023–11–21]. https://www.gov.uk/guidance/mental-health-and-wellbeing-support-in-schools-and-colleges#contents.

第四章

法国中小学心理健康教育与服务

法国中小学生心理健康问题日趋严重，检出率较高的几种类型为抑郁、焦虑和成瘾行为，并已引起政府和全社会的广泛关注。为促进学生心理健康发展，法国政府、学校还有社会组织协同努力，构建了全面护航中小学生心理健康的服务网络，共同提高学生的心理健康水平和幸福感。在法国心理健康教育开展过程中，政府发挥主导作用，制定相关政策和行动路线；学校开设心理健康教育课程和各类活动，并提供心理健康咨询、诊断等服务；社会组织则面向青少年及其家长提供各类咨询和治疗服务，并开展“精神疾病去污名化”相关宣传活动。各主体间紧密联系，提供全面且连贯的心理健康服务，同时充分利用信息化手段，为心理健康服务提供丰富资源与在线支持。

一、法国中小学生心理健康问题现状

早在 2014 年，法国研究调查评估统计局（以下简称“法国统计局”）的一项报告就指出，法国是欧洲自杀率最高的国家之一。根据法国公共卫生署发布的有关自杀和自杀未遂的数据，自 2011 年以来，有自杀念头和自杀企图的中小学生人数不断增加，到 2017 年，法国近 3% 的中小学生报告曾出现过自杀企图。法国统计局 2018 年发布的一项报告中，抑郁症被认为是导致青春期自杀行为的重要因素，在 17 岁以下中小学生中，约 21% 的男孩及 32% 的女孩曾因中度或重度抑郁症而产生自杀企图。根据各类统计数据，法国中小学生心理问题的主要类型及检出率如下。

（一）抑郁症

联合国儿童基金会 2021 年发布的调查结果显示，法国 15—24 岁年轻人中，经常感到抑郁或做事缺乏兴趣的比例高达 24%，在被调查的 21 个国家中排名第五。在另一项对 1 000 名 11—15 岁法国中小学生的调查中，超四成的中小学生有过抑郁症状，近十分之一的人经受过中度或重度抑郁症，三分之一的学生表示他们的心理健康状况对其学业成绩、课堂注意力和学习兴趣都有负面影响。2020 年 5 月，法国 15—24 岁年轻人的抑郁症检出率高达 20%，相比 2019 年翻了一番，这意味着每五个青少年中就有一个患上了抑郁症，并且其中近半数为重度抑郁症患者。

（二）焦虑症

在上述对 1 000 名 11—15 岁中小学生的调查中还发现，约有四分之一的中小学生受到广泛性焦虑障碍的困扰。法国统计局报告显示，2020 年前约有 27% 的中小学生出现广泛性焦虑障碍。

（三）成瘾行为

青少年酒精、香烟、大麻成瘾行为，也是法国政府重点关注的问题。为了收集和分析有关成瘾风险的数据，法国专门成立了药物与成瘾倾向观察站（以下简称观察站），并从 2007 年开始，定期发布有关成瘾的调查数据。据观察站 2019 年的报告，在烟草成瘾方面，法国 17 岁学生中，约有 26% 的男生和 24% 的女生每日吸烟；50% 的学生接触过水烟，其中 76%

的人不止吸过一次水烟；52% 的学生尝试过电子香烟，其中 1.9% 的人会每天吸电子香烟，68% 的人每天会吸香烟。在酒精成瘾方面，60% 的法国 11—15 岁中小学生喝过酒；44% 的 17 岁学生报告自己在过去一个月的饮酒行为中出现过“偶尔大量饮酒”（一次饮酒量超过 5 杯）。在大麻成瘾方面，法国是欧洲年轻人大麻使用率最高的国家，报告显示 39% 的 17 岁学生已尝试过大麻，7% 的 17 岁学生经常吸食大麻。

2022 年 12 月，世界卫生组织、欧洲学龄儿童健康行为联合研究所、法国国民教育与青年部观察站的一项联合调查发现，与 2018 年之前相比，法国 11—15 岁中小学生对酒精、烟草和大麻的摄入有所减少，并指出这种情况可能得益于法国颁布的对聚会的限令，使得中小学生聚众摄入酒精、烟草和大麻的机会骤减。根据观察站发布的调查报告，法国 17 岁学生在过去一个月内至少有 10 次“偶尔大量饮酒”行为的比例由 8.4%（2017 年）下降至 7.2%（2022 年）；过去一个月内每天吸烟的比率出现大幅下降，由 25.1%（2017 年）下降至 15.6%（2022 年）；过去一个月内摄入约 10 次大麻的比例减少了近一半，由 7.2%（2017 年）下降至 3.8%（2022 年）。

二、法国心理健康教育的相关政策与发展基石

（一）心理健康教育的相关政策

在法国，心理健康教育通常作为重要元素嵌入健康教育范畴。1998 年，国民教育与青年部颁布面向初等和中等教育的《学校和学院健康教育指南》，强调健康教育必须成为教育系统的一部分，并贯穿学生在校生活的全过程。

2016 年，国家教育与青年部颁布《面向所有学生实施的健康教育途

径》，提出所有学校（涵盖幼儿园到高中），都要围绕“健康教育、危险行为预防和健康保护”三个核心，承担三项使命：一是开展课程或活动，使每个学生都能获得与健康相关的知识、技能和文化意识，为个人健康负责；二是在学校内实施以健康问题为中心的预防项目，鼓励当地从事健康事业的机构、协会等积极参与；三是创造有利于所有学生健康和学业成功的环境，满足学生的健康需求，帮助学生及其家庭获得相关健康资源的链接。[1]

2020 年 1 月，国家教育与青年部启动“健康促进学校”项目，作为健康教育途径的延伸，旨在协调校内和社会资源。所有学校或教育机构都可申请加入“健康促进学校”项目并获得“Édusanté”① 标签，推行各项促进健康的教育教学举措，同时凭借该标签与“健康促进学校”项目的其他参与方，如地方卫生机构、心理健康协会等，协同开展学生健康促进项目。

（二）心理健康教育的发展基石

法国政府将发展学生的心理社会能力（Psychosocial Competence）作为维护和促进学生心理健康的基石。心理社会能力的概念最早由世界卫生组织在 1993 年提出，指“一个人有效应对日常生活要求和挑战的能力，是在与他人、自己所处文化和环境的关系中采取适当并积极的行为，保持心理健康状态的能力”，具体可分为认知、情感和社会三个方面。法国公共卫生部将心理社会能力进一步细分为认知技能、情绪技能和社交技能。认知技能包括自我意识和自我控制等能力，情绪技能包括意识到自我的情绪和压力、情绪调节等，社交技能包括建设性地沟通和解决问题等能力（见表 4−1）。2023 年，法国卫生与预防部发布的最新版《心理健康和精

① “Édu”为法语“éducation”（教育）的前三位字母，“santé”的意思是“健康”。“Édusanté”由两个词合成。

神病学路线图》(以下简称《路线图》)中，第一条具体行动路线就是“加强所有人的心理社会能力”。可见，心理社会能力这一概念在法国的心理健康教育中起到了统领作用。

表 4-1　心理社会能力构成

类别	一般性心理社会能力	具体心理社会能力
认知技能	自我意识能力	获得自我认识（优缺点、目标、价值观、内心感受等）
		知道如何进行批判性思考
		能够积极自我评估
		能够欣赏自我
	自我控制能力	能够克制冲动
		能够达成目标
	做出建设性决定的能力	能够做出负责任的选择
		能够创造性地解决问题
情绪技能	意识到自我情绪和压力	理解情绪和压力
		识别情绪和压力
	情绪调节	以合适的方式表达情绪
		管理情绪（特别是一些困难的情绪，如生气、焦虑等）
	压力管理	管理日常压力
		能够应对逆境
社交技能	建设性地沟通	能够带着同理心倾听他人
		有效沟通（阐明观点等）
	发展建设性的关系	建立社会联结
		发展亲社会态度和行为（如合作、相互帮助等）

续表

类别	一般性心理社会能力	具体心理社会能力
社交技能	解决问题	知道如何寻求帮助
		能够自信拒绝
		建设性地解决冲突

（三）制定并完善《路线图》

2018年6月，法国卫生与预防部发布第一版《路线图》，这是法国政府有关促进心理健康举措的集合，目标是促进心理健康，及早预防和识别心理问题，预防自杀；保证可及的、多样化和高质量的心理服务。该文件指出中小学生群体是重点关注对象。[2]

2023年法国政府对《路线图》中的行动进行了新的部署，将精神病学专业研究生的学制由四年延长至五年，此举是为了让研究生能够更充分地学习针对未成年人等群体的必要专业知识。2023年版《路线图》，围绕三个轴心共提出38条具体行动路线。轴心一是“促进心理健康，预防和在早期发现心理痛苦，防止自杀”，轴心二是“通过提供可获得、多样化和高质量的精神病学服务，确保协调各类护理途径，提供支持”，轴心三是“改善精神疾病患者的生活条件，给予他们社会包容和平等的公民身份”。围绕每一个轴心的具体行动路线如表4-2所示。

表4-2 《心理健康和精神病学路线图》具体内容

轴心	行动路线方向	具体行动路线
轴心一：促进心理健康，预防和在早期发现心理痛苦，防止自杀	促进心理健康	1. 加强所有人的心理社会能力
		2. 开展行动，预防工作中的心理痛苦
		3. 向公众宣传心理健康，消除污名

续表

轴心	行动路线方向	具体行动路线
轴心一：促进心理健康，预防和在早期发现心理痛苦，防止自杀	防止精神痛苦和自杀	4. 对学生进行心理健康急救培训
		5. 建立“我的心情”组织，以识别和管理11—21岁青少年的心理痛苦
		6. 向区域卫生机构提供一套预防自杀的五项综合行动
		7.1 加强预防成瘾行为与心理健康之间的交叉影响 7.2 促进睡眠，因为睡眠是心理健康的重要决定因素
		8. 促进老年人的心理健康
	对精神卫生采取部际协同一致的办法	9. 促进部际将精神卫生作为部际卫生委员会的长期优先事项
轴心二：通过提供可获得、多样化和高质量的精神病学服务，确保协调各类护理途径，提供支持	及早发现儿童和青年的心理健康问题并采取行动	10. 实施前1 000天战略并部署围产期精神病学服务
		11. 设立一个负责协调3—11岁儿童健康的行动机构“儿童和家庭之家”
		12. 加强“青少年之家”的建设
		13. 发展治疗性家庭接待
		14. 加强“医学—心理中心”建设
	加强卫生、社会和医疗社会行动者之间的合作，发展城市保健服务	15. 监测区域内精神卫生项目的部署情况
		16. 实施“我的心理历程”计划——一项由健康保险支付的由社区心理学家提供的心理支持服务

续表

轴心	行动路线方向	具体行动路线
轴心二：通过提供可获得、多样化和高质量的精神病学服务，确保协调各类护理途径，提供支持	加强卫生、社会和医疗社会行动者之间的合作，发展城市保健服务	17.1 发展精神病学门诊服务 17.2 增加在养老院或其他机构内与老年人一起工作的流动精神科小组的数量 17.3 为家庭护理服务，为服务于多功能家庭护理和支持工作的心理学家提供额外经费 17.4 加强成人社区医疗计划，早期识别和治疗
		18. 倡导远程医疗
		19.1 更好地照顾精神障碍者的身体健康 19.2 改善精神疾病患者获得护理的机会
		20. 为患有严重精神疾病的人建立协调一致的护理途径
		21. 为城市儿童精神病学提出建议
		22. 组织区域资源和为当地专业人员提供资源和支持，以提高各专业人员的技能，促进护理的连续性
		23. 致力于知识和专业实践的改进，促进各有关领域参与者之间知识的交流互通
	发展多样化和高质量的精神病学和精神健康护理	24. 社会心理康复护理的部署
		25.1 心理创伤综合管理系统从 10 个增加到 15 个，并发展具体培训 25.2 加强心理创伤管理的干预手段
		26. 改善对受司法监督人员的护理
		27. 减少使用未经同意的护理和限制措施
		28. 更好地响应紧急的和非计划护理需求
		29. 通过“按需床位”计划，调整护理服务，以更好地满足需求

续表

轴心	行动路线方向	具体行动路线
轴心二：通过提供可获得、多样化和高质量的精神病学服务，确保协调各类护理途径，提供支持	采取行动，确保心理健康专业人员得到更好的培训	30. 增加受过培训的专业人员人数，促进保健专业人员的发展，以更好地实现护理途径的互补性和连续性
	发展精神健康和精神病学的研究和创新	31.1 更好地确定精神病学和儿童精神病学的研究项目 31.2 在精神健康和精神病学领域开展研究计划 31.3 在巴黎建立一个大脑研究所 31.4 创建电子护理中心，对儿童发育中的大脑进行护理和研究
		32. 发展数字技术在心理健康中的应用
	更好地使资金适应需求	33. 调整资源并采取行动改变精神病学的资助模式
轴心三：改善精神疾病患者的生活条件，给予他们社会包容和平等的公民身份	发展相关人员的自我决定权	34.1 改进同行支持系统、行动和干预措施 34.2 鼓励专业同行干预者的出现 34.3 为患有精神、智力、认知障碍等的人提供更广泛的残疾补偿福利
		35. 支持照顾者
	发展城市一体化	36.1 改善对精神障碍人士的工作和就业支持 36.2 简化智力残疾工人的职业道路和职业适应，使越来越多的精神障碍人士被接纳
		37. 改善获得和保留独立住房或照顾住房的机会
	接触最脆弱的群体	38. 更好地照顾处于危险境地的人

三、政府为心理健康服务网络提供全面支持

法国政府、学校和社会各司其责，共同构建促进中小学生心理健康的服务网络。政府主要起引领作用，除了前文提到的制定相关政策，还通过财政投入和家庭指导为心理健康服务提供支持。

（一）为心理健康服务提供财政支持

2019 年，政府投入 2 000 万欧元以加强中小学生精神病学医疗资源建设，尤其是在医疗资源不足地区，为缺少床位的医疗机构增设床位、加强心理健康紧急情况的评估和管理等。2021 年，法国政府宣布计划未来五年内在心理健康和精神病学领域投资 19 亿欧元，用以落实《路线图》中的 30 项新措施，其中包括针对青少年的具体措施，如培训更多中小学精神病学医生。

法国政府加大对中小学生心理咨询和治疗的资金支持。政府招募心理学家作为志愿者，为中小学生提供心理咨询服务，截至 2021 年 3 月招募了 1 300 名心理学家。遭受心理危机困扰的中小学生可以通过访问当地健康服务机构或医疗机构，或访问法国高等教育与研究部的官方网站（santepsy.etudiant.gouv.fr）等方式，选择心理学家免费获得 3 次心理咨询，每次 45 分钟。2021 年 4 月，法国政府设立“100% 儿童心理咨询套餐”，所有 3—17 岁的儿童无须预付费用即可获得 10 次心理治疗。此外，政府还为中小学生的付费心理咨询提高了报销额度。从 2022 年起，健康保险为 3 岁以上儿童报销私人心理医生咨询费，第一次咨询费的最高报销额度为 40 欧元，之后的咨询报销额度为每次 30 欧元。一家名为“在线心理学家”（psychologue.net）的社会组织统计了 2021 年法国各地区心理咨询的平均费用，全法平均每次咨询（45—60 分钟）费用约 64 欧元，这意味着

健康保险能够平均报销近一半的心理咨询费用。

（二）为家庭心理健康提供帮助与指导

法国政府通过多种形式为家庭提供帮助和指导，促进中小学生心理健康，具体包括搭建家庭支持网络、开展基于家庭的心理干预项目和交流日活动等。

1. 搭建家庭支持网络

法国政府于 1998 年 6 月在国家家庭问题讨论会上提出建立“倾听、援助、陪伴父母网络”。该网络于 1999 年 3 月正式运行，为公众提供有关中小学生心理健康的知识，作为家庭教育经验交流和分享平台，汇集不同协会、部门的多种行动方案，为各类家长提供帮助。各省还成立了该网络的指导委员会，在地方开展家庭教育支持活动。例如，开放“父母咖啡馆”，为父母提供分享、交流育儿经验的休闲场所。

2. 开展基于家庭的心理干预项目

法国的地方卫生局受法国事务部和卫生部监管，负责组织与开展区域性的健康预防、健康监测、健康促进行动等工作。[3] 部分地方卫生局还组织了一系列基于家庭的心理健康项目，旨在强化父母的积极育儿技能和培养中小学生情绪调节等心理社会能力。例如，大东部地区卫生局针对 0—12 岁儿童的父母，开展 Triple P（Positive Parenting Program）干预项目，帮助父母学习育儿技巧，减少儿童行为问题以及提升儿童心理健康。家长可以通过手机、电脑等任何终端免费参加该项目，学习内容共分为八个模块（见表 4-3），每个模块约一小时，家长观看有关正确处理孩子复杂情况的视频，获得家庭如何一起行动以改善儿童心理健康的建议，该项目也邀请家长进行积极教养方面的实践。除了 Triple P 项目，大东部地区卫生局还开展“家庭与育儿支持计划”，招募 6—11 岁儿童的父母，承诺不同社会经济水平、构成、出身的家庭都将受到同等关注，旨在培养父母育儿技能，培养孩子的社会心理技能（如同理心、面对生活挑战等），改善亲子关系等。

表 4-3　Triple P 项目的八大模块及其内容

序号	模块名称	主要内容
模块一	什么是积极教养?	学习“营造安全有趣的环境”“树立坚定的纪律规则”“提出基于现实的期望”等基本规则
模块二	鼓励父母赞赏的行为	使用“描述性的赞赏”“展现积极情感”“与儿童交流”等方式对孩子表现出的父母所赞赏的行为进行鼓励
模块三	教授孩子心理社会能力	教授孩子所需的心理社会能力，包括“管理情绪”“学会独立”“问题解决”“与他人交流和相处”等
模块四	管理行为问题	学习如何使用“暂停隔离法”“树立规则”“直接讨论”“清晰冷静的指导方法”等技巧管理儿童的行为问题
模块五	应对儿童违抗命令的行为	学习“为什么孩子会违抗命令”“应对违抗行为的常见误区”“最有效的行为指导方式”等
模块六	预防问题发生	学习使用“奖励和惩罚”“制定规则”“预设并准备”“进行事后讨论”等方法来预防儿童问题行为
模块七	让购物更加有趣	学习如何在外出购物过程中进行积极教养，包括“为什么儿童在购物时会出现不妥行为”“提前规划”“应对不妥行为”等
模块八	培养自信且高能力的儿童	学习如何通过“展现对儿童的尊重”“发展良好的社交技巧”“建立儿童的自信”“发展儿童的独立性”等，培养自信且有能力的儿童

3. 开展交流日活动和圆桌会议

地方卫生局还会组织家庭开展促进中小学生心理健康的圆桌会议和交流日活动。例如，2020 年在普罗旺斯—阿尔卑斯—蓝色海岸大区主持召开“区域心理健康和精神病学日会议”，参会者包括法国卫生部官员、家庭代表、医疗领域的专业人员、地方精神委员会的代表等。会上展示了“家庭与育儿支持计划”项目对 6—11 岁中小学生心理健康促进作用的实证效果，并就发展 0—14 岁儿童的心理社会能力、预防心理问题、促进心理健康、未来心理健康计划的部署等议题进行了讨论。

四、学校推进心理健康教育与服务

学校是与中小学生密切相关的重要环境。法国的学校主要通过实施心理健康课程、提供心理咨询服务等方式对中小学生心理健康问题进行预防、诊断和干预。

（一）心理健康教育与服务形式

1. 将健康教育融入各学科课程

法国 1998 年发布的《学校和学院健康教育指南》提出，学校或学院中各个学科的教师都要为学生健康教育做出贡献，教师应积极与学生进行对话和交流，教给学生共同生活的规则，帮助他们培养积极心态、善待他人等。可以直接在与健康有关的课程计划中增设心理健康知识；而与健康没有直接关联的课程也可以通过实施活动、开展情境教学等方式促进学生健康发展。健康教育需要在不同的教学领域中连贯进行。

2. “学生健康大使”项目

法国中小学均强调要在健康教育过程中积极发挥学生的主体作用，认为学生不是健康教育的被动接受者，而是积极参与者和践行者。“健康促进学校”项目中的“学生健康大使”子项目即体现了这一理念，在该项目中，每个班级会选取 2—4 名学生成为健康大使，他们有权参与教育界或健康与公民教育委员会等负责的健康教育行动的决策过程，其他工作内容还包括：向同学发放健康诊断方面的问卷，提出促进心理健康的活动或行动的主题，向同伴宣传预防心理问题的信息，以及对学校做出提议以改善学生福利等。

3. 健康教育会议

在法国的中学中，“健康教育会议”是一种独特的教育实践，旨在促进更加系统和全面的健康教育。该举措已经得到积极反馈，被鼓励扩展到所有法国中学。《青年健康教育：步骤和方法》指出，中学生在四年校园生活期间，参加健康教育会议的时长应达到 30 至 40 小时。健康教育会议的组织工作由各中学自行决定，学生将以个人和集体的方式，利用在课堂中学到的知识，参与健康相关话题（如暴力、抑郁和事故预防）的讨论，反思并以调查报告、电影或其他形式呈现探究结果。会议的议题要足够多样化，监督会议开展的成年人要指导学生，适当使用激励情境，确保学生间开展真正的对话，而不是简单的问答。

4. 专业诊断和心理咨询服务

法国诸多学校会为学生提供专业的心理诊断和咨询服务。公立学校会引进国民教育医生、国民教育护士、国民教育心理学家等人员。国民教育医生和护士会为自己负责学校的中小学生采取个体的或集体的预防和健康促进行动。个体预防包括对 6 年级学生进行体检、对中学生进行就业前体检，还包括对出现令人担忧情况（如学习困难、行为问题）的学生和有特殊需要的学生进行检查诊断。国民教育心理学家则会对学生进行面谈和心理评估，根据学生需求安排倾听、对话和协商等，并对出现心理困难的学生进行干预。

5．为家庭提供的服务

学校中提供心理健康服务的工作人员也会为家庭提供相关服务，例如，国民教育医生会将医学专业知识传播给家庭，帮助家庭更好地识别和应对孩子出现的心理健康问题，同时国民教育医生也会与家庭和学校其他工作人员密切合作，对困难学生进行规定性的体检和监测；国民教育心理学家也会调动自己的专业支持来帮助家庭了解孩子的具体情况。

（二）管理与监督机制

1．统筹指导：管理层人员

法国从 1998 年开始在中等学校（也涉及部分初等学校）建立健康和公民教育委员会，由学校校长主持，负责组织预防风险行为的项目活动。该委员会的任务主要围绕六个核心，其中与心理健康教育有关的包括：通过让学生负责任地自主参与预防工作，为在学校或机构中实施公民教育做出贡献；帮助那些出现令人担忧迹象的学生。

法国设有各级教育监察机构，其中的工作人员分为国家教育监察员、地区教育监察员、学院监察员等。各级监察机构围绕三项基本任务开展工作：一是评估、支持和培训教育人员，构建培养教育顾问和教师培训师的一级网络；二是指导学术项目和健康教育相关部门，以推进学术项目在不同地区的运作实施；三是协助校长和地方当局的顾问和专家，推动学校实施促进健康的方法。

2．实施心理健康项目：教师与教育顾问

“健康促进学校”项目提出，教师是支持学生心理健康的重要力量，教师需要识别学生的各种危险行为迹象并帮助学生解决问题。教师要鼓励学生参与教学的各个阶段，激发学生的好奇心，帮助他们培养批判性思维

和解决问题的能力，从而促进学生在分析自己错误的过程中发展抗挫力。

首席教育顾问是法国政府在中等学校设立的重要岗位，他们协助校长组织学校生活，并确保家庭和学校之间的联系。首席教育顾问也负责组织与心理健康相关的项目和活动，直接帮助学生解决各种心理问题（如受排斥、适应不良），与其他心理健康工作人员合作，为学生提供心理问题解决方案等。教育助理是设立在初等教育和中等教育阶段的一种临时职位，负责协助学校的教育团队和首席教育顾问履行相关职能，他们与学生联系密切，帮助学生解决生活或学校中遇到的困难。

3. 提供心理健康专业支持：国民教育医生、教育护士和教育心理学家

1991 年，法国开始建立国民教育医生队伍。国民教育医生为中小学生开展健康预防行动及健康宣传，还会对有学习困难、行为或健康问题的学生进行检查诊断。法国国家护理团队的成员也会共享到国家教育机构，成为国民教育护士。他们会在学校日常工作中收集和分析每个学生身体或精神健康方面的相关需求，检测学生是否有心理问题或精神障碍并为他们提供支持。国民教育护士也会和学校教育人员一起开展项目，发挥心理健康教育促进学生健康的作用。国民教育心理学家是在学校工作的教育心理学家，他们一方面要调动自己的专业知识促进学生认知、心理和社会性的发展，另一方面还会为家庭和教育教学团队提供有关学生发展情况的信息。

（三）师资及培训

法国心理教师的资质要求包括：在大学的学校心理学专业学习两年，并有至少三年的教师培训和五年小学或学前工作经历。自 20 世纪 80 年代以来，法国设置了专门的学校心理健康教育工作者培训计划，该计划包括专业学习和见习两个部分。专业学习包括心理学基础学习和应用学习，前者涉及发展心理学、社会心理学、心理学研究方法等，后者则包括教育心理学、临床心理学等。学习结束后，受训者还要进行两年的见习工作。[4]

法国教育心理学家大多从教师中选拔，20 世纪 90 年代后，心理学专业的学生也可参加选拔，但依然强调工作经历。选拔出来的教师必须拥有至少三年的教师训练和五年的学校工作经历，并且要进入大学心理学专业接受两年的带薪培训，包括每周不少于 30 个小时的听课、儿童心理学和学校心理学技术应用与实践活动等，最后获得学校心理学专业学位。[5]

五、社会组织积极参与心理健康服务

社会组织是提供心理健康服务的重要主体，可提供咨询、评估、治疗等服务，是中小学生提升心理健康水平可依赖的重要社会资源。法国有较多的社会组织为中小学生及其家庭提供心理健康服务，部分机构还得到政府的财政支持，如青少年之家、医学—心理—教育中心等。法国政府鼓励各社会组织之间建立联系，共同合作促进全民心理健康。

（一）青少年之家

运行“青少年之家”是地方卫生局领导的卫生政策区域化的一部分，也是由各省省长负责的儿童和家庭政策的一部分。法国政府从 2004 年开始启动国家“青少年之家”支持计划，至 2011 年，已有 84 个青少年之家；至 2021 年，增加到 118 个。法国政府计划未来在每个省至少建立一个青少年之家，并对已经运行的青少年之家进行完善。青少年之家既可以是一个独立机构，也可以附属于公共或私人卫生机构、地方当局或协会，任务是为青少年（11—21 岁，可持续到 25 岁）及其家人，也为服务青少年的专业人员提供服务。这些服务包括以下几类：一是直接为青少年提供多学科护理服务（通常为短期，多学科包含医学、护理学、心理学等），可以是个人形式（如接待、访谈、咨询、护理）或集体形式（治疗研讨会）。二是向中小学生的家长提供接待和支持，帮助家庭更好地倾听、支持和陪伴孩子，形式包括设立谈话小组、开设信息会议以增强家长对心理健康问题的认识、组织家长咖啡会促进交流等。三是协同合作伙伴开展行动，如定期交流青少年之家所追踪的中小学生的信息。四是为从事中小学生工作的专业人员提供支持，提升他们的专业技能。

（二）医学—心理—教育中心

医学—心理—教育中心是法国最主要的社会医疗机构，是针对儿童青少年心理困难和精神病理障碍的咨询和治疗中心，主要为 0—20 岁的儿童青少年提供免费服务，费用均由健康保险基金支付，患者无须住院，咨询和治疗均在门诊进行。法国目前共有 309 个医学—心理—教育中心，遍布全国，他们为 0—20 岁的个体提供了近一半的门诊咨询和医学心理治疗，其服务量与医院的儿童精神病学团队相当。每个医学—心理—教育中心由一名具有儿童精神病学、精神病学或儿科资格的医生负责协调护理，整个团队还包括幼儿教育工作者、语言治疗师、心理学家、教育心理学家等具有不同学科专长的专业人士。

医学—心理—教育中心有四项核心任务。任务一是初次接待，即安排患者及其家人会见儿童精神病医生或心理学家，讨论儿童遇到的困难以及这些困难出现的背景，以更好地确定家庭需求。任务二是评估和诊断。该中心会首先收集儿童及其家庭的具体期望和需求，然后进行尽可能全面的多学科评估或与其他卫生机构专业人员一起评估。任务三是提供护理和支持。主要途径包括：为儿童及其家庭提供心理治疗，如言语治疗、心理运动康复和治疗，解决导致其困难的内部心理冲突；在围绕孩子的治疗行动中与家庭结盟，通过家庭访谈、家庭咨询和家庭治疗等形式帮助家庭增强应对孩子心理健康问题的能力；致力于和学校合作，在学校环境中支持有特殊需要的学生；帮助教师提高识别和接纳能力，包括但不限于判断哪些学生有困难、为不同情况的儿童联系相关专业人员等。任务四是建立指导关系和伙伴关系。中心与国家教育系统、社会医疗机构和卫生机构之间都建立了联系，例如，中心会与学校分享自身在医疗、社会和心理教育方面的专业知识，提供可获得的资源以及反应迅速的支持。每个中心都建立了电话待命系统，确保为心理健康患者及其家庭提供及时和连续的护理和服务。医学—心理—教育中心的联合基金会官网还提供了这些中心的分布地图，以便不同地区的患者和家长能够就近前往。

（三）法国学生健康基金会

法国学生健康基金会是一个公共事业机构，同时也提供心理健康相关的服务。每年该基金会接待超过 10 000 名 11—25 岁的来访者。该基金会有近 2 亿欧元的财政预算，由法国健康保险资助。该基金会提供的主要服务包括门诊护理、精神科咨询以及住院服务。门诊护理和精神科咨询服务中，设有“中学生中继站”，为在学校或家庭环境中有明显心理困扰的年轻人提供快速护理、筛查和评估。基金会工作人员会在中学生中继站或是前往中学进行个人心理健康监测或家庭面谈，或是通过远程电话会诊进行接待和评估；或是由医生、护士、心理学家、社会服务助理等组成咨询团队，举办教育研讨会；也会在学校采取一些预防心理问题的行动措施，如举行培训和会议；针对家庭，中学生中继站会提供家庭咨询、家庭治疗。

（四）用户和亲属协会

法国还有专门为指导有心理健康问题儿童的家庭创立的协会，以用户和亲属协会为代表。该协会旨在接纳、倾听、支持、培训和陪伴精神障碍患者的家人和随行人员。该协会的社会使命包括四项：一是通过倾听、接纳和提供信息为家庭提供支持。协会成员可以相互倾听和分享经验，协会设置了由临床心理学家提供的全国性匿名免费电话接听服务，对来电者的问题做出回应。二是通过培训和互助支持家庭，在法国各地为那些与精神障碍患者有密切关系的人提供免费培训，开展相关研讨会，以帮助家庭了解相关疾病并提高护理意识。三是开展精神疾病去污名化行动。为了让公众和公共当局更好地了解精神疾病，该协会通过组织线下活动，如“心理健康骑行”和“精神健康信息周”等，也会以发放海报等方式来改变人们看待精神障碍的方式。四是支持护理实践中的研究和创新，通过设置研究奖资助生物医学领域和社会科学领域的研究，并组织专题讨论会和其他会议，通报最新研究进展和新的治疗方法，将优秀实践报告出版成册。

六、法国心理健康服务中的信息化手段

法国在中小学生心理健康的监测和干预方面都运用了信息化手段，例如，法国统计局建立全国中小学生心理健康调查数据库，部分地区卫生局通过网络开展心理健康干预项目，一些社会组织也会提供网络交流与咨询平台，帮助中小学生解决心理困扰。

（一）建立全国心理健康调查数据库

法国政府通过对中小学生心理健康开展全国调查，监测和分析中小学生心理健康的现状，为国家和社会层面的心理健康服务提供数据指引和支

撑。例如，2017 年，法国卫生部、国民教育和青年部联合开展了 3 年级中小学生心理健康调查，在全国范围内收集 3 年级学生心理困扰、睡眠质量、饮食行为、自残行为、自杀行为的数据，在法国统计局官方网站建成线上数据库，并发布调查报告。2018 年 2 月，法国统计局在网上发布与中小学生自杀相关的报告和数据，分析了中小学生自杀的独特性、企图和动机，并提供能够预防中小学生自杀的有效行动建议。2022 年，又针对中小学生自杀行为发布线上数据和报告，并提出促进心理健康的措施和建议。截至目前，法国统计局已经在网络上发布 5 次涉及中小学生自杀行为的报告，建成在线纵向数据库和报告库。

（二）线上家庭干预项目

法国部分地区基于互联网开展线上家庭干预项目，帮助家长掌握更多促进孩子心理健康发展的知识和技能，如大东部大区卫生局针对 0—12 岁儿童家长开展 Triple P 干预项目。家长可以在手机、电脑等任何终端，以线上的方式学习如何开展心理健康教育。

（三）提供线上咨询与交流平台

一些社会组织会借助网络平台提供线上服务，包括线上咨询和交流平台。例如，中小学生用户可以在青年健康协会（Fil Santé Jeunes，FSJ）的官网上与专业人士进行在线交流，获得帮助，还可以在专门的交流论坛区提出自己的疑问并查看他人回答，从而对自己的困惑有更深刻的认识。

七、法国天才儿童心理健康问题及干预措施

法国民间和社会组织早在 20 世纪 70 年代开始关注天才儿童群体，并

逐渐意识到天才儿童在具有高潜力的同时，也会受到一些心理健康问题的困扰，如焦虑症、抑郁症和注意缺陷多动障碍等。法国有多个组织和机构致力于帮助天才儿童克服各类心理健康问题，并为他们在学业和社交领域的发展提供支持。

（一）天才儿童心理健康问题的主要类型及其表现

法国精神病学专家罗伯特等根据在天才儿童和青少年中心的临床经验，总结了天才儿童心理健康问题的三种类型。[6]

一是焦虑症。这是在天才儿童中观察到的最常见的精神障碍，其中包括恐惧症、广泛性焦虑症和未指明的焦虑症。天才儿童面对失败表现出更高的敏感性，这会发展成为自我贬低和行为焦虑，行为焦虑者的特点是在任务开始之前就担心失败，因为他们认为失败会导致羞辱或被拒绝。这种焦虑越多，越有可能引起天才儿童的学业失败，继而导致他们产生学校恐惧症，增加辍学风险。

二是抑郁症和抑郁情绪。天才儿童产生抑郁症和抑郁情绪的原因多种多样。一方面，天才儿童在智力和心理情感方面的发展具有不同步性，这可能是一个触发因素。天才儿童往往在智力上发展超前，但在社交上仍然处于实际年龄水平。具体表现在，天才儿童比起同龄人通常拥有更广泛的或是更"成熟"的兴趣，但他人可能会觉得天才儿童爱表现自己、古怪或与众不同，进而可能疏远或者排斥他们。另一方面，许多天才儿童在进入青春期时会有"失去了学习天赋"的感觉，具体表现为缺乏自尊，特别是在学业领域缺乏自尊，进而出现抑郁症状。

三是注意缺陷多动障碍。这种障碍表现为无法集中注意力，无法完成既定任务，表现为学业失败，可能导致留级、辍学等。天才儿童多动障碍的特征与普通儿童有所不同。普通儿童的多动症状不受限于某个具体情境，而天才儿童表现出的多动行为具有明确的针对性和指向性，可能与某些特定任务相关，即当他们处于特定情境或面对特定任务时，才会出现这种情况。

（二）天才儿童心理健康辅导的相关组织和机构

法国非常重视天才儿童的心理健康问题。很多组织和机构不仅在教育方面给予天才儿童针对性帮助和扶持，也提供了多样化的心理健康辅导。

1993年法国成立的天才儿童协会为高智力潜能（high intellectual potential）儿童提供所需要的帮助和支持，一直持续到成年期。该协会还帮助家长和儿童保育专业人员识别和了解高智力潜能儿童，从而开展能促进孩子学业发展和融入社会的相关措施。具体来看，该协会邀请觉察到孩子有智力早熟倾向的家长参与测试，以帮助家长更好地了解孩子；对于那些孩子已经被认定为天才儿童的家庭，该协会会为他们的孩子提供全面帮助和支持。除了家长，该协会也会帮助教师应对天才儿童的问题和提供专家建议。该协会还拥有一支在教育高智力潜能学生方面经验丰富的教学团队，在学校开设培训课程，在公共和私营教育机构提供培训，协助开发天才儿童教育项目，并组织宣传会议。另外，在专家和研究人员的合作下，该协会为支持儿童和健康领域的专业人员以及任何对高智力潜能感兴趣的机构举办提升其认识的培训课程。

在国家扶持下，帮助天才儿童和青少年中心于2005年12月成立，该中心的服务对象是认知能力明显高于同龄人的平均水平，但存在学业或心理困难（如焦虑症、抑郁症、行为障碍、对抗性行为、多动症和/或注意力缺陷等）的儿童。该中心汇集了一个包含多领域专家的团队，包括儿童精神病学家、心理学家、语言治疗师、精神运动治疗师、艺术治疗师、教师、医疗秘书等，专门为高潜力儿童提供支持，团队成员也接受智力、高潜力和智力早熟领域国际团队的培训。中心主要在两个方面为天才儿童提供支持：一是帮助评估儿童的高智力潜能和他们遇到的困难，用多维方法观察儿童的认知功能（如智力、创造力等）、社会情绪功能（焦虑、抑郁、多动症、低自尊等）以及学校参与度（上学的乐趣、对学校的态度等）。二是在初步评估的基础上，根据每个孩子的情况进行治疗护理。治疗可以是个人形式的或集体形式的，并使用多种治疗手段，如个人心理治疗（支持性的、精神分析的、简单的解决方案治疗，认知和行为治疗）、艺术治疗、精神运动、语言治疗、心理剧、情景剧等。这种治疗护理也可以为家庭（父母和兄弟姐妹）提供支持，提供家长指导、家长小组或家庭治疗。

2008 年，法国创办“天才儿童在法国”的非营利性协会，旨在帮助父母、教育工作者和心理健康从业者了解生活在法国的天才儿童和双重特殊儿童的教育、情感和社会需求。

除了以上机构，其他一些组织和机构为天才儿童提供的活动和支持也值得一提。例如，法国巴黎十四区的青年职业协会为 6—17 岁的高潜力儿童提供某些科目的额外指导，包括除学校的主要科目之外的艺术和体育方面的课程。另外，智力早熟儿童的休闲、聚会和教育协会为天才儿童组织国际夏令营，开展为期 2—4 周的课程活动，课程内容涉及地质学、考古学、天文学、信息技术等领域的讲座。在学校教育中，天才儿童家长协会（Parent Associations of Gifted Children）发挥了重要作用。协会通过电子邮件或电话沟通回答家长的疑问，并将家庭转介至专业心理学家处进行咨询。

八、法国中小学生心理健康服务特点及未来展望

法国心理健康服务总体上有以下特点：一是政府、学校、医疗机构和

社会组织通力合作，共同搭建全面的心理健康服务网络。在法国，各方主体都能积极投入促进中小学生心理健康的行动，各主体之间也有联系通道，能够随时为服务对象调动合适的资源。二是政府主导，提供政策和财政支持。政府在推动心理健康服务的每个环节都发挥着重要作用，包括心理健康问题全国调查、制定心理健康服务发展路线规划、推动心理健康服务融入学校等。三是服务类型丰富，便于中小学生及其家庭获取相应服务。各方主体提供的服务多种多样，有短期或长期、门诊或住院、线上或线下等多种形式，中小学生及其家庭可以根据需求选择最合适的服务。

法国 2023 年最新版《路线图》提出了未来国家卫生战略开展将围绕的轴心。除了国家层面的领导，法国也将进一步推动实施“地区心理健康”项目，在地区卫生机构的领导下，协调地区内各方（政府、学校和社会）资源，为心理健康服务需求者“在正确的时间提供合适的服务”。

参考文献:

[1] Ministère de l'Éducation Nationale et de la Jeunesse. Mise en place du parcours éducatif de santé pour tous les élèves [EB/OL].（2016-01-28）[2023-06-02]. https://www.education.gouv.fr/bo/16/Hebdo5/MENE1601852C.htm.

[2] Ministère de la Santé et de la Prévention. Feuille de route-Santé mentale et psychiatrie-Jeudi 28 juin 2018 [EB/OL].（2018-06-28）[2023-05-30]. https://sante.gouv.fr/archives/archives-presse/archives-dossiers-de-presse/article/feuille-de-route-sante-mentale-et-psychiatrie-jeudi-28-juin-2018.

[3] Agences Régionales de Santé. Qu'est-ce qu'une agence régionale de santé [EB/OL].（2023-02-10）[2023-05-06]. https://www.ars.sante.fr/quest-ce-quune-agence-regionale-de-sante.

[4] 庞海波. 美、英、法学校心理健康教育及其启示 [J]. 湖南师范大学教育科学学报，2010（5）：112-115.

[5] 王宏方. 英、法、德等欧洲国家学校心理现状简述 [J]. 中小学心理健康教育，2002（11）：24-26.

[6] Robert G, Kermarrec S, Guignard J-H, et al. Signes d'appel et troubles associés chez les enfants à haut potentiel [J/OL]. Archives de Pédiatrie, 2010, 17（9）: 1363–1367. https://doi.org/10.1016/j.arcped.2010.05.019.

第五章

丹麦中小学心理健康教育与服务

“童话王国”丹麦常被评为最幸福的国家之一。根据联合国《全球幸福指数报告》，丹麦的幸福指数多年位于世界前三。然而随着电子科技（尤其是社交媒体）的发展，部分丹麦儿童出现了日益严重的心理健康问题，幸福程度下降。为此，丹麦努力促进心理健康教育，从提出相关政策、开展调查研究，到发展干预和应对措施，旨在提升中小学生的心理健康水平和幸福指数。

一、丹麦中小学生心理健康问题的主要特征

丹麦大多数中小学生都能健康成长，但仍然有 15% 的儿童和青少年在 18 岁前被诊断出患有精神疾病，常为多动症、焦虑症、抑郁症和孤独症[1]，其中的大部分学生表现出心理健康问题和心理困扰，主要为经常悲伤、感到孤独和缺乏安全感等。

（一）心理问题的主要表现

丹麦 2023 年的中小学生心理发育不良和心理疾病报告指出，10.8% 的中小学生在学龄期至少有一种心理困扰迹象，5.8% 的人在家里不快乐，6.3% 的人在学校不快乐，3.0% 的人对人际关系不满意；11.9% 的人在 16 岁之前被诊断出患有精神疾病，其中 7.8% 被诊断为精神发育障碍，7.4% 被诊断

为行为、情绪或其他障碍。2018 年的学童调查显示，11—15 岁儿童中约有 14% 的人不太喜欢或完全不喜欢学校，而在 15 岁儿童中，4% 的女孩和 5% 的男孩每月经历几次被欺凌。[2] 2022 年的丹麦全国幸福感调查显示，有超过 6% 的 8—9 年级学生从不或很少对他们的班级感到满意。

大多数 11—15 岁儿童的心理健康水平较高，但有些会经历情绪障碍，如对生活满意度低、对身材外貌不满意、对自己的能力缺乏信心并感到孤独。在高中，40% 的女生和 27% 的男生每周承受心理压力，在职业学校，31% 的女生和 21% 的男生每周承受心理压力。心理健康水平较低的儿童和青少年更有可能出现学习困难、难以完成学业的情况。同时，年轻人的心理和个性问题也被评为在职业教育和培训过程中辍学的主要原因。[3]

（二）年龄与性别差异

在青少年群体中，心理健康问题的类型存在年龄和性别差异。一项基于丹麦全国人口的队列研究显示，在 1995—2016 年追踪随访 130 万名在丹麦出生的儿童，随访至 2016 年 12 月 31 日，共有 99 926 人在 18 岁之前被诊断出患有精神障碍，其中女孩 41 350 名，男孩 58 576 名。研究显示，焦虑症是女孩中最常见的诊断，而注意缺陷多动障碍在男孩中最常见；女孩患精神分裂症、强迫症和情绪障碍的风险高于男孩；同时，男孩在注意缺陷多动障碍、智力障碍和其他发育障碍方面达到发病率高峰要比女孩早，男孩 6 岁前被诊断患有精神障碍的总体风险为 2.13%，高于女孩。[1]

调查显示，2014 年，13 岁和 15 岁女孩心理健康状况不佳的比例为 17%；到 2018 年，有 20% 的 13 岁女孩和 21% 的 15 岁女孩心理健康状况不佳；2010—2017 年，16—24 岁心理健康状况不佳的青年有所增加，心理健康状况不佳的年轻女性比例增加了七个百分点，年轻男性的比例增加了三个百分点，女性增加更多。在此期间，同年龄组心理健康状况不佳的年轻女性是年轻男性的两倍。

（三）影响因素

丹麦的多项研究发现，心理健康问题的发生发展往往是个人、家庭、学校、社会等多方面因素相互作用的结果。大多数健康问题起源于儿童生命的早期，3 岁前的早期迹象会预示儿童未来可能出现心理和身体健康方面的问题。例如，动作发育迟缓、睡眠调节、饮食和过度哭泣、语言发展和社交互动迟缓问题等，与精神发育障碍和行为障碍（如孤独症谱系障碍）密切相关。生命最初几年的动作发育迟缓与后来诊断出的多动症之间存在相关，也可能是孤独症谱系障碍的早期征兆。口腔动作发育迟缓的儿童在 5—7 岁时被诊断出患有孤独症谱系障碍的风险是发育未迟缓者的五倍，在 3 岁时被诊断出患有孤独症谱系障碍的儿童在 6 至 36 个月大时，抓握功能和精细动作发展不足且性格内向，可预测未来有抑郁倾向。个体生活方式也会影响心理健康，如高中生的心理健康问题还与不良生活方式有关，包括缺乏体育锻炼、饮酒行为等。

社会关系对于儿童的福祉和心理健康有重要影响。与家长缺乏亲密感的学生心理症状的发生率更高，拥有好朋友并感受到同龄人认可的儿童具有更好的社交技能，并且情绪和行为问题更少。早期的亲子关系对于儿童的发展具有决定性的作用，孩子和父母之间的依恋关系受到干扰会带来情绪和行为问题发展的风险。与那些跟父母同住的儿童相比，生活在继父母家庭或单亲家庭的儿童出现行为和情感困难的比例更高。同时，当父母受教育程度低、失业、经济状况较差或者是移民时，儿童的心理健康问题发生率会增加。此外，当父母是丹麦移民或后裔而非丹麦血统时，儿童在饮食、沟通以及与父母的接触和互动方面会存在更多问题，且会影响朋辈社交，如没有好朋友，不被人喜欢甚至受到取笑或欺凌，由此对学校的满意度和幸福感较低。在丹麦教育系统中，小学到中学之间不存在学校过渡期，通常同班同学会一直同班。有研究者指出，学校可能并未特别注重加强或促进年龄较大的学生与学校之间的联结，由此导致青少年与学校的联结度变低，情绪症状和行为问题增加。同时，有人际关系问题的学生无法通过升学而换到新环境，结交新朋友，这可能部分解释了情绪症状和行为问题在年龄最大的年龄组中发生率较高的原因。

二、丹麦中小学心理健康教育的政策与制度

（一）政策法规

丹麦国家卫生委员会和国家社会服务委员会建议，通过跨学科和跨部门合作、保健护士上门服务，提高患有严重精神障碍的儿童和年轻人的生活质量，以便让更多患有严重精神障碍的儿童和年轻人在全国范围内获得同等质量良好和连贯的治疗。

丹麦《卫生法》在2010年第913号行政命令中提出，为儿童和青少年提供医疗保健，是为了监督和监测儿童青少年身心健康状况，并为他们和家长提供信息和指导，以促进儿童青少年的身心健康、发展和福祉。同时还规定了丹麦各市的卫生工作框架，要求为所有儿童青少年提供一般性服务，并为有特殊需要的儿童青少年提供额外服务。《小学和初中教育法》和《中小学教育环境法》在对学校进行学生福祉和教育环境的评估方面提出了相关要求，同时，《无烟环境法》也有助于良好校园环境和学生身心健康的构建。

（二）组织管理

丹麦国家公共卫生研究所（Statens Institut for Folkesundhed）与南丹麦大学积极合作，每年开展多项与公民心理健康相关的研究，尤其关注儿童、青年的心理健康和福祉。例如，通过调查检测中小学生抑郁症、焦虑症和应激障碍等精神疾病的流行情况，以更好地了解和应对心理健康问题，并提出预防策略；公开相关研究报告，以提高心理健康服务质量。

（三）经费支持

经费方面，根据2018—2021年丹麦卫生领域的社会保障资金协议，2018—2021年共拨款2.136亿丹麦克朗，用于测试儿童和青少年精神病学的“区域功能”（Regional Funktion），以确保对日常生活中儿童和青少年精神病学以外的轻度精神障碍进行调查和治疗。“区域功能”是指在特定领域或地区内开发或实施的项目或服务，这里主要是指针对心理健康问题的项目或服务，包括早期干预服务、跨学科协作和出诊服务等。其中，早期干预服务是为了帮助面临轻度心理健康问题的儿童和青少年；跨学科协作指多个领域的专业人士，如医生、心理学家、社会工作者等共同合作提供更全面和综合的支持和治疗方案；出诊服务可将心理健康服务带到患者所在地，而不是要求他们前往医疗机构，以提高服务的便捷性和可及性。上述资金已用于所有区域项目，并于2022年4月对这些项目进行外部评估。2022—2025年，总共可以申请2 220万丹麦克朗，以延续在儿童和青少年精神病学项目中积累的良好经验。

内政和卫生部在2018—2021年拨款1 510万丹麦克朗，用于实施针对18—20岁的年轻人进行轻度至中度抑郁症、轻度至中度焦虑免费心理治疗的试点计划；2018—2019年共拨款60万丹麦克朗，用于评估试点计划的经济和社会影响。根据2021年的预算协议，政府和各党派同意永久延长试点计划，为18—24岁患有轻度至中度抑郁或焦虑症的年轻人提供免费心理治疗，这意味着患有轻度至中度抑郁症或焦虑症的18—24岁的年轻人，在由自己的医生转诊后可免费获得心理帮助。[4]

三、丹麦对心理健康问题的协同预防与干预机制

（一）开展全国性的调查和普查

丹麦定期（每年或每几年）开展全国福祉调查、全国青年研究、学龄儿童健康行为调查、地区性中小学生的健康或精神疾病的调查等多项大样本大范围的调查研究，密切关注中小学生的心理健康情况并及时提出应对措施。自2019年开始，每年都对幼儿园至9年级的学生进行全国范围的福祉调查，由教育部提供调查工具，由市政当局和学校系统开展；2014年和2019年，全国青年研究在高中生群体中开展；其他大样本大范围调查主要由国家公共卫生研究所与南丹麦大学合作开展，研究结果最终形成报告并公开发表，同时原始数据可由研究者合理获取以开展科学研究，为提高中小学生心理健康和幸福的相关规划和研究提供依据。

（二）积极开展国际合作

“学龄儿童健康行为”（Health Behaviour in School-aged Children，HBSC）是世卫组织的一项针对在校学生的跨国合作研究，包含丹麦在内共有51个参与国。该研究起始于1982年，自1983年以来每四年收集一次关于健康和福祉、社会环境和健康行为的数据，每个国家或地区采用整群抽样选择11岁、13岁和15岁的年轻人各约1 500名，并确保样本代表该年龄段的所有年轻人。该研究旨在了解健康的社会决定因素，为年轻人的健康和福祉提供新见解，并为改善年轻人生活的政策和实践提供依据

或参考信息。

丹麦和欧洲多个国家合作开发“直立”项目（Universal Preventive Resilience Intervention Globally Implemented in Schools to Improve and Promote Mental Health for Teenagers，UPRIGHT）。该项目于2019年启动，约6 000名青少年及其家庭参与了为期三年的评估，通过增强心理复原力，包括提高应对能力、处理人际关系的能力、正念和自我效能等，并协同学校教职工和家长参与创建和实施过程，促进青少年心理健康发展。[5]

（三）学校、家庭、社会机构的服务、预防和干预

丹麦的儿童教育注重采用有趣的学习方法，除学科能力外，还会引入体育活动、艺术和音乐等作为小学生表达自我、发展集体意识的一种方式。同时，小学和初中学校必须至少每三年进行一次教学环境评估，包括考查身体、心理和审美三个方面。此外，学校设有包含反欺凌策略的价值观和行为准则，在学年之初告知学生及家长，为学生之间或师生之间的良好行为和互相尊重的关系提供指导方针，有助于构建良好的心理教学环境。

以学校为基础的干预措施非常有潜力，既可以针对大量中小学生，也能通过学校教职工和家庭参与来促进学生的心理健康发展。相关研究指出，针对多种行为的全校性干预是促进青少年健康行为最有效的方法。因此，在丹麦教育系统内，政府和相关职能部门、研究部门等多方主体，主导或参与开发了多个心理健康教育相关项目，包括UPRIGHT项目[5]、“健康高中”项目（Healthy High School Study，HHS）等，这些项目均为从学生个人层面到学校组织层面的全校性干预，强调学校或家庭和社会的整体联系。“健康高中”项目是从学生个人层面到教职工和学校组织层面的全校性干预，通过教材、智能手机应用、朋辈领导的创新研讨会以及学

校环境和政策等的干预，改善丹麦高中生的睡眠和饮食，减轻压力，增强集体意识和增加体育锻炼。同时将有效的心理健康和心理社会支持规划纳入应急教育计划。心理健康和心理社会支持更强调儿童周围的环境影响，认为社区、家庭和学校之间的和谐关系至关重要，照顾者的福祉对儿童的发展和社会心理健康以及接受并完成教育具有重大影响，由此倡导对家长、监护人、教师进行培训。

丹麦还有相关的社会服务机构为中小学生提供心理健康支持。“儿童援助会”（Red Barnet）是一个国际性的非政府组织，主要打击一切暴力、性虐待和网络侵犯等，预防和打击学校及其他机构中的欺凌行为。“儿童权益”（Børns Vilkår）是一家儿童福利组织，主要针对中小学生被忽视、学业失败、心理发育不良和网络困境（如网络欺凌）等情况，并为儿童和青少年提供心理援助和支持，为家长和专业人员提供建议和相关信息。丹麦精神病学基金会在多个平台上通过书籍、课程、创新性项目等广泛传播知识、提供心理健康服务，同时与政府和非政府组织达成合作，旨在让中小学生减少患上精神疾病的风险。丹麦红十字青年团是一个国际性非政府组织，在丹麦为学生提供各种社会支持和服务，他们的心理健康项目旨在提高学生对心理健康问题的认识，并通过培训教师、提供在线资源和开办课程等方式来帮助学生应对心理压力。

四、信息化手段在学生心理健康指导和服务中的应用和效果

丹麦是公共治理数字化较好的国家，信息化手段在丹麦学生心理健康指导和服务中的应用正逐渐得到重视和推广，并取得了一定成效，提高了学生对心理健康问题的认识，在学生应对压力和困难方面发挥了积极作用。

根据两年一度的联合国电子政务调查报告，2020 年丹麦的电子政务发展指数（E-Government Development Index，EGDI）位列全球第一。信息化手段在促进心理健康指导和服务中也发挥了关键作用。在全国福祉调查中，学生使用 Uni-login 访问幸福感调查问卷，在线回答问题，且学校和市政当局也可在线上查看调查的整体结果。丹麦儿童和教育部只能出于科学和统计目的处理个别学生对幸福感调查的回答，教育部或其他机构不得将个别学生的回答用于具体案件管理或与个人取得联系；且学校和市政当局所能查看的统计结果最小单位为班级，《数据保护法》为学生个人的信息和数据安全提供法律支持。“健康高中”项目内包括使用其开发的智能手机应用，应用程序含有关于如何预防压力、增加体育锻炼、改善睡眠和饮食习惯等课程，期望通过增加学生的相关知识储备和形成对“健康”的意识，培养学生的健康习惯和提升幸福感。心理健康和心理社会支持计划通过开发的软件包，能更有效地利用资源，使受众面更广泛。

还有一些机构和平台可以提供线上心理健康指导和服务。丹麦的在线卫生公共服务平台内设有儿童青少年精神病学知识宣传的板块以及在线寻求帮助的途径。Mindler 是提供视频会议和自助计划结合的应用程序，该混合治疗形式可有效治疗焦虑、抑郁、睡眠困难等问题。前文提到的红十字青年团、精神病学基金会等社会组织均提供在线资源以传播知识、开办课程等，为受精神疾病和心理健康困扰的学生提供便捷的求助平台，着力解决中小学生的心理健康问题。

五、丹麦天才儿童的心理健康服务

（一）天才儿童的识别和心理现状

提升中小学所有学生的学业成绩和福祉是丹麦教育的一个中心目标，

而其中也包括容易被忽视的学生群体——天才儿童。如今，丹麦小学平均每个班级内会有一位天才学生，而如何发现并培养他们成为丹麦学校的挑战。7—9 年级阶段的三名丹麦的天才学生接受采访，在采访中他们表示在普通班级内上课是挑战，因为教学进度过于缓慢，他们感到无聊、失去学习动力，同时也存在社交困扰。当天才儿童没有接受适合其水平并考虑到其职业发展的教育，则可能存在心理健康水平低的风险。因此，有必要加强对高能力学生的早期发现，以便他们接受正确的教育，从而发挥他们的潜力。

丹麦在儿童早期对天才儿童的识别，是通过教师记录观察图、让学生带来自己喜欢的读物两种方式确定学生的阅读兴趣和能力。通过阅读的发展水平，结合兴趣、成熟度和个人素质等来区分出“早期读者”，就是指早期有较高阅读能力的儿童，进行差异化教学。

目前，丹麦儿童和教育部成立了专家组和工作组，以制定筛选高能力学生的清单，应对天才儿童可能遇到的社交和学业挑战。专家组由教育领域的专家、从业人员和利益攸关方组成，制定 1 年级高能力筛查清单，并附有教师指南以便中小学使用。若学生通过清单考核表现出高能力，则需进行由教育心理咨询服务或政府提供的获得普遍认可的智力测试。工作组由教育领域的专家、从业人员和各方学校代表组成，为专家组的成果提供咨询支持和专业意见。

（二）天才儿童的心理干预

有了筛选工具，从 2024 学年开始丹麦将在小学早期就开始筛查并追踪天才儿童，学校将能够更早识别在社交和学业方面遇到问题或挑战的天才儿童。这样可以更容易在早期阶段开展相关的教学活动和有针对性地开展差异化教学，从而支持天才儿童根据其学业条件进行发展。

丹麦为天才儿童分别实行了课堂内外的干预措施，包括六种干预类型，分别为基于个人和小组的课堂内干预和课堂外干预（即非全天制的干预）、暑期学校、特殊班级、特殊学校以及针对家长和教师的能力发展工作。研究者发现，非全天制的干预效果最好，即天才儿童和普通儿童平时一起上课，但每周天才儿童会接受几个小时或几天的特殊指导，暑假期间天才儿童们聚在一起参加暑期学校，以获得学业上的挑战，从而对普通教育中的天才学生产生积极影响。

六、丹麦中小学心理健康教育的启示

（一）在组织管理和政策领导下加强基层落实

推动学校心理健康服务的建设进程，加强落实心理健康教育。近年来，我国逐渐加强了心理健康相关的教育和建设，二十大报告、《“健康中国 2030”规划纲要》、《全国社会心理服务体系建设试点 2021 年重点工作任务》、《全面加强和改进新时代学生心理健康工作专项行动计划（2023—2025 年）》等，均对心理健康教育和建设提出了指示和要求。当前，基层的落实效果还需进一步加强，可通过巡访指导、及时沟通反馈等方式落实，同时提高心理健康教育部门在学校中的决策权，以学生为中心开展心理健康教育活动，推动学校心理健康服务的建设进程。

（二）开展大规模普查

加强数据收集，监测中小学生健康现状。我国人口基数较大，这或许是顺利开展大规模普查的阻碍因素之一，因此，在教育普及的背景下，对于全国性或地区性的大样本中小学生调查可通过教育系统，统一下发至各省市区教育厅（局），再由各校统一组织开展，对学生的心理健康进行调查检测，收集数据后向上传递并开展相关科学研究。

（三）推进行业规范与人才配备

推进社会组织行业的规范管理和专业水平的提升。为更好地服务于学生及大众的心理健康，行业协会需引领推进社会组织的规范管理和专业水平的提升，其中行业规范和人才配备不可或缺。当前，心理健康和心理咨询相关的社会组织在行业中的发展良莠不齐，咨询行业较混杂，相关专业的大学生在就业时会犹豫是否选择投身于此，从而可能引起人才的流失。

（四）加强采用信息化手段

加强网络安全和数据隐私的基础建设，提高信息化手段的使用。《2022 联合国电子政务调查报告》显示，我国的电子政务指数排名为 43，处于稳步上升中，而丹麦在连续三次的调查中电子政务指数均是全球最高的国家。电子政务水平较高的政府有数字化相关的法律框架，在提供电子服务、开放政府数据等方面也处于领先水平。因此，加强网络安全和数据隐私的基础建设，提高信息化手段的使用，在学生心理健康现状的检测与网络服务的搭建中尤为重要。

（五）多方联合干预

倡导家校社协同育儿，共同重视中小学生心理健康教育。学生的心理健康水平受学业成就、家庭、人际关系等多方面因素影响，对于不同阶段的学生采用不同类型的干预模式。对于小学生以及走读制的学生，学生在家庭和学校的时间都较多，有研究也指出，父母教养方式会影响学生的人格、创造力和心理韧性等，因此除了校内教育层面，通过家校联合对父母教养方式和教育理念以及孩子在家中的行为表现进行关注或许是更为有效的手段；而对于学业压力较大、寄宿在学校的中学生，像丹麦所实行的统一全校性干预措施将更有利于学生的心理健康发展。

综上，加强我国的心理健康建设工作将是一个漫长的过程，从原来国内对“心理疾病”“精神疾病”存在不理解与病耻感，到现在“抑郁”“焦虑”进入大众视野、逐渐被各界重视，再到未来提升中小学生的心理健康水平和幸福指数，仍需要各界共同协作努力建设。

参考文献：

[1] Dalsgaard S, Thorsteinsson E, Trabjerg B B, et al. Incidence rates and cumulative incidences of the full spectrum of diagnosed mental disorders in childhood and adolescence [J]. JAMA psychiatry, 2020, 77（2）: 155–164.

[2] Rasmussen M, Kierkegaard L, Rosenwein S V, et al. Skolebørnsundersøgelsen 2018：helbred, trivsel og sundhedsadfærd blandt 11–, 13–og 15–årige skoleelever i Danmark [R/OL]. København, Danmark：Syddansk Universitet. Statens Institut for Folkesundhed, 2019. https://www.sdu.dk/da/sif/rapporter/2019/skoleboernsundersoegelsen_2018.

[3] Sundhedsstyrelsen.Tal og fakta om mental sundhed blandt børn og ugen [EB/OL].（2022–12–06）[2023–06–19]. https://www.sst.dk/da/Fagperson/Forebyggelse–og–tvaergaaende–indsatser/Mental–og–digital–sundhed/Mental–sundhed/Mental–sundhed–blandt–boern–og–unge/Tal–og–fakta.

[4] Indenrigs–og Sundhedsministeriet. Regeringen prioriterer psykiatri på årets finanslov：Bedre hjælp til børn og unge [EB/OL].（2023–10–12）[2024–01–15]. https://sum.dk/nyheder/2023/oktober/regeringen–prioriterer–psykiatri–paa–aarets–finanslov–bedre–hjaelp–til–boern–og–unge–.

[5] Las H C, Izco–Basurko I, Fullaondo A, et al. UPRIGHT, a resilience–based intervention to promote mental well–being in schools: study rationale and methodology for a European randomized controlled trial [J]. BMC Public Health, 2019, 19（1）：1413.

第六章

芬兰中小学心理健康教育与服务

受极寒和漫长冬季的影响，芬兰政府一直面临纾解精神压力、提升国民心理健康水平的难题。在长期探索中，芬兰福利工作与心理健康服务形成了一套行之有效的保障体系。在过去的几十年中，芬兰政府提供的心理健康服务不断增加，寻求心理健康诊断的中小学生数量也不断提升。[1] 2018—2023 年，芬兰连续六年在联合国《世界幸福报告》中位居第一，被评为“世界上最幸福的国家”。

一、芬兰心理健康服务政策发展沿革

18 世纪初，芬兰开始关注对儿童的保护并提供所需福利。在之后的不断发展中，芬兰根据本国已出台或更新的各种法案为各类人群提供所需的心理健康服务，以保证芬兰人民的福利与心理健康。至今，芬兰已构建了完善的法律体系以保证人民的心理健康。

一是《儿童福利法》(*Child Welfare Act*)。芬兰儿童保护制度的起步可以追溯到 19 世纪末，芬兰认识到保护儿童是预防犯罪的关键因素，成立了由专家组成的儿童福利委员会。1936 年，芬兰社会事务和卫生部颁布《儿童福利法》，规定儿童的父母或主要监护人是儿童幸福的主要负责人，同时相关政府部门也应在儿童早期阶段为其提供必要的援助，并与其他社会和卫生保健组织合作，共同为儿童及其家庭成员提供心理健康服务。2012 年该法律通过修订后补充规定，市政当局有义务为中小学生及其家庭提供充分支持与指导，并为有特殊需求的中小学生及其家庭安排必要的活动及帮助。

二是《精神卫生法》（*Mental Health Act*）。1990 年，社会事务和卫生部颁布《精神卫生法》，规定精神卫生工作的总体规划、指导和监督由社会事务和卫生部负责，并提出要建立有效的监督系统以保障心理健康服务工作正常运行。针对健康人群，当地卫生中心应为居民提供预防性的心理健康科普宣传，做好心理健康方面的预防及保障工作；针对精神病症患者，制定对其进行诊断与治疗的标准。特别对于未成年精神病症患者，需强制其进入精神病院，并与成年人分开治疗。

三是《卫生保健法》（*Health Care Act*）。为进一步促进人口健康和社会保障，维持人们的工作能力，并确保人们普遍获得所需服务，2010 年，社会事务和卫生部颁布《卫生保健法》，规定学校卫生服务部门应对学生的发展情况每年进行一次检查，并为学生提供包含心理健康服务、药物滥用干预和性健康咨询在内的卫生保健服务；同时应与家长以及学生福利团体其他成员合作，根据学生的心理需求给予特定帮助，并在必要时将其转介到专业机构进行检查和治疗。

四是《学生福利法》（*Student Welfare Act*）。2013 年，芬兰政府颁布《学生福利法》。该法旨在将福利工作重点从问题解决转向问题预防，以便学生可以更轻易获得支持，避免健康问题的严重化。该法规定每所学校都必须设有一定数量的学校心理学家和学校辅导员，同时还应促进学校和家庭之间的合作，从而为学生提供专业的心理健康服务和支持。

五是《国家精神卫生战略（2020—2030）》（*Mental Health Policy Strategy 2020–2030*）。为了使社会共同资源更加公平地分配、更好地帮助弱势群体，芬兰此前制定并实施了《2009—2015 年精神健康和药物滥用计划》

（*Mental Health and Substance Abuse Plan for 2009–2015*）。但随着人们对心理健康问题态度的转变，更多的人开始寻求治疗。2020年，芬兰社会事务和卫生部发布《国家精神卫生战略（2020—2025）》。该战略的目标是确保芬兰2020—2030年精神卫生工作的连续性和目标导向，发展精神卫生、预防自杀以及药物滥用服务的可及性和有效性，让人们能够获得以上服务并使之有效。《国家精神卫生战略（2020—2025）》优先关注以下五个重点领域：心理健康是个人生活的基本和资本，在日常生活中帮助中小学生保持心理健康，精神健康权利，根据人们需求量身定制的广泛服务，良好的心理健康管理。该战略的实施作为更广泛地促进福利和健康的一部分，将侧重于发展服务并提高人们日常环境中的心理健康技能。

六是《2023年改变学生福利的快速指南》（*Student Welfare Organizing 2023: A Quick Guide to Change*）（以下简称《指南》）。2023年，芬兰政府发布《指南》，旨在尽早确定学生的需求并提供及时支持，从而最大程度上保证学生的心理健康。《指南》明确了心理健康服务人员与学校的配比，要求每位学校心理学家服务学生数量不得超过780名，每位学生辅导员服务学生数量不得超过670名。在工作职责上，要求学生寻求帮助后，学校心理学家和辅导员必须在规定期限内（七个工作日）组织并提供服务；紧急情况下，应在当天或次日提供服务。

二、芬兰中小学生心理健康问题主要类型及表现

近几十年来，芬兰患有精神障碍的中小学生数量整体上没有显著增加，但存在心理健康症状的人数却有所增加，转诊到专业医疗服务、青少年精神保健机构以及门诊就诊的中小学生人数也有所增加。调查发现，芬兰10%—15%的儿童（7—12岁）和20%—25%的青少年（13—15岁）

出现心理健康问题，主要表现为焦虑和抑郁症状、校园欺凌、注意缺陷多动障碍、自杀以及网络欺凌与学业倦怠。

一是焦虑和抑郁症状。2019—2020 年，芬兰健康与福利研究所针对基础教育阶段的学生进行了学校健康调查。结果显示，当前学生的平均焦虑水平处在中度及严重程度，近 20% 的女孩和 6% 的男孩在过去 2 周内经历过中度至重度焦虑。13 岁以下儿童抑郁的患病率约为 2%，青少年的患病率则为 5%—8%，且青春期开始后，女孩抑郁的风险大约是男孩的两倍。

二是校园欺凌与网络欺凌。校园欺凌是一种从口头、身体和心理上反复故意地侵犯受害者的行为，该行为会对受害者的精神和身体健康产生长期的不良影响。2013 年，芬兰学校健康促进研究（Finnish School Health Promotion Study）的调查显示，68% 的中学生认为学校教职工干预欺凌的措施并未有效地遏制欺凌行为。2020 年，芬兰国家教育局发布《学校和教育机构的反欺凌工作指南》，指南显示近年来芬兰全国被欺凌学生的比例有所下降，但在学校教育的不同阶段，欺凌的普遍性和形式各不相同。受欺凌学生的比例随年龄增长而下降，然而 11—12 岁参与欺凌的学生人数逐渐增加。在欺凌形式上，身体欺凌在小学阶段比在高中阶段更常见，而高中虽然受欺负的学生人数较少，但参与欺凌的学生人数更多。此外，男孩比女孩更容易受到欺凌；歧视性欺凌也是常见的欺凌现象之一，有移民背景、性少数群体、被安置在家外、有学习困难或需要特殊支持的儿童更常受到欺凌。[2]

芬兰于 2007 年提出针对校园的“反欺凌”（Kiusaamista Vastaan，KiVa）干预项目。该项目由芬兰教育与文化部提供研究经费，图尔库大学心理系和学习研究中心联合研究，内容包含为学生提供反欺凌课程与虚拟的学习环境，并通过在学校建立 KiVa 小组协助该项目有效实施。KiVa

项目主张通过改变欺凌行为中的旁观者角色从而制止欺凌行为。因此，该项目强调同情、自我效能感以及旁观者的反欺凌态度，让旁观者给予受害者支持，而不是鼓励欺凌行为。KiVa 项目建成后很快被芬兰中小学校认可并实施，已有 90% 以上的综合性中小学校在学校课程体系中定期实施 KiVa 项目。同时，该项目已被引入英国、德国、意大利等 20 多个国家的学校反欺凌实践中，干预效果良好。

随着网络成为人们交流的主要空间，芬兰的网络欺凌也越来越普遍。一项超过 1 000 名受访者参与的调查发现，10—17 岁的受访者中几乎每两个人中就有一个受到过网络骚扰，约 55% 的网络欺凌受害者因分享自己观点而受到攻击，约 29% 的受害者因外表受到欺凌。

三是注意缺陷多动障碍。注意缺陷多动障碍是儿童最常见的精神行为障碍之一，始于儿童时期，通常持续到成年，其主要症状是注意力不集中、过度活动和情绪冲动方面的问题。调查发现，芬兰大约 5% 的学龄儿童和青少年被此困扰，且在男孩中比女孩更常见。

四是自杀。2020 年，由芬兰健康与福利研究所发布的《在基本服务中支持和治疗学龄儿童心理健康问题》显示，在中小学阶段，至少有一半患抑郁症的人有自杀念头，约三分之一的人曾试图自杀。儿童在纠纷和禁闭情况下发生的自杀行为可能与其情绪表达能力不足有关，而不是真正企图自杀。自杀或自杀未遂尤其与抑郁症、药物滥用以及醉酒有关，对于男孩来说也与反社会行为有关。

五是学业倦怠。近些年，芬兰学生学业倦怠逐年上升，有研究发现，约 40% 的高中生经历过严重的学业倦怠风险。其原因可能有以下几个方面：一是学生长期感到无助、压力和焦虑进而产生了学业倦怠；二是芬兰城市化程度提高，外来移民涌入与教育经费削减同时发生，导致学生在学校中面临的环境更具差异性和复杂性。复杂环境的出现，可能使学生处于压力状态，有研究表明，处于压力之下的个体难以灵活应对压力性生活事件，不能有效控制、消解情绪冲突，极易焦虑、抑郁，导致情绪调节困难，而情绪调节困难对学习倦怠具有负向预测作用。可见，压力状态下的学生更易出现学业倦怠的现象。

三、芬兰学校心理健康服务

学校是对中小学生心理健康问题进行预防、筛查和干预的重要场所。2016 年，芬兰实施了最新版《国家基础教育核心课程》，提出学校心理健康教育要以学生为中心，围绕学生的心理发展规律和成长需要展开，并对包括健康教育在内的多门核心课程标准进行了修订。[3] 芬兰重视学校心理健康课程、学校心理健康服务的实施以及优质服务团队建设。

（一）学校心理健康相关课程

在学校开设健康教育课程，是芬兰开展学校心理健康服务工作的主要途径之一。1998 年，芬兰政府出台《基础教育法》，明确规定将健康教育作为国家的必修课程。基于此政策，国家教育委员会、社会专业机构和健康促进中心等相继开展合作，共同推动健康教育课程的实施。21 世纪后，芬兰进一步出台《国家基础教育核心课程》[3]，加强对健康教育的投入和控制，强化健康教育课程的重要性。当前，芬兰的健康教育课程主要有以下特点。

一是开展心理学专业课程。《2015 年高中课程基础》中将心理学列为独立学科，旨在帮助学生意识到心理学知识与社会、文化和当前问题的联系，了解心理、生物和社会因素之间的相互作用和相互依赖，并将心理学课程划分为心理活动与学习，发展中的人，处理信息的人，情绪、心理健康与精神健康，个人和集体五个模块。《2019 年高中课程基础》又将心理学课程修订为功能性和学习性的人、发展中的人、处理信息的人、情绪和心理健康、个人和集体五个模块（具体内容见表 6–1）。

表 6–1 心理学课程总体目标与核心内容

模块	总体目标	核心内容
功能性和学习性的人（必修）	1. 了解心理学是怎样的科学，心理学知识是基于研究的 2. 能够从心理学角度描述科学思维的基本特征 3. 可以解释意识活动和非意识活动的性质和区别 4. 能够分析与人类活动有关的心理、生物、社会和文化因素 5. 从心理、生物、社会和文化的角度熟悉一些现象等	1. 从心理学的角度审视人类活动 2. 从心理学的角度了解学习 3. 了解心理学研究，如科学和日常知识、科学研究的过程、样本和总体在研究评估中的重要性、心理学研究的伦理原则、心理学定性和定量研究的例子
发展中的人（选修）	1. 能够分析影响个人发展的因素以及它们之间的相互影响 2. 能够解释神经系统的成熟和塑造如何反映在整个生命历程的心理发育中 3. 能够描述中小学生的社会情感和认知发展，并能应用相关的理论和研究知识等	1. 从生命过程中的心理功能角度看神经系统的发展 2. 童年和青春期情感生活和互动的发展 3. 儿童和青少年的认知发展 4. 在生命历程中改变身份 5. 发展的个性和连续性 6. 心理学研究，如双生子收养研究、纵向和横向研究、使用观察的研究示例
处理信息的人（选修）	1. 确定指导认知功能的一般原则，并能够应用它们检查认知现象 2. 能够解释感知、注意力和记忆如何与其他人类信息处理联系起来 3. 了解语言对人类活动的重要性等	1. 数据处理的一般原则 2. 感知和注意力 3. 记忆 4. 语言 5. 决策 6. 大脑的结构和神经活动 7. 认知心理学和神经心理学的研究方法

续表

模块	总体目标	核心内容
情绪和心理健康（选修）	1. 能够解释情绪的形成及其文化归属 2. 了解情绪对人类认知功能、互动和心理健康的重要性并获得将这些知识作为自我理解的能力 3. 能够解释影响心理健康的因素并应用知识促进自己和他人的福祉等	1. 情绪心理学 2. 心理健康和保持心理平衡 3. 心理健康 4. 心理学研究，如非实验研究、相关和描述性研究、使用生理测量方法的研究示例
个人和集体（选修）	1. 能够描述个体特征及其遗传基础的差异 2. 能够从不同的角度审视人格并将知识应用于确定自己优势和发展领域 3. 能够描述智力和创造力的个体差异	1. 遗传、文化和社会环境对人格发展的重要性 2. 从不同的角度看待个性 3. 智力和创造力是人类活动的一部分 4. 文化和社会环境对人类活动的影响 5. 心理学研究，如研究个体差异，人格和智力评估方法，可靠性和有效性，使用调查、访谈和测试的研究示例，社会心理学研究实例

二是开发融合化、阶段性课程。一方面，芬兰的健康教育课程将健康理解为身体、心理和社会能力的融合，在课程上体现为打破学科、融合课程为学生提供心理健康支持。因此，健康教育常常结合体育、自然教育等进行授课，使学生在一节课上得到两种目标能力的发展。芬兰还利用课程融合的优势，采用线上课程为学生提供心理健康支持。学校开展多种主题性课程，如家庭经济课、手工课、音乐课、戏剧表演、体育课等，让学生在做中学、玩中学，增强远程教育的丰富性，让学生体验积极情绪、满足内心需求。此外，部分学校实施情感和互动技能计划，帮助中小学生识别和应对焦虑感。除健康教育课程及心理学课程外，体育也是常态化预防心

理健康问题和促进中小学生心理健康的一门课程。芬兰新版《基础教育核心课程大纲》明确提出，学生通过体育进行身体活动的同时完善社交和心理功能，拥有积极的态度，促进独立能力的发展以及对自己的认知和接受，最终促进个人的发展。另一方面，健康教育课程主要根据中小学生认知发展阶段的特点进行设计，与心理健康相关的教学内容与能力培养穿插其中（见表 6-2）。基础教育阶段初期，健康教育不独立设课，而是与其他课程结合。例如，1—4 年级与环境自然相结合，5—6 年级与生物、地球科学、物理和化学相结合，培养儿童以整体观、联系观认识世界的能力，引导儿童形成全面而自由的心智思维模式。在基础教育阶段后期（7—9 年级），将健康教育设为独立学科，心理健康和社会情感技能成为此阶段该课程的重要课题。高中阶段，注重通过各学科和跨学科课程促进学生对各项横贯能力（Transversal Competence）的深度发展和综合应用，学习主题倾向于社会性、文化性、政策性、全球性、现实性的开放式问题。

表 6-2　1—9 年级健康课程中与心理健康相关的学习内容

学段	横贯能力	学习内容
1—2 年级	照顾自我、日常生活管理与保护	在“成长与发展”主题中，大致了解人体的各个部位和功能；了解生命的不同阶段以及本年龄段的典型成长特征；尊重身体完整性，防止欺凌；练习简单的生活自理技能；学会遇到困难时寻求帮助
3—6 年级	照顾自我、日常生活管理与保护	在“作为人类的我”主题中，了解人类的结构和生命功能，以及人类生长发育的不同阶段；以适合本年龄的方式讨论性发育和人类生殖；练习识别身体和思想发出的各种信号；体察自己的想法、需求、态度和价值观；熟悉健康的各个方面和资源、日常健康习惯、心理健康技能、疾病预防和自我护理技能
	文化、沟通和自我表达	在不同的角色和互动情境中练习表达自我，倾听他人；练习识别、表达和调节自己的情绪

续表

学段	横贯能力	学习内容
3—6 年级	思考与学习	理解健康的各个方面、日常健康习惯的含义、生命历程以及童年和青年时期的个人成长和发展
7—9 年级	照顾自我、日常生活管理与保护	在“成长和发展”主题中，认识健康的泛在性、健康促进、生命历程、成长和发展等概念
	文化、沟通和自我表达	在“成长和发展”主题中，强调身份的建立、自我形象和自我意识、性发展的意义，家庭和朋友、心理健康、自我欣赏以及情感互动技能；熟悉建设性地处理冲突、压力和危机，练习在不同冲突和危机情况下的行动和情绪表达与调节
	思考与学习	在“健康、社区、社会和文化”主题中，从健康的角度思考与个性、群体性和平等相关问题，学习在人与人之间的互动中找到负责任的解决方案；理解和评估家庭和社区所代表的健康概念

三是提供生涯指导与咨询课程。生涯指导与咨询课程旨在帮助学生了解自身能力、兴趣爱好、优势劣势，了解社会、教育系统与工作世界，支持学生基于对自我和环境的了解做出明智选择，促进学生的个性成长与全面发展。芬兰《基础教育法》中规定了学生生涯指导与咨询课程的具体内容，最新的《国家核心课程标准》中也对生涯指导与咨询的性质与地位、目标、核心内容、实施与评价进行了细致的规定，具体内容见表 6−3。

表 6−3　生涯指导与咨询课程核心目标、具体内容及对应核心素养

核心目标	具体内容	对应核心素养
成为积极参与的主动公民	帮助学生全面了解中学阶段的工作方法和学习环境，让学生为在这种环境中以及在不同团体中学习做好准备；支持学生独立行动，并承担自身学习和做出关于未来选择的责任	日常生活中的自我管理，参与建设可持续发展的未来
学会学习	鼓励和培养学生发展学习技能	思考以及学会学习

续表

核心目标	具体内容	对应核心素养
终身学习	创造条件以满足学生的学习意愿，促进学生发展评估自身的技能，确定并利用自己的技能和优势，发展确定个人学习目标并在必要时改变计划和运作模式的能力	日常生活中的自我管理
自我意识	帮助学生认识影响自己选择的因素，并帮助学生适应自身的能力和兴趣	思考以及学会学习；日常生活中的自我管理
设定目标	指导学生制定短期、长期目标以及实现目标的计划，并对其目标实现情况进行指导与评估	工作与生活的能力以及创业能力；参与以及影响可持续发展的未来
为了工作与生活而学习	帮助学生理解工作对自己生活以及对社会的重要性。了解不同学科与未来学习的关系，以及未来工作生活中所需的知识和技能	思考以及学会如何提高信息通信技术能力、工作与生活的能力以及创业能力
	帮助学生能够评估不同任务所需的相应技能。发展社交和沟通技巧，以及了解哪些职业适合自己，并加强学生搜索芬兰国内外教育创业能力和劳动力市场信息的能力	
在生涯决策中使用教育和劳动力市场信息	向学生及其监护人提供有关芬兰教育体系的相关信息和教育机会信息，支持学生发展关于芬兰及国外的教育和工作信息获取能力	文化能力与沟通能力；多元读写能力；信息通信技术能力
	指导学生学习如何通过不同渠道获得和使用信息、建议和指导服务，并评估所获信息、建议和指导服务对自己的可用性和有效性	
	支持学生发展了解自身文化背景及与其他文化合作的能力，并引导他们在全球公司及海外寻找和获取学习与工作机会的信息	

在小学及初中阶段，生涯指导与咨询主要通过学习旅行、工作场所参观、个别指导以及基于网络的远程指导等方式进行，且与学校所有教学过程和学校活动相融合，由课堂教师与班主任和辅导员共同承担；高中阶段，生涯指导与咨询主要由教师、团体指导顾问和辅导员共同承担；职业学校还设立工作场所讲师，通过学习旅行、工作场所参观、个别指导、基于网络的远程指导及在职学习等多元方式对学生进行指导。除学生辅导员外，密切接触学生的一线教师需了解关于就业的相关信息和发展趋势，并在必要时与专业人士合作向学生提供指导与咨询服务。同时，鼓励监护人参与学生指导与咨询服务，以更好地支持学生，帮助学生做出关于学习和教育选择等各种未来计划的决策。总的来说，生涯指导与咨询服务遵循循序渐进、抓住发展关键期的特点，培养学生拥有在生活、学习以及在未来职业中做出明智选择的能力，为促进学生个性化成长、促进教育体系高效运行和促进社会平稳发展发挥了重要作用。

（二）学校心理健康服务具体实施

1. 筛查

1970 年，芬兰政府开始建立系统的健康监测体系，旨在结合早期监测儿童心理健康、身体发育、生活和学习等多方面状况，促使中小学生及其家人重视心理健康。市政当局还组织初级卫生保健（如儿童指导中心、家庭咨询中心和学校健康服务）和社会服务机构（儿童健康诊所和精神病院），为儿童心理健康问题的预防、检测和治疗提供支持。其中，中小学生健康监测主要包括以下两种。

一是由学校卫生人员进行健康检查。年度健康检查覆盖整个年龄组，旨在以多种方式评估学生的健康、身体和社会心理状况。学生填写的健康检查表中包含如下题目：“你平时在学校的心情怎么样？”“你如何照顾自己的健康？告诉我们你如何获得良好的精神、精力和保持健康。”“你在学校被欺负过吗？”等等。此外，广泛的健康检查还包括父母和整个家庭的健康状况。在健康检查之后，学校卫生人员会根据个人健康情况为其提供相应的建议，这些工作在及早发现问题和提供支持方面发挥着关键作用。

二是由学校心理学家进行测试和评估。芬兰的学生心理健康测试和评估主要由学校心理学家完成。通常情况下，80%—90% 的学生能在学校心理学家的评估、咨询和商议中得到帮助，未能得到帮助的学生将被推荐到校外儿童指导中心或医院进行评估和治疗。[4]在评估智力时，芬兰学校心理学家常用的测试有以下几种。一是《韦氏儿童智力量表 III》，适用于 6—16 岁的儿童，包括 13 个分测验，按照测试顺序依次为：填图、常识、译码、类同、图片排列、算术、积木、词汇、拼配、理解、符号搜索、背数、迷津。二是《韦氏学前儿童智力量表》，共有 11 个分测验，包括语言量表、操作量表两部分。三是儿童神经心理评估，是由马瑞特·科尔克曼（Maarit Korkman）等人设计的芬兰本土测试，对儿童的智力年龄和发育商进行评估。四是视觉—运动整合测试，由多个从简单到复杂顺序排列的几何图形组成，可以早期识别和预测儿童学习和行为问题。

2. 预防及干预

预防学生心理问题的发生，使儿童尽早获得学习或行为问题的帮助，是芬兰学校心理学家的主要职责[4]，但学校其他工作人员（学校辅导员、学校卫生护士及教师等）在预防工作中同样发挥重要作用。例如，学校心理学家和学校辅导员的工作包含为学生提供生涯指导与咨询、健康教育等常规课程，以及早期支持性措施、预防性心理健康工作等，旨在搭建覆盖全体学生的全阶段心理支持网络，帮助中小学生尽早获得帮助，防止问题产生并恶化。

在干预工作中，学校心理学家为个别学生提供评估和咨询服务，

80%—90% 的学生能在评估后的咨询中获得帮助。[4] 对于存在轻微行为障碍的学生，学校卫生护士、学校心理学家与学校辅导员需进行支持性讨论并为学生提供帮助。个别学生可以打电话或发邮件，必要时可以预约到校参加一对一的线下咨询。症状严重的学生将被转介到校外医院或儿童指导中心或与学校合作的社会服务机构进行进一步评估与治疗。

3. 与家庭的合作

芬兰家长与教师普遍认为，守护学生心理健康是家庭和学校的共同责任，而教师在支持中小学生健康学习以及学校与家庭信息交流方面也发挥着重要作用。所有学校必须将家校合作原则作为当地开展课程的一部分，这要求在教师与家长间开展活动和互动，并依据合作原则明确界定家长、教师和学生的责任。

（三）芬兰学校心理健康服务的师资团队

每所学校都有一个学生福利团队，在心理健康服务中发挥主要作用。根据国家核心课程规定，福利团队的组成是多学科的，通常包括学校心理学家、学校辅导员、学校卫生护士、校医、校长、教师代表（包括特殊教育教师和指导顾问）、学生代表、监护人代表及外部合作伙伴。此外，密切接触学生的教师也有义务关注学生的精神和心理状态，并及时向学校心理学家反映，以便学校心理学家能够及时、全面地了解到学生状态。以上人员共同组成一个服务网络，覆盖各阶段学生，关照学生学业以及心理、情感、行为等需求，使学生身心健康，全面均衡发展。许多团队还负责制订危机干预计划，制订预防欺凌的程序，并规划学校与家庭的合作。学生福利团队中发挥主要作用的是以下三个职位。

1. 学校心理学家

学校心理学家是学生心理发展与健康和学习心理学方面的专家，从个人、家庭和组织等心理学角度审视学校中的现象。1938年，芬兰第一位学校心理学家在首都赫尔辛基开始工作，当时学校心理学家的岗位由市政当局设定但并未取得国家支持，且在1990年以前只覆盖芬兰全部城市的20%。[4] 1990年《儿童福利法》颁布后，学校心理学家和学校社会工作者在学校系统内合法化。学校心理学家主要参与广泛的福利工作、促进学校社区的福祉以及与家庭和各种利益相关者间的合作，其目标是支持学生实现学习目标，并促进其作为个人和社区成员的心理和社会福祉。

学校心理学家的培养。芬兰学校心理学家必须接受临床心理学家的培训，拥有心理学硕士学位，并获得国家医疗法律事务委员会的认证。在培养时间上，成为一名学校心理学家的平均时间是6—8年，其间需要经历两个阶段。第一个阶段要获得心理学本科学位，需3—4年；第二个阶段获得心理学硕士学位，需3—4年。在培养内容上，一方面学习包括心理学的核心学术知识（如发展、教育、学习和认知）、评估服务（如智力和情绪评估）和干预服务（如行为、情感、教育和社会系统）在内的专业课程；另一方面，还学习如何建立信任关系、倾听和沟通技巧，了解其他专业人员的优势与局限，掌握心理健康服务有关的法律和伦理问题，获得对问题的成熟理解和有效解决方法。此外，在学习心理学的同时，学生还可以选择主修第二学科，如教育科学、医学科学或社会心理学等，以拓宽其知识背景，确保将来工作中对儿童和青少年问题的处理不局限于教室和学校系统，而是在家庭、社区和其他系统中进行综合处理。[4]

学校心理学家的管理与职责。芬兰所有的学校心理学家都登记在册，由国家医疗法律事务委员会管理，委员会与州省办事处共同监督。当服务对象对学校心理学家的工作不满意时，可进行申诉，由医疗法律事务委员会和州省办事处对申诉进行处理。[4] 基础教育阶段，学校心理学家在心理健康服务中起主导作用，其职能是开展福利工作以保持和促进学生良好的学习、心理、身体和社会健康，并加强与之相关的有利条件。具体工作包括开展学生心理评估，促进学生的学习及心理健康，在学校社区内部和校外各方开展多学科合作，在学生个人、班级和学校社区层面参与家庭及学校之间的合作等。除学生和家长外，学校心理学家还为其他学校工作人员（如校长、辅导员、教师和学校兼职人员）提供咨询。

2. 学校辅导员

学校辅导员的培养。学校辅导员主要担任学校指导顾问的角色，为学生进行生涯咨询与指导服务。成为学校指导顾问主要有两种途径：一是具备必需的教师资格要求（普通硕士学位），完成指导和咨询方向 60 个学分的专业课程学习，并取得指导与咨询的专业文凭；职业教育中的指导顾问还必须获得职业学校教师的专门资格。二是获得指导和咨询方向的硕士学位，这需要学习 300 学分的指导和咨询方向的课程，其中包括 60 学分的教育培训。

学校辅导员的职责。学校专职辅导员除了为学生提供生涯指导与咨询服务，还在教育、社会福利和医疗保健等方面开展工作，其主要职责是确定和解决社会问题，在与家庭状况、互动和社会关系有关的事项上提供指导与支持。具体来说，学校辅导员会处理以下问题：一是学习相关问题，如旷课、忽视学业、违反规则、注意力不集中和动机问题等；二是社会关系相关问题，如欺凌、同伴关系问题等；三是家庭相关问题，如家庭收入、监护和抚养、家庭状况有关的严重问题（药物滥用、家庭暴力和心理健康问题）以及与家庭结构变化有关的问题等；四是情绪相关问题，如学生的紧张、焦虑、恐惧和抑郁等情绪问题；五是社会调查工作，包括调查学生的学习环境、幸福感、家庭状况和人际关系等各方面情况，旨在确定学生家庭资源以及生活中的风险因素等。基于社会调查结果，辅导员会与学生或其家人进行交流。此外，辅导员还负责在危机情况下支持个别学生，计划和实施必要的措施。

3. 学校卫生护士和学校医生

学校卫生护士和学校医生的职责包括保健和医疗。学校卫生护士和学校医生双方合作对学生进行年度健康检查，就学生的问题与家长和教师进行沟通，必要时可以引导学生接受校医或其他专家的进一步检查，并在学校进行急救和相关护理。学校卫生护士作为学生保健和健康促进的专家，参与课程编制、健康课程教学及学校内外评估，负责监督学生成长和发展以及学校社区福祉，为学生及其家长提供健康支持。校医作为医学专家，负责学校保健，同样参与课程编制、课程维护、健康课程教学以及学校内外评估等工作。此外，校医还负责为学生福利团体提供医疗专业知识和健康教学，并调整有特殊需求学生的治疗与康复计划。

四、芬兰社会心理健康服务

在芬兰，有众多能够提供心理健康服务的社会机构，在必要时为学生及家庭提供心理健康支持。社会中的主要机构及提供的具体支持如下。

（一）社会机构

一是福利服务机构。福利服务县是独立于市政当局和州的公法机构，在其所在地区拥有自主权。福利服务县的法定职责包括在运营开始时组织医疗保健、社会福利和救援服务。2020 年，芬兰颁布《社保和医疗服务改革草案》，提出为改变福利和健康服务的不平等现状、改善福利服务可用性，从 2023 年初开始设立福利服务县，并将学校心理学家和学校社会工作者在学生福利方面的任务和编制转移到福利服务县。

二是心理健康协会。芬兰心理健康协会是一家有较大影响力的心理健康领域的专业团体，该协会由众多专业人士组成，致力于收集和传播心理健康资讯，为政府或其他社会主体的相关规划、决策提供支持，围绕相关话题提出倡议，并基于此出版报告、书籍和期刊等。此外，心理健康协会还向所有年龄段人群提供热线聊天，旨在为有需求者及时提供咨询服务。

三是家庭中心。家庭中心的职责是为有子女的家庭提供社会和保健服务、幼儿教育和保育服务、基础教育和青年服务，同时促进市政当局开展健康和福祉活动，为学生提供福利服务和特殊需求服务等。家庭中心还可以作为中小学生或家庭的开放聚会场所。2021 年，芬兰有 117 个家庭中心在运作。绝大部分福利服务县设有家庭中心。

四是青少年活动中心。芬兰大城市的大部分区或小城市都设有青少年活动中心。活动中心旨在为青少年人际交往创造机会，纾解其内心压力，引导其自发为疑惑寻找答案，进而培养积极健康的心理状态。中心设立的心理健康服务点可为青少年提供心理咨询和干预服务，并在市政有关部门指导下进行心理健康知识普及。

（二）社会心理健康服务项目

一是提供养育和家庭咨询服务。该项服务由福利服务县负责，由心理学家、社会工作者、医生、家庭治疗师等以咨询方式展开，旨在为儿童安全成长创造条件、支持父母成长以及提高家庭成员的能力和社会心理健康。养育和家庭咨询的内容涉及四个方面。其一，育儿支持，具体而言，通过加强亲子互动和情感关系、父母养育手段和父母间合作以支持儿童的发展。其二，支持中小学生成长和发展，危机情况下也可以向中小学生提供个人社会心理支持，但精神障碍的检查、治疗不包含在内。其三，支持夫妻和家庭关系，通过支持夫妻关系和父母身份增进儿童与整个家庭的福祉。其四，专家援助，即为从事中小学生和家庭工作的人员提供专家协助，协助形式包括咨询、培训、参加专家工作组等。

二是提供假期和支持服务。《社会福利法》第28条中规定，“根据家庭情况、长期疾病、残疾或其他类似原因，可以为家庭安排假期并提供假期服务”。也就是说，当孩子或家庭压力过大且由社会工作者评估通过后，可以获得支持假期，在此期间由社会工作者提供假日服务。假日服务面向整个家庭，包括指导和协助家庭申请安排假期支持、与家人一起参观度假村、护送儿童或家人前往度假村等。对于有特殊需求的儿童，还可以申请支持人员服务，以帮助其日常生活顺利进行、减轻家庭负担。具体活动根据被支持者的需要有所不同。例如，支持人员可以倾听担忧、鼓励爱好、充当“大姐姐或大哥哥”或者带中小学生进行自然之旅等。

三是开展同辈小组活动。同辈小组活动旨在让处境相似的人相互分享经验，在团体中获得社会支持、希望和新观点。《社会福利法》第28条中规定，“可以为需要获得儿童福利和特别支持的儿童或其家人安排同侪小组活动，以保障孩子的健康或发展”。芬兰有许多协会或机构提供同辈小组活动，如养育和家庭协会、心理健康协会等会定期提供面向不同人群的不同主题的同辈小组活动。针对家长提供的家长同辈小组活动，重点是支持父母养育能力、社交能力和生活管理能力等，还可以邀请其他领域的专家向家长介绍重要主题；针对中小学生开设的同辈小组活动，目的是支持儿童上学、寻找有意义的休闲活动、帮助儿童独立以及提高社交技能等。例如，当附近的中小学生中存在药物滥用、犯罪或攻击他人等有害行为时，相关协会或机构可以召集一个小组活动解决相关问题。此外，芬兰一些城市还设有专门的“男孩之家”和“女孩之家”，其心理健康服务内容更具性别针对性。

（三）资金与医疗保障

2009 年 4 月，芬兰国家教育委员会向 92 个新城市发放国家补贴，用于开展学生福利活动。2007—2012 年，共为学生和学生福利拨款 119 万欧元。2008—2011 年，社会事务和卫生部拨款 3 400 万欧元，用于为中小学生和家庭提供服务，其中包括社会心理服务。2020 年，社会事务和卫生部向提高市政当局心理健康能力、预防自杀和发展恢复工作生活的心理健康服务项目共提供补贴约 840 万欧元。2021—2022 年，政府为基础教育指导咨询提供专项补助，旨在加强基础教育中指导与咨询服务的有效性。

根据《芬兰社会保险机构康复福利和康复津贴法》，芬兰社保局为心理健康所需的私人检查和治疗提供报销，报销内容包括个体治疗、精神心理康复治疗、家庭治疗、团体治疗和日间康复等，每次最多可以报销三年的康复费用。

五、信息化在芬兰心理健康服务中的体现

随着科技的发展，信息化技术已成为芬兰青少年心理健康服务体系中的重要手段。同时，芬兰政府也对信息通信技术在政策法律层面、机构层面和操作层面的教育应用给予高度重视。信息化技术作为心理健康支持和治疗的补充手段，为芬兰的心理健康服务工作提供了极大便利。

（一）在线平台的应用

数字化线上平台由于其虚拟性、便利性和更好的保密性，受到众多青少年的欢迎。芬兰的许多线上公共平台可以为有需要的人群提供信息支持和聊天服务，成为中小学生获得心理健康服务的一个便利途径。例如，在“心理健康之家”平台上可了解抑郁症、人格障碍等热门心理问题的专业

知识以及自我保健方法，还可以在需要时进行在线测试并获得在线治疗。青年精神卫生院是一个专门针对年轻人心理健康问题的线上公共服务平台，其人工智能虚拟助理提供24小时在线服务。利用该平台，年轻人可以检索和学习心理健康知识，进行自我心理健康测评、寻求建议等。

（二）软件的应用

众多手机应用软件也能够用于提供心理健康服务，不仅可以提升心理健康服务的可用性，还能尽早防止心理问题恶化，并且好的应用软件会根据用户的信息提供个性化建议，引导用户拥有健康生活方式。旨在帮助教师分析学生身心健康状态的“学校时光”（School Day）公司提供了用于分析学生幸福感指数的工具。学生通过在应用软件上回答问题，经由后台收集分析，教师端便能收到分析结果并帮助学生一起解决问题。该公司还会监测学生的睡眠和饮食，并对不健康的生活方式提供建议。其他应用软件还涉及基于认知疗法或正念冥想的练习，这类软件使练习可以随时随地发生并通过提醒和鼓励增加改变的可能性。

（三）虚拟现实技术的应用

近年来，虚拟现实（Vitual Reality，VR）技术也开始应用于心理健康领域。通过VR技术，体验者可以身临其境，到带有自然景观、自然声音的放松环境等多种场景中，这有助于预防焦虑、防止药物滥用或自伤行为等有害活动。目前，VR已被用于解决恐惧、练习情绪的管理与调节、治疗创伤和饮食失调等相关心理问题，但相关研究仍然不够丰富，临床试验中也只有极少数患者完成了治疗，因此无法评估其信效度。

六、芬兰心理健康服务的特色

（一）面向未来，提升横贯能力

横贯能力，即联系和贯通不同学科和知识领域的能力以及在特定环境下运用相关知识与能力的综合素质。芬兰教育的核心理念就是发展学生适应未来社会必备的能力，包括思考与学习，文化、沟通、自我表达以及照顾自我等在不同课程之间横向贯通的能力。健康教育课程能够充分展现学生七项横贯能力的高度融合。健康教育课程围绕不同学段学生成长特征和发展需求，将健康学习目标与学生日常生活、成长、发展和人类生命进程、当今社会健康和安全问题以及横贯能力的培养紧密联系，使学生充分认识自我并能不断探索自身潜力。随着年级的升高，目标能力的种类逐渐增加，学科跨度不断增多，能力在不同学习主题上交互应用的复杂程度也逐渐提升。除健康教育课程外，体育课程、自然课程等都同样注重培养学生横贯能力。基于此，芬兰的课程设置体现跨学科、全融合、无边界的特征，力求打破学科之间的界限、加强学科之间的整合交融、培养横贯能力和动手实践技能，将学生引入更宽广的教育领域，以适应未来社会需要。

（二）众擎易举，注重多专业协作

在学生福利服务中，多专业协作是指来自两个或两个以上专业的专业人员共享权力和知识，并在工作组和网络中共同努力，为儿童和家庭服务创造解决方案。多专业协作开展教育或福利服务可以使所有专业人员受益，特别是基础教育专业人员，他们需要通过多专业的合作了解儿童心理健康问题及可用于服务的相关知识。专业人员和家庭之间的有效沟通也可以在早期预防心理问题并促进未来儿童心理健康。学生福利团队工作的开展便是多专业协作的一种重要体现，学校心理学家、专职辅导员、学校卫生护士与其他学校工作人员一起参与学生福利工作的规划与实施，便于更加全面细致地了解学生，获得多专业视角，为学生尽早提供更具针对性的帮助。

（三）众多福利，建立完备社保体系

芬兰作为典型的北欧福利型国家，已建立完备的社会保障体系。自1982年芬兰制定社会福利相关法律以来，包括社会救助在内的一系列社会保障工作从立法层面得到保障。针对新生儿家庭、儿童、失业人口、老年人等多种需要帮助的群体，芬兰政府都会提供适当补贴，心理健康涉及的检查和治疗也被纳入报销范围内。芬兰政府提供福利的形式也种类繁多，为中小学生及其背后家庭的心理健康状况提供了个性化的支持与保障。

参考文献：

［1］Sourander A, Mcgrath P J, Ristkari T, et al. Internet–assisted parent training intervention for disruptive behavior in 4–year–old children：a randomized clinical trial［J］. Jama Psychiatry, 2016, 73（4）：378–387.

［2］周菲菲，郭志英. 芬兰校园反欺凌 KiVa 项目的发展、组织与实施［J］. 比较教育研究，2017（10）：40–45.

［3］潘洪建，王佳文. 芬兰《国家基础教育核心课程》及其对我国的启示［C］// 扬州大学教育科学学院. 扬州基础教育学校联盟年会论文集——当代教育评论（第九辑），2019：7.

［4］Jimerson S R, Oakland T, Farrell P. The handbook of international school psychology［M］. Thousand Oaks：Sage Publications, 2007.

第七章
美国中小学心理健康教育与服务

美国中小学生心理健康问题是一个备受关注的议题。美国心理协会指出，近年美国中小学生抑郁症和焦虑症的患病率显著增加。抑郁和焦虑是美国中小学生常见的心理健康问题。另外，自杀和自残行为在美国青少年中也呈现上升趋势。根据美国疾病控制与预防中心的数据，自杀是美国15—19岁青少年的第二大死因。心理健康问题在美国中小学生中普遍存在，但其精神卫生服务和心理健康服务供应不足。根据美国国家儿童心理卫生中心的报告，仅有约20%的青少年能够获得他们所需的心理健康服务。因此，中小学生的心理健康已成为美国整个社会共同关注的焦点。为保障和改善中小学生的心理健康状况，美国学校、家庭和社会各界通力合作，全方位为中小学生心理健康保驾护航。

一、美国中小学生心理问题的类别

（一）美国普通中小学生常见心理问题

根据美国疾病控制与预防中心的数据，美国中小学生最常见的心理问题有以下三个方面。

一是注意缺陷多动障碍（Attention Deficit and Hyperactivity Disorder，ADHD）。注意缺陷多动障碍是美国儿童最常见的心理障碍。在美国疾病控制与预防中心收集的全国数据中，2016 年，2—17 岁的儿童青少年中约有 9.4% 被诊断为注意缺陷多动障碍，3—17 岁的儿童青少年中约有 9.8% 被诊断为注意缺陷多动障碍，并且注意缺陷多动障碍与其他精神障碍、伤害、疾病有显著关联。此外，注意缺陷多动障碍的患病率在年龄较大的儿童中更显著，男孩注意缺陷多动障碍诊断的患病率大约是女孩的两倍。

二是焦虑、抑郁等内化情绪问题，即情绪障碍（Mood Disorder）。在美国，13—18 岁的中小学生最常见的情绪障碍是焦虑症。患有焦虑症的中小学生存在患其他心理障碍和身体健康问题的风险，他们中间更容易出现学校“问题儿童”，并且这可能对家庭关系产生负面影响。在 2016—2019 年美国疾病控制与预防中心收集的全国数据中，3—17 岁的儿童青少年中约有 9.4% 被诊断为焦虑症。此外，抑郁症也是 3—17 岁的儿童青少年常见的情绪障碍（占比 4.4%）；而在 12—17 岁的青少年中约 15.1% 的人有严重的抑郁发作。患有抑郁症的中小学生患其他心理障碍和身体健康问题的风险更高，以及更容易出现学校问题、社交关系困难、自残和自杀行为。

三是行为障碍（Behavioral Disorder）。在美国，中小学生的行为问题与其他问题的风险显著相关，包括教育和职业失败、心理障碍、自我伤害、暴力和犯罪。行为障碍的特点是持续性的反社会、违反社会规范和对他人权益的破坏性行为，导致中小学生与家庭成员、同龄人和权威人物之间的冲突。常见的行为障碍包括对立违抗性障碍（Oppositional Defiant Disorder）和品行障碍（Conduct Disorder）。对立、不恰当、消极或挑衅行为常见于年幼的儿童。而被诊断为行为障碍常见于年龄较大的儿童，其特征是行为侧重于忽视他人的权利，违反社会规范和规则。在 2016—2019 年美国疾病控制与预防中心收集的全国数据中，3—17 岁的儿童青少年中约有 8.9% 被诊断出行为障碍；行为障碍在 6—11 岁的儿童中更常见。此外，行为障碍或行为问题在男孩中比在女孩中更常见。对于有行为障碍的儿童，超过三分之一患有焦虑症（36.6%），约五分之一患有抑郁症（20.3%）。

（二）美国天才儿童与青少年常见心理问题

天才儿童与青少年通常会面临社交和学业两方面的挫败感。天才儿童与青少年常表现出敏锐的意识，其高度敏感性会放大他们与同伴的差异，面临交友困难。其中，少部分天才儿童与青少年可能故意表现不佳，以获得同伴的认可。而大部分天才儿童与青少年会感到难以适应社会，最终导致成绩不佳、心理脆弱、抑郁和缺乏驱动力。因此天才儿童与青少年比同龄人更有可能患抑郁或产生自杀倾向。总体而言，天才儿童与青少年比起同龄人更容易表现出内向的特征。除了社交困难、完美主义压力、情绪障碍，天才儿童与青少年在学业方面经常感到没有挑战性，产生被迫一直等待的感受，导致他们在家庭、学校和同龄人关系中产生负面体验。此外，他们也会经历与其他同龄人类似的心理健康问题。

二、美国开展全民心理健康服务的相关举措

由于美国特殊的联邦制度，各州拥有较为广泛且相对独立的立法、行政和司法权力。联邦政府及各州政府享有维护和监督教育相关事务的权力和职责。与中小学生心理健康相关的立法、行政及司法权力也相应地存在于联邦、州、地方等不同层级。以下将分别从国家层面、州层面以及其他层面来梳理与美国青少年心理健康相关的机构和政策。

（一）国家层面

1．设立相关机构

一是心理健康服务管理机构。美国卫生与公众服务部（US Department of Health and Human Services，HHS）是保护美国人民健康并提供必要公众服务的主要国家部门，其使命是通过提供有效的卫生和公众服务，并持续运用医药、公共卫生和社会服务领域可靠的科学研究和服务手段，来加强全体美国人民的健康。该部门下设 12 个运作机构，包括 9 个公共卫生服务机构和 3 个公众服务机构，如儿童与家庭管理机构、卫生资源和服务管理机构、药物滥用和心理健康服务管理机构等。这些机构管理并运作广泛的卫生和公众服务项目，同时实施国家卫生和健康相关的科学研究项目。12 个运作机构又下设有不同职能的办公室和中心。如药物滥用和心理健康服务管理机构下设心理健康服务中心，从联邦层面引领心理问题的预防与治疗，为患有严重精神疾病的成年人和情绪障碍的儿童带来新的希望。该中心通过帮助各州提升治疗、康复和支持的质量强化国家心理健康系统，使人们更容易获得心理健康服务，通过支持各类项目来应对与日俱增的美国儿童心理、情绪和行为等方面的问题。

二是心理健康服务研究机构。国家卫生研究院是支持美国国内和国外生物医药和行为研究，实施实验室和临床研究，培养年轻研究人员，收集并分享医疗信息和知识的重要机构。研究院根据不同领域和职能下设 27 个研究所，其中国家精神卫生研究所引领全国精神疾病的研究，致力于通过大脑和行为的基础科学研究、临床研究、流行病学研究和服务研究来了解、治疗和预防精神疾病。国家儿童健康与人类发展研究所致力于引领人类发展的研究和培训，通过理解人类发展和生殖健康来加强儿童、青少年以及成年人的生命质量和能力。

三是开展心理健康服务项目。药物滥用和心理健康服务管理机构针对州教育机构开展了提升这些机构服务学龄青少年心理健康和恢复力的项目，帮助不同州、地区和社区的学校树立心理健康意识，促进青少年的心理健康和应对困难的韧性。同时还为学校工作人员和与学龄青少年互动的成年人提供培训，以发现和应对心理健康问题的挑战，并向可能出现行为问题的学龄青少年及其家人提供其所需服务的信息和资源。基于药物滥用和心理健康服务管理机构的持续支持，该项目进一步聚焦于改善学校环境和创伤认知来更好地为学龄青少年提供心理健康照护。国家卫生研究所下设的国家精神卫生研究所开展的儿童青少年服务研究项目，包括旨在改进青少年及其家庭心理健康服务的内容、质量、效果、组织等的研究，涵盖向青少年提供心理健康服务的多个部门和领域，包括学校、初级保健、儿童福利、少年司法、社区和心理健康专业护理等。该项目聚焦于满足儿童青少年的心理健康需要，加快向儿童青少年提供跨部门联合（如特殊照护、家庭医生、学校、司法、儿童福利）的有效心理健康服务模式，形成对于儿童青少年心理健康服务的评估、跟踪等的可持续性机制。

2. 提供财政预算与支持

一是常规财政预算。2023 年 3 月，美国国家卫生和公众服务部发布 2024 财政年度的财务预算简报，其中包括 1 440 多亿美元的自由裁量预算和 1.7 万多亿美元的固定预算，用于加大投入扩展健康照护的范围和可获得性，强调高危人群如土著居民、儿童及老人的健康需求，扩充健康工作者队伍以及加强科学研究等。

二是专项财政拨款。2021 年 3 月颁布的《美国纾困计划法》为基础教育投入 1 300 亿美元用以帮助受到特殊情况影响的学校和学生。教育部从中拨款 1 220 亿美元用于帮助学校重新开学和恢复教学，确保学生得到所需要的支持，包括但不限于满足学生的心理健康、社会情感和学业需求。此外，教育部发布信息声明，已拨款 20 多亿美元用于在 K-12 学校雇用更多心理学家、辅导员和其他心理健康专业人员。

2022 年，美国通过《两党安全社区法》(*Bipartisan Safer Communities Act*)。该法强调在心理健康、学校安全以及学校心理健康服务方面的重大投入，并提供 25 亿美元作为社区心理健康服务基金，使首都、各州及其他地区能够扩大心理健康照护范围；还将提供资金来提升人们对于中小学生心理健康问题的意识和认知，培训学校工作人员和其他与学生有互动的人员如何发现和应对心理健康问题。例如，"校本心理健康服务"和"心理健康服务专业示范"为《两党安全社区法》和美国 2022 财政年度综合拨款中的两个方案，前者旨在向学校提供资金，增加有资质的心理健康专业人士的数量，后者则支持以学校为基础的心理健康服务。

（二）州层面

中小学生常见的心理、行为及发展问题已经被证明与儿童的社会生活生态，包括他们的家庭、社区和健康照护环境等相关联。[1][2] 改善儿童的居住条件和家庭的社会经济地位等应该成为社会健康服务系统的关注点，以有效改善儿童的健康状况。从公共卫生视角综合来看，政策被视为支持中小学生心理健康的关键性的干预工具。[2] 政策作为调节社会资源的有效杠杆，能够帮助家庭克服资源匮乏、获得心理健康照护。研究表明，各州儿童能够获得和已经获得的心理健康服务是非常不同的，社会人口特征只能解释很小的一部分原因，更多的原因在于心理健康问题的污名化，缺乏社会经济资源和社会资本，缺乏健康保险或者足够的健康保险覆盖范围。各州层面的政策制定和执行可以在一定程度上解决这种心理健康服务需求和使用不一致以及差异性问题。

州心理健康机构和相关倡导者在打造各州的儿童心理健康服务上起着非常关键的作用，他们可以通过政策的制定和执行来分配联邦政府用于儿童心理健康服务的资源和资金。[1]如纽约州精神卫生署通过制定和实施有关心理健康服务的政策和计划，来有效提供和分配心理健康咨询、治疗等服务。纽约州的儿童和家庭服务署通过制定和实施多种家庭支持计划来帮助家庭解决各种问题，包括但不限于家庭财务困难、儿童行为问题、家庭关系问题等，从而促进儿童的健康成长和发展。密歇根州为符合特定条件的机构和项目提供心理健康教育财政拨款，同时提供支持学校心理健康教育和教师资源的项目等。

各州的不同部门通过行使不同的职能从不同的角度向州内的儿童、青少年和家庭提供心理健康服务，如健康卫生部门、家庭计划和支持部门、科研部门、教育部门等。不同部门也会通过协作和配合全面、系统地支持和促进中小学生的发展。如密歇根州教育部与本州卫生与公众服务部、学校社会工作者协会、学校辅导员协会和学校心理学家协会合作，搭建社会情感学习和儿童心理健康网络，支持中等学区和个别学校实施社会情感学习，在全州范围内促进和改善学生的心理健康状况。

各州通常也会开发和聚集起丰富的资源，成为重要的心理健康资源和服务的提供者。如纽约州的青少年心理健康服务体系提供的多个在线资源网站，包含心理健康知识、自我评估工具、危机干预指南等内容，可以帮助青少年更好地管理自己的心理健康。犹他州为全州居民提供免费的应用程序 SafeUT，通过智能手机的实时聊天和保密提示程序为青少年提供实时危机干预。马萨诸塞州建立的儿童早期心理健康咨询项目，提供咨询服务，专家顾问为相关项目、教育工作者和家庭提供指导，以应对早期教育环境中婴幼儿的发展、情感和行为挑战。

（三）其他层面

除国家及州层面的机构，美国还有大量的民间组织，作为儿童与青少年心理健康的倡导者，积极而有效地参与儿童、青少年、家长、社区和教育工作者的心理健康服务和专业培训。比如由威斯康星大学麦迪逊分校和南佛罗里达大学的研究人员牵头组成的学校心理健康协作社，代表了由高校研究人员、心理健康及教育从业者、家庭和青年倡导者组成的全国性的相互联系网络，其目的在于促进高质量、循证的和以文化背景为依托的学校心理健康实践。该协作社代表了一个由研究人员向主要利益攸关方传播循证做法的实践，同时为学校心理健康政策和实践提供信息。大学研究人员与州 / 地方教育和社区机构之间的研究实践伙伴关系的建立，促进了对教育实践的计划评估、新学校心理健康计划的设计以及与其研究目标和利益相关者优先事项相一致的互利研究项目的形成。该组织为州和本地教育机构提供技术支持，帮助他们采用和施行各种循证实践，同时通过严格的博士前及博士后培训项目为学校培养下一代的心理健康研究和实践工作者。

三、美国学校心理健康服务

学校被认为是促进中小学生心理健康的最佳场所，也是识别、帮助和干预有心理健康问题的中小学生的最适合场所。[3] 美国国家学校心理健康中心 2019 年发布报告，强调学校作为中小学生心理健康系统的核心组成部分，应全面推广综合性学校心理健康系统（Comprehensive School Mental Health Systems，CSMHSs）模式，旨在在学校环境中提供全面的心理健康支持和服务，强调与家庭、学校和社区的合作，建立一个综合性的支持网络，以满足学生的心理健康需求，如图 7-1 所示。

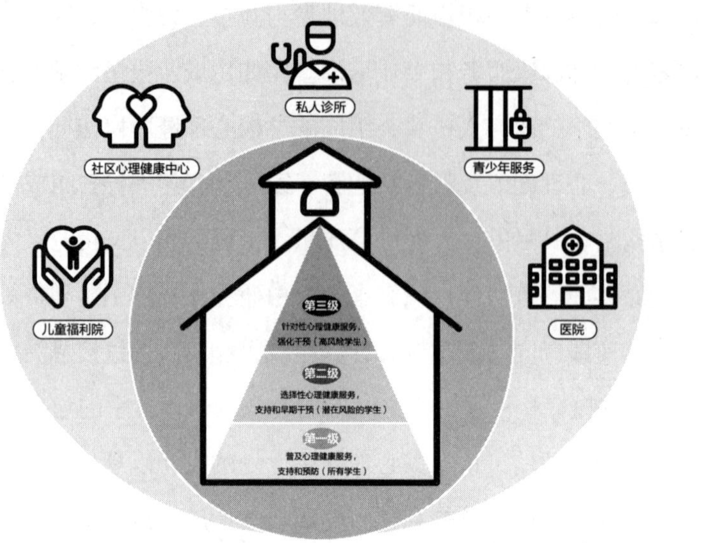

图 7-1　综合性学校心理健康系统模式

（一）学校心理健康多层支持系统

根据综合性学校心理健康系统模式，以学校为核心的系统提供一系列完整的心理健康分层服务。该系统依赖于学校和社区之间的合作关系，学校雇用的心理健康专业人员（如学校心理学家、学校社会工作者、学校心理咨询师）提供的心理健康服务也能得到社区心理健康机构（如社区心理卫生中心、医院和大学）的大力支持。[3] 在此框架下，学校心理健康领域的多层支持系统主要分为以下三个级别。

第一级：向所有学生普及心理健康知识，提升学生心理健康水平。普及和提升服务包括促进学生心理健康以及提升积极的社交、情感和行为技能，旨在满足所有学生的需要，不管学生是否存在心理健康问题的风险。这些活动可以在全校范围内实施。近年来广泛实施的心理健康课程是社会情感学习（Social and Emotional Learning，SEL），其核心教学内容为人际关系技巧和心理健康素养的培养。大量研究表明，社会情感学习课程的实施，可以显著提高学生的情绪智力水平，减少问题行为，改善学生的学习态度，进而提高其学业水平。此外，接受社会情感学习课程培训的教育工作者的抑郁及与工作相关的焦虑水平明显降低，从而提供更高质量的学生互动。

第二级：为有心理健康风险的学生提供选择性心理健康服务。心理健康支持和早期干预二级服务，旨在解决经历轻度痛苦或功能障碍或有某一特定问题风险的学生的心理健康问题。二级干预措施包括对被确定有类似需求的学生提供小组治疗、简短的个性化咨询或辅导（如动机性访谈和问题解决）、学习指导以及基于课堂的支持（例如，每日教师课堂观察，每日或每周在家庭、教师和临床医生之间分享学生观察或者临床笔记）。

第三级：为受心理健康状况困扰或出现心理障碍的学生提供心理健康服务。该级别对心理健康问题的服务和支持是有针对性以及个性化的，以满足每个已经表现出问题并存在严重功能障碍的学生的独特需求。该级别的心理健康服务不仅需要校内心理健康专业人员，同时强调跨学科的干预模式。当需要更强化密集的服务和其他领域的专业支持（如言语治疗、职业治疗、行为专家）来应对心理健康挑战时，支持者可以迅速融入学校的支持系统。此外，患有复杂和严重精神疾病或者心理问题的学生以及那些倾向于获得学校以外服务的学生和家庭仍然可以受益于通过社区心理健康机构提供的替代选择。在学校环境中表现出威胁自身安全或他人安全行为的学生可能会从学校的危机干预或短期服务中受益，但可能在某些时候需要非学校环境，即社区心理健康机构的校外帮助与支持。[3]因此，学校和社区在该级别的心理干预服务中，强调联动合作，以更好地帮助、支持有需要的学生及家庭。

（二）社会情感学习课程

美国社会情感学习课程最初由美国学业、社会情感学习联合会（Collaborative for Academic，Social and Emotional Learning，CASEL）创立并进行推广。自1994年成立以来，该联合会致力于将社会情感学习融入学前直至高中教育，旨在帮助学校和教育机构培养学生的社交情绪技能，帮助学生发展五个广泛且相互关联的能力领域，即自我意识、自我管理、社会意识、人际关系技巧和决策能力（统称为CASEL5），以此促进学生的学术成就、人际关系和终身发展。美国许多州和地区已经利用CASEL5建立了从幼儿园到高中的学习标准和能力标准。

该联合会提出，社会情感学习可以在课堂、学校、家庭、社区等多种环境中实施，如图7–2所示。在课堂环境中，教师可以通过教学活动、小组合作、角色扮演等方式促进学生的社交情绪学习。他们可以教授情绪管理技巧、合作和沟通技能，为学生提供情绪支持和积极的学习氛围。在学校环境中，学校可以建立支持社会情感学习的学校文化和氛围，包括制定政策和规定，提供专门的社会情感学习课程或活动，以及教职员工培训。家庭是培养学生社交情绪技能的重要环境。在家庭环境中，家长与孩子一起进行情绪认知和调节练习，鼓励孩子与家人、同伴建立健康的人际关系，提供情感支持和指导。在社区环境中，社区组织和机构可以提供社交情绪学习的支持和资源，如社区中心、青年俱乐部、社交技能培训中心等，可以为学生提供实践和应用社交情绪技能的机会，并培养他们的社区参与意识。通过在不同环境中实施社会情感学习，学生可以在多个领域获得一致的支持和教育，并在情绪管理、人际关系、学术成就和终身发展方面取得成功。

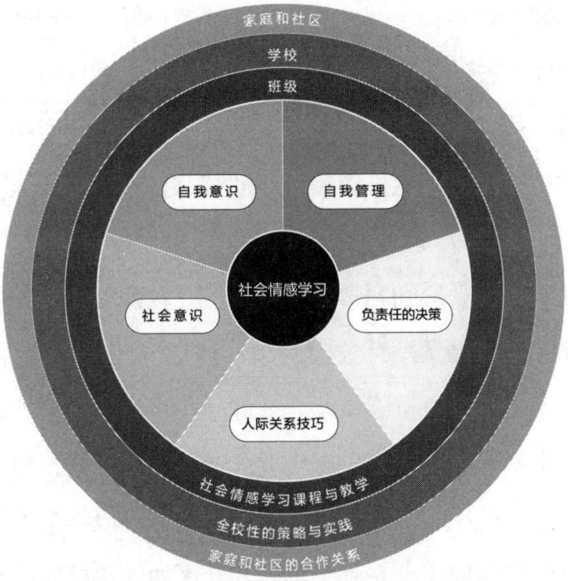

图 7-2　社会情感学习理念模型

（三）心理健康筛查及监测

在综合性学校心理健康系统模式下，强调对所有学生进行普遍的心理健康筛查和监测。一个有效的心理健康多层支持系统依赖于通过筛查和积极监测早期识别学生心理健康问题。通过筛查和早期干预来降低精神疾病的发病率，不仅可以改善那些有心理健康问题的学生的生活质量，而且能有效减轻其家庭的经济负担。[3]

在美国一些地区，学生心理健康筛查已经被重新定义为持续的心理健康监测，对心理健康问题的识别不再是一次性筛查，而是连续监测学生的社会性、情绪、行为和学业。[3]对学生心理健康的多重评估可能最好在心理健康课程的背景下进行（即什么是积极的心理健康，如何识别心理困扰和障碍，以及如何为自己和他人寻求帮助）。纽约、弗吉尼亚等多个州近年强制要求将心理健康素养课纳入学校课程。例如，纽约州的课程包括四个关键心理健康素养：了解如何获得和保持良好的心理健康水平；减少与心理健康问题有关的羞耻感；提高求助能力（知道何时、何地以及如何获得心理健康技能以促进自我关怀护理）；了解心理障碍和心理治疗。学生可能会经常进行“幸福感检查”，以随时跟踪自己关心的心理健康问题。此外，研究表明，对教师进行相关心理健康课程培训可以扩充其心理健康知识，增强其对潜在心理问题学生的敏感度，教师可以从如何持续监测学生心理健康的培训中受益。[3] 这类教师培训主要包括接近和转介学生的技能培训，关于文化和语言因素及心理健康和疾病表现形式的培训。

同时，对学生的心理健康监测需要严谨的实施计划，包括明确父母和家庭如何参与这一过程。例如，优先考虑不同年龄段学生的评估内容，向学生和家长提供监测描述，并确定学校和社区如何积极回应有关发现。持续的纵向心理监测面临许多挑战，包括如何支持经常在学校之间流动或长期缺席的学生，使用哪种监测系统以及如何配置和及时跟进，以及新技术和安全数据系统的使用等。国家学校心理健康中心 2020 年发布的关于学校心理健康筛查的质量指南报告，提出了学校心理健康筛查的最佳方案建议。除选择心理测量学上可靠和可行的措施外，还强调了家长同意和同意程序的重要性，具体描述了家长主动同意、被动同意或者退出的选择。通过多种形式与学生家长共享筛查信息，如家庭电话沟通、学校网站上信息公布、书面通知和学校大楼内张贴标识，从而提高家庭的参与度。此外，在筛查之前，学校应明确建立一个分诊系统，包括根据需求将学生转诊给学校心理健康专业人员或社区，以及根据严重程度确定解决需求的时间线。

（四）学校心理健康服务人员

1. 全体教师

教师在识别和解决学生心理健康问题方面处于有利地位。大约 20 年前，美国精神科医生将教师确定为“一线”心理健康工作者，并提倡对他们进行培训，以帮助识别和管理中小学生心理健康问题，而不仅仅是为所有学生提供积极的社会情感发展支持。近年来，专家也在极力呼吁为教师提供更好的指导，帮助他们了解如何识别心理健康问题和如何为高危学生提供高质量的行为评估。教师适当地向心理健康专业人员（例如学校社会工作者和学校心理学家）提供有关学生的日常习惯和课堂行为的信息，有助于早期诊断和治疗中小学生的心理健康问题；与学校心理健康专业人员合作也有助于减轻教师的早期干预负担。此外，教师可以根据学生的不同需求协助调整干预措施，并在自然教学环境中鼓励学生继续学习同时使用解决问题的技能。教师可以教授学生以健康的方式（如运动、听音乐、艺术表达）来管理压力以及面对日常逆境和挫折的情况。

2. 学校心理健康专业人员

在综合性学校心理健康系统模式中，提供心理健康服务的专业人员主要有三类：学校社会工作者、学校心理咨询师和学校心理学家。据美国职业规划权威网站 Zippia 统计，截至 2021 年，美国学校社工超过 142 288 人，其中 52% 的人拥有硕士或博士学位；学校心理咨询师超过 33 947 人，其中 35% 的人拥有硕士及以上学位；学校心理学家有 16 373 人，其中 46% 的人拥有硕士或博士学位。从数据来看，学校社工是学校系统中承担学生心理健康工作的主要专业人员。这三类专业人员的职能侧重各有不同，但总体而言，都致力于帮助学生完成学业，提升学生社会情感能力，保障学生心理健康，并进行心理健康问题干预。在学校心理健康多层支持系统中，这三类专业人员都会涉及心理健康系统的一级、二级、三级服务。因此，在心理疾病的识别、诊断、临床干预计划，中小学生发展和心理行为理论等方面，他们都要具备良好的知识和系统的临床培训。

学校社会工作者（School Social Worker）。美国学校社工是专门在学校环境中提供社会工作服务的心理健康专业人员。他们在支持学生的社会、情感和学术发展方面起着重要作用。成为一名学校社工，通常需要具备社会工作或相关领域的学士或硕士学位。一些州要求学校社工持有该州认可的社会工作学位。此外，根据各州要求，学校社工需要获得社会工作许可证或资质认证，通常需要通过国家级或州级的考试和评估。学校社工还需要不断接受继续教育，以保持专业知识的更新和发展。学校社工的工作职责主要包括以下几个方面。（1）学生支持。为学生提供个别和小组咨询服务，以促进他们的心理健康和社会适应能力。（2）家庭支持。与家庭合作，提供家庭咨询和支持服务，如提供家长教育，协助解决家庭问题，以及与家庭共同制订适应学校和家庭环境的策略。（3）协作与联络。与学校教职员工、学校管理团队、社区机构和服务提供者合作，以协调资源，促进学生的综合发展和学校社区的合作。（4）危机干预。与学校安全团队和社区危机服务机构合作，在自杀风险评估和干预、家庭危机支持等情况下，确保学生的安全和健康。

学校心理咨询师（School Counselor）。根据美国教育系统和学校的需求，学校心理咨询师是在学校环境中提供心理健康支持和咨询服务的专业人员。成为一名学校心理咨询师，通常需要具备心理学或相关领域的学士、硕士或博士学位，以及拥有心理咨询、婚姻与家庭治疗、心理学或社会工作等相关专业的执照或认证，同时在学校心理健康领域具有临床经验，受过专业培训。学校心理咨询师也需要不断接受继续教育，以保持专业知识的更新和发展。学校心理咨询师的主要工作职责包括以下几个方面。（1）学生咨询。为学生提供个体咨询和支持，帮助他们解决情绪、行为和学业方面的问题，包括提供心理辅导、问题解决技巧和应对策略等。（2）心理健康教育。开展心理健康教育活动，向学生、教职员工和家长提供心理健康知识和技能；组织工作坊、研讨会和课程培训，提供关于应对压力、情绪管理和人际关系等方面的教育。（3）与学校咨询团队合作。与学校的咨询团队、教师和管理者合作，共同制订和实施支持学生心理健康的计划和策略；参与多学科会议、制订个别教育计划和提供专业建议。（4）危机干预。处理学生的紧急或危机情况，如自杀威胁、暴力行为、家庭危机等；提供紧急支持、评估和转介，确保学生的安全和获得适当的帮助。（5）家长和家庭支持。与家长合作，提供关于学生心理健康的咨询和建议；组织家长会议、家庭教育活动和资源分享，促进学校和家庭的合作。

学校心理学家（School Psychologist）。美国学校心理学家是在学校环境中提供心理健康支持和服务的专业人员。他们在促进学生学术、社会和情感发展方面发挥重要的作用。成为一名学校心理学家，通常需要具备心理学或相关领域的硕士或博士学位。在一些州，要求学校心理学家持有该州认可的心理学学位。根据各州的要求，学校心理学家一般需要获得心理学家许可证或资质认证。这通常需要通过国家级或州级的考试和评估。同时，学校心理学家需要不断接受继续教育，以保持专业知识的更新和发展。学校心理学家的主要工作职责有以下几个方面。（1）教育心理测评和评估。学校心理学家可以进行教育心理测评和评估，以帮助识别学生的学习困难、行为问题和情绪障碍等。他们使用各种心理评估工具和方法，收集数据并分析学生的发展情况和需求，为学校制订合适的帮助支持计划提供依据。（2）个别和小组咨询。学校心理学家可以提供学生个别和小组咨询服务，帮助学生处理情绪困扰、行为问题、社交技能等方面的挑战。他们运用心理疏导技巧和介入策略，促进学生的心理健康和适应能力的发展。（3）学业支持。学校心理学家与教师合作，提供学术支持和资源，以满足学生的学习需求。他们可以提供教学策略、学习技巧和课堂适应性建议，帮助学生克服学习障碍和提高学习成绩。（4）危机干预。学校心理学家在危机情况下发挥重要作用，如自杀风险评估和干预、应对突发事件等。他们与学校团队合作，制订危机响应计划，提供紧急支持和指导。

综上所述，学校社工、学校心理咨询师和学校心理学家在学校系统中分工明确。学校社工侧重于联结家长、学校、社区等，为学生提供多元化的心理健康服务，服务群体为整个社区系统。学校心理咨询师更多是提供心理咨询和科普教育，服务群体为整个学校。学校心理学家侧重于提供筛查和诊断，确认学生在学习或心理上的问题，更专注于学生群体，尤其是为有发育障碍、心理障碍、学习障碍或特殊需求的学生提供治疗方案和帮助支持计划。

四、美国社区心理健康服务

美国社区心理健康服务系统在中小学生的心理健康方面发挥着重要作用。一方面，社区各类心理健康服务机构与学校建立了长期合作关系，使其服务融入学校心理健康系统支持的各个层面；另一方面，社区心理健康服务作为独立系统，通过提供早期干预、评估、治疗、资源和支持以及教育宣传，帮助中小学生获得必要的心理健康支持，致力于改善整体社区的生存环境和生活质量。

（一）综合性学校心理健康系统的学校—社区联合

学校本身不能完全承担治疗儿童心理问题的职责，社区心理健康服务在支持中小学生心理健康方面仍占有重要地位。在综合性学校心理健康系统模式里，强调学校和社区的合作关系，制订一致的干预目标，帮助学生获得学业上的成功，改善人际关系和课堂行为。学校和社区的联合主要包括以下几个方面：（1）学校可以与当地的社区机构，如社区心理健康中心、儿童青少年服务机构、社会工作机构等建立合作关系。学校可以为学生和家长提供社区资源的信息和引导，帮助他们找到适合的心理健康服务和支持。（2）学校和社区可以共同组织教育活动，提供心理健康教育和培训，例如，举办讲座、工作坊或座谈会，向学生、家长和教职员工提供有关心理健康的知识和技能。（3）学校和社区机构可以建立有效的转介和协作机制，确保学生能够顺利获取社区心理健康服务，包括确保信息共享、顺畅沟通和协调，以及定期评估学生的进展和需求。社区合作伙伴可以为学生提供校外心理健康服务，应对不愿意接受校内心理健康服务的中小学生以及需要更高强度治疗的中小学生。在许多学校，社区合作伙伴被整合到多层支持系统的各个层次，其主要角色是参与学生心理健康的早期识别、干预和治疗[3]。

（二）以社区为基础的心理健康服务和支持

美国国家心理健康中心 2019 年 9 月发布的关于全面推进学校心理健康系统的报告，明确阐述了基于社区的心理健康服务和支持的理想系统。该系统类似于学校的心理健康多层支持系统，为所有中小学生提供心理健康服务的分层模式。它包含四个重要组成部分，即综合儿科行为健康护理（Integrated Pediatric Behavioral Health Care）、专科行为健康护理（Specialty Behavioral Health Care）、密集型家庭和社区服务（Intensive Home and Community-Based Services），以及连续的危机干预服务（Crisis Services），如图 7-3 所示。连续的危机干预服务通常会融合到密集型家庭和社区服务中。

1. 综合儿科行为健康护理

综合儿科行为健康护理是一种综合性的医疗模式，为中小学生提供一站式健康服务，促进他们身心健康发展，以改善其整体生活质量。它涉及多个专业领域的医疗专家、心理健康专家和其他相关专业人员的合作，为中小学生提供全面的医疗和行为健康支持。综合儿科行为健康护理的主要目标是评估、诊断和治疗中小学生的身体健康问题和心理健康问题，并提供综合性的治疗方案。在该项健康护理中，医疗专家可能会进行全面的身体检查和评估，为中小学生提供常规医疗护理，并处理身体疾病和健康问题。同时，心理健康专家会进行心理评估和诊断以及心理咨询和治疗。此外，该健康护理还可包括其他专业人员的参与，如职业治疗师、语言治疗师、社会工作者等，以提供全面的支持和干预措施。

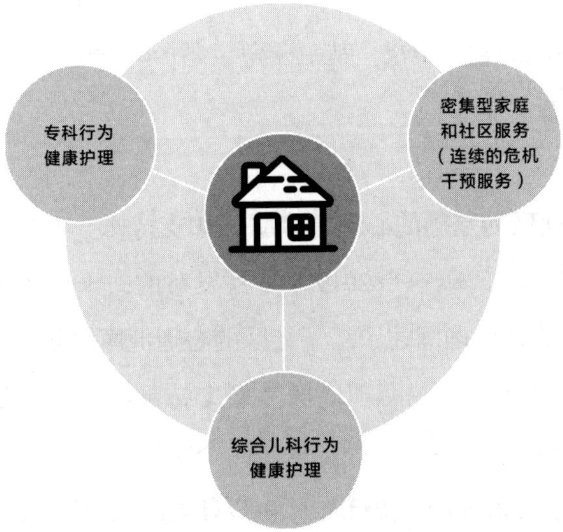

图 7-3　以社区为基础的心理健康服务和支持系统

2. 专科行为健康护理

专科行为健康护理是一种专门提供心理健康和行为健康服务的医疗模式。它针对那些需要更专业、更有针对性的心理健康支持的个体，包括儿童、青少年和成人。专科行为健康护理的主要目标是评估、诊断和治疗心理健康问题，提供个性化的治疗方案，帮助中小学生改善他们的心理健康状况和生活质量。专科行为健康护理涉及如下几个主要方面。（1）评估和诊断。提供全面的评估服务，以了解中小学生的心理健康状况、症状和需求，运用心理评估工具、临床面试和观察等方法，以确定他们可能存在的心理健康问题并给出诊断。（2）心理咨询和治疗。提供心理咨询和治疗服务，以帮助个体处理情绪困扰、应对压力、改善人际关系、管理行为问题等。治疗方法丰富多样，可根据个体需求进行个性化选择。（3）药物治疗。在一些情况下，专科行为健康护理可包括药物治疗，以管理和减轻个体的心理疾病症状。专科医生可以评估个体的药物治疗需求，并监督和调整药物治疗计划。（4）应急干预和危机管理。可以提供应急干预和危机管理支持，以处理中小学生可能面临的危机情况，如自杀风险、暴力行为等。（5）康复支持和资源引导。提供康复支持和资源引导，帮助中小学生在康复过程中获得必要的支持和资源，提高其心理健康水平。

3. 密集型家庭和社区服务

通常情况下，在有中小学生的家庭和社区中提供密集型家庭和社区服务。这些服务包括一系列的康复选择，将家庭和社区为基础的技能培训、干预措施和治疗方法与每个儿童、青少年和家庭的特定需求相匹配。密集型干预服务提供给由于行为或心理健康问题而面临寄宿安置可能的中小学生，或者已经回家或正在从住院治疗中心或精神医院返回的中小学生。据估计，大约十分之一的有心理健康服务需求的中小学生需要专门干预和功能康复的融合治疗，而且每 75 个中小学生中有 1 个需要密集干预。以社区为基础的心理健康服务和支持系统强调危机经常发生，因此，该系统包括连续的危机干预服务，从短暂危机到急性住院服务等。

五、美国社会心理健康服务

中小学生的社会生态环境与他们的心理、行为及发展问题相互关联，社会经济资源、社会资本和健康保险的匮乏是他们心理健康服务使用不足的重要原因。建立一个针对家庭健康保障的社会安全网将有效地保障、改善及促进儿童的健康发展。社会安全网项目的理论框架如图 7-4。

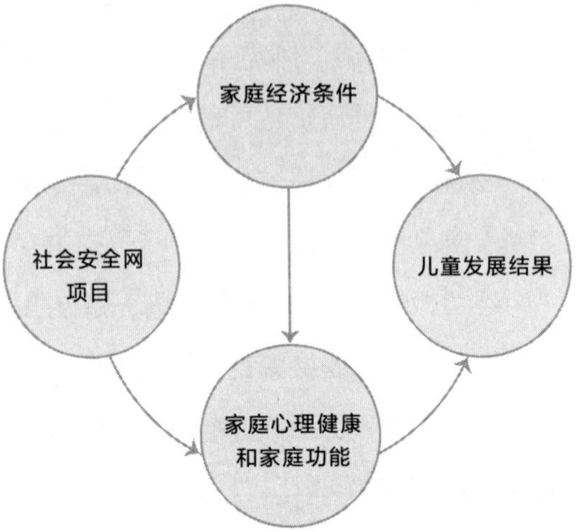

图 7-4　社会安全网项目的理论框架

社会安全网项目包括收入税信用积分、食品券、公立健康保险以及儿童健康照护津贴。家庭经济条件是指父母的雇佣状况、家庭收入、贫困线、食品保障以及健康照护服务。家庭心理健康和家庭功能是指父母的压力、父母的心理健康和亲子互动。儿童发展结果包括四个方面：认知、社会情感、行为及身体状况。社会安全网项目直接影响家庭经济条件、家庭心理健康和家庭功能，进而影响儿童的认知、社会情感、行为及身体发展。[4]

相较于现金救济，美国家庭更加依赖于各种社会安全网项目来满足自身需要。研究表明这些社会安全网项目，如食品券、公立健康保险以及儿童健康照护津贴，均对儿童的学业、行为和身体发展产生了积极的影响。这些项目通过改善家庭经济状况继而影响儿童的发展，说明并不直接以儿童为目标的远端的环境和条件仍然可以影响他们的发展，因此研究者和政策制定者需要理解社会问题的解决与家庭和儿童的健康状况紧密相关。

六、美国心理健康服务中的信息化手段

在美国心理健康服务中，信息化手段被广泛应用于提供支持、咨询和治疗，为个体提供了更方便、灵活和保护隐私的选择。美国心理健康服务运用信息化手段主要体现在以下方面。（1）远程心理健康服务。通过视频会议、电话或在线聊天等远程通信工具，心理健康专业人员可以与中小学生进行虚拟会面，为他们提供远程心理咨询和治疗。这种方式可以弥补面对面咨询的限制。[5]一项系统研究表明，在心理健康领域获得广泛运用的认知行为疗法，线上实施的效果仍然十分显著。（2）心理健康应用程序。有许多心理健康应用程序可供家庭下载和使用。这些应用程序提供心理教育、自助工具、冥想和放松练习等资源，帮助中小学生管理压力、焦虑和情绪问题。例如，Headspace、Calm 是广受欢迎的冥想和放松应用程序。还有一些应用程序提供专业心理健康服务的链接和对接服务。（3）在线心理健康平台。在线心理健康平台为用户提供寻找和预约心理健康专业人员的渠道。用户可以通过平台筛选和选择合适的心理咨询师、心理治疗师或心理医生，并进行在线咨询或预约面对面的咨询。“今日心理学”（Psychology Today）、“好帮手”（BetterHelp）是广泛使用的在线平台。（4）虚拟现实治疗。虚拟现实技术被应用于心理治疗领域，通过提供模拟环境和情境，帮助患者面对和处理特定的恐惧、创伤或社交焦虑等问题。这种治疗方法可以提供更真实、可控的体验，并帮助患者逐步克服困难。研究发现，使用虚拟现实技术治疗恐高症可以大大降低患者的恐高心理。

七、美国中小学生心理健康服务：特点与展望

综上所述，美国中小学生心理健康服务呈现以下特点。一是多元化的服务。美国的中小学生心理健康服务提供了多种形式的支持，包括心理咨询、心理治疗、心理教育、家庭治疗和药物治疗等。服务的形式和内容多样化，以满足不同儿童和家庭的需求。二是多部门合作。为了提供全面的心理健康服务，美国各部门进行紧密合作。政府、医疗机构、学校、社区组织和非营利机构等多个部门通力合作，共同促进中小学生心理健康事务的发展。这种跨部门合作带来了资源整合、信息共享和协同行动的优势。三是注重早期干预和预防。美国注重早期干预和预防，以遏制心理健康问题的扩展，在学校和社区开展心理健康教育活动，为中小学生提供心理健康筛查和评估，以及早期干预服务。四是科技和创新应用。随着科技的进步，美国的中小学生心理健康服务也在不断创新。在线心理健康平台、在线咨询和远程治疗等信息化手段的应用，为中小学生提供更便捷和灵活的支持方式。这些创新应用有助于克服地理和时间上的限制，使心理健康服务更加普及和可及。

展望未来，美国中小学生心理健康服务仍有继续发展和改进的空间。一是提高服务的可及性。努力消除心理健康服务的障碍，包括经济、文化和地理上的障碍。加强社区心理健康中心的建设，提供更多的资源和支持，确保中小学生能够及时获得心理健康服务。二是强化早期干预和预防。加强早期干预和预防措施的推广和实施，通过在学校和社区加强心理健康教育，提高师生和家长的心理健康意识，及时识别和处理心理健康问题，以减少心理健康问题的发生。三是整合跨部门资源。继续加强政府、医疗机构、学校和社区等各个部门之间的合作与协调，共同整合资源，提供更完善和一体化的中小学生心理健康服务。四是推动研究和创新。持续

投资心理健康领域的研究，深入了解中小学生心理健康问题的根源和治疗方法，鼓励和支持创新技术的应用，以提供更个性化、高效和可持续的心理健康服务。

参考文献:

[1] Nelson K L, Powell B J, Langellier B, et al. State policies that impact the design of children's mental health services: a modified Delphi study [J]. Administration and policy in mental health, 2022, 49 (5): 834–847.

[2] So M, McCord R F, Kaminski J W. Policy levers to promote access to and utilization of children's mental health services: a systematic review [J]. Administration and policy in mental health, 2019, 46 (3): 334–351.

[3] Hoover S, Bostic J. Schools as a vital component of the child and adolescent mental health system [J]. Psychiatric Services, 2021, 72 (1): 37–48.

[4] Gassman–Pines A, Hill Z. How social safety net programs affect family economic well–being, family functioning, and children's development [J]. Child Development Perspectives, 2013, 7 (3): 172–181.

[5] Hoagwood K E, Kelleher K J. A Marshall Plan for children's mental health after COVID–19 [J]. Psychiatric Services, 2020, 71 (12): 1216–1217.

第八章
加拿大中小学心理健康教育与服务

加拿大是世界最大的经济体之一，经济发达，文化多元，拥有完善的教育体系和一流的基础教育。但是，心理健康问题却成为目前加拿大中小学生面临的主要健康问题。

2015 年，加拿大被列为青少年自杀率最高的五个国家之一。自杀是加拿大土著青少年的主要死亡原因，根据最新调查，自杀也是加拿大 15—34 岁年轻人死亡的第二大原因。根据加拿大卫生信息研究所提供的信息，约 10%—20% 的加拿大儿童可能在其生命的某个阶段患上精神疾病。2017 年，加拿大安大略省 39% 的高中生报告了中度至重度的心理困扰，17% 的学生报告了重度心理困扰。守护中小学生美好未来是加拿大的首要任务。

一、加拿大中小学生心理健康问题的影响因素、类型及发生率

（一）心理健康问题的影响因素

贫困、虐待、粮食不安全等是影响加拿大中小学生心理健康的重要社会因素。近年来，加拿大对毒品日渐开放的政策，也使中小学生心理健康面临新的挑战。

1. 贫困问题

贫困不利于营造温馨、安全的家庭环境，从而影响中小学生心理健康发展。加拿大统计局的数据显示，2016年，加拿大仍有120万儿童生活在低收入家庭，其中土著儿童的贫困率近60%。2020年，加拿大0—5岁儿童贫困率为9.1%，6—10岁儿童贫困率为8.5%，11—17岁青少年贫困率为7.9%。

2. 虐待问题

儿童时期遭受虐待，会给儿童身心发展带来双重伤害，引发大量心理问题或造成精神创伤。加拿大2018年的全国调查显示，15岁以上群体中有27.04%的人报告在童年时期经历过身体或性虐待。2014—2020年，加拿大警方共报告了10 739起针对儿童的网络性犯罪事件和29 028起网络儿童色情事件。

3. 欺凌事件

近30年来，加拿大儿童青少年欺凌受害问题突出。加拿大“停止欺凌”网站调查显示：加拿大64%的学龄儿童认为欺凌是学校日常生活的一部分，13岁是欺凌事件的高发年龄，50%的高中生认为欺凌是学校中的大问题；85%的欺凌事件发生时有其他学生在场或目击，12%的学生每周都会遭到欺凌。维尔兰科（Vaillancourt）等人2010年考察了16 799名4—12年级加拿大中小学生的欺凌经历，48.9%的中小学生报告曾欺负他人，63.1%的中小学生报告曾被欺负。

4. 粮食不安全问题

根据加拿大2012年的全国调查，在12—19岁的青少年家庭中，有7.8%报告了中度和重度的粮食不安全。粮食不安全程度越高，青少年报告心理健康状况一般或较差以及患有中度或重度焦虑症状的概率就越高。

（二）心理健康问题的类型及发生率

2019 年，加拿大开展了一项未成年人身心健康普查，涉及 92 170 名 1—17 岁儿童青少年。结果显示，报告感知自己“健康状况一般或较差”的人数占 1.73%，报告感知自己“心理健康状况一般或较差”的人数占 4.10%；5—17 岁群体中，报告自己有焦虑症的人数占 5%，报告自己有心境障碍的人数占 2.10%，报告自己饮食失调的人数占 0.32%，报告自己有学习障碍的人数占 8.40%，报告自己入睡困难的人数占 27%。心理健康问题在加拿大中小学生中的主要类型及发生率如下。

一是自杀意念。2012 年的一项调查结果显示，在 4 031 名 15—24 岁青年人中，约有 14% 的人报告曾有过自杀意念，6% 的人在过去一年中有过自杀的想法。2022 年加拿大精神卫生委员会的一项调查发现，自 2020 年 3 月以来，在 1 538 名 16—24 岁青年人中，有过自杀意念的占 16.6%，高于老年群体（65 岁以上）的 2.4%。

二是抑郁与焦虑。2012 年的一项调查结果显示，在 15—24 岁的加拿大青年人中，约有 11% 的人有过抑郁症状。加拿大魁北克省的一项调查显示，2021 年 1 月报告心理健康尚可或较差的高中生是 2020 年同期的三倍，这种恶化趋势从 7 年级延伸到 11 年级，恶化程度随年级增长而加重。此外，许多高中生报告了与广泛性焦虑障碍或重度抑郁症相匹配的症状，其中约 35% 是 7—8 年级学生，50% 是 9—11 年级的学生。

三是药物成瘾。很多加拿大儿童在 10 年级前至少使用过一次酒精和大麻。1990—2010 年，9 年级和 10 年级儿童此前曾使用过大麻的人数比例从 25% 上升至 38%。2010 年，加拿大公共卫生局的一项报告显示，10 年级学生中，7% 的男孩和 6% 的女孩每天吸烟。

二、加拿大精神卫生及自杀预防战略框架

加拿大是一个多种族、多民族、多元文化的联邦国家，在针对精神卫生以及自杀预防上，加拿大联邦政府等相关部门制定了统一的国家战略并为各省、地区提出政策制定框架。

（一）《全国土著青少年自杀预防战略》

为解决加拿大土著青少年高自杀率的问题，加拿大卫生部与国家土著组织于2004年合作发布《全国土著青少年自杀预防战略》（*National Aboriginal Youth Suicide Prevention Strategy*）。以社区为基础减少与青少年自杀相关的风险因素（如校园欺凌、儿童虐待、精神疾病等）并增加预防性因素（如适当住房、同伴支持、父母期望等）。采取的措施包括：增加熟悉青少年自杀预防的社区工作人员数量；增加对一线工作人员应对危机的技能培训；引导父母关注子女心理健康；鼓励各联邦、各省和各地区的政府、组织或协会建立伙伴关系并加强联系；支持建立以社区为基础的团体和青年委员会，确定针对社区的自杀预防项目和活动；为社区开发并提供适合当地文化的工具和资源；支持为一线工作者和当地照护者制定转诊方法和提供实用筛查工具等。

（二）《迈向康复和福祉》

2009年，加拿大精神卫生委员会出台加拿大心理健康战略框架《迈向康复和福祉》（*Toward Recovery and Well-Being*）。这一框架经加拿大精神卫生委员会委员广泛收集经历过精神健康问题和疾病的人、咨询师等利益攸关者的建议，期望与全国各地合作，为建立真正以人为本、范围全面的综合精神卫生系统奠定坚实基础。该框架提出了七个目标：患有心理健

康问题和疾病的所有年龄段的人都积极参与康复和幸福之旅；促进心理健康，尽可能预防心理健康问题和疾病；精神卫生系统满足加拿大所有人的不同需求；家庭在促进福祉和提供护理方面的作用得到承认，家庭需求得到支持；精神卫生政策、规划、治疗、服务和支持等行动以基于多种信息来源的最佳证据为依据；行动结果得到衡量，研究得到推进；有心理健康问题和疾病的人作为加拿大社会的重要成员被完全接纳。这些目标为制定更详细的精神卫生战略提供了结构框架，为加拿大精神卫生系统转型提供了参考信息。

（三）《常青：加拿大儿童和青少年心理健康框架》

认识到加拿大仍缺乏连贯的儿童心理健康国家基准，2010 年加拿大精神卫生委员会下属儿童和青少年咨询委员会出台了第一个官方的国家儿童和青少年心理健康框架——《常青：加拿大儿童和青少年心理健康框架》（*Evergreen: A Child and Youth Mental Health Framework for Canada*）[1]。该框架提供了一套指导政策制定的核心价值观，涉及几个方面，包括：人权维护，尊严、尊重和多样性，现有的最佳证据，选择、机会和责任，协作、连续性和社区，以及获取信息、项目和服务。同时，该框架还指出了四个战略方向，即促进，预防，治疗和持续护理，以及研究和评估。该框架从联邦政府层面为加拿大各地儿童和青少年心理健康政策、计划和服务的制定、实施和审查提供了参考。

（四）《改变方向，改变生活：加拿大精神卫生战略》

2012 年 5 月，加拿大精神卫生委员会发布首个全国精神卫生战略《改变方向，改变生活：加拿大精神卫生战略》（*Changing Directions, Changing Lives: The Mental Health Strategy for Canada*）[2]，为解决加拿

大的心理健康问题提供全面的变革蓝图。该战略规定了26个优先事项并提出109项行动建议，主要包括：在家庭、学校和工作场所开展促进心理健康的宣传工作，预防精神疾病和自杀；促进所有年龄段有心理健康问题的人的康复，消除歧视；给需要的人随时随地提供全方位的服务、治疗和支持，包括卫生保健、以社区为基础的精神卫生服务、同伴支持以及教育和就业等。其中，为儿童和青少年增加心理治疗和临床咨询的机会被列为战略中的优先事项。该战略也明确强调了学校在全面促进精神卫生、减少污名化以及早期识别心理健康问题方面的重要性。

（五）《联邦预防自杀框架》

加拿大联邦政府2016年出台《联邦预防自杀框架》（*Federal Framework for Suicide Prevention*），以协调联邦在预防自杀方面的事项，同时补充各省和地区政府、土著组织、非政府组织和社区以及私营部门进行的重要工作。该框架侧重自杀预防，并利用多学科知识，包括健康科学（如医学、护理学、精神病学和流行病学等）、社会学、心理学、犯罪学、教育学和经济学，帮助人们认识自杀、减少耻辱感和预防自杀，改善民众心理健康。同时，该框架有助于将加拿大各地自杀预防工作联系起来，成为跨部门、组织和司法管辖区建立有意义和持久伙伴关系的基础。

（六）《推进加拿大精神卫生战略：2017—2022年行动框架》

2015年，加拿大精神卫生委员会为加快落实《加拿大精神卫生战略》，制定了《推进加拿大精神卫生战略：2017—2022年行动框架》（*Advancing the Mental Health Strategy for Canada*：*A Framework for Action 2017–2022*），提出推进战略落实的四个支柱。一是领导和资金，即需要动员领导人开展合作，提高提供优质、循证和综合服务的能力，更好地满足加拿大所有地区不同人群的需求。具体包括：在联邦、省和地区卫生预算以及教育、住房和司法等社会支出范围内对精神卫生进行有针对性的投入；加强由合格的从业者提供的循证社区精神卫生服务和心理治疗的机会等。二是促进和预防，即更好地关注各级保健的上游工作。具体包括：更加强调整体预防战略、促进心理健康、提高对整个生命周期积极心理健康的认识和教育，以及以更安全的方式更细致地关注健康的社会决定因素；继续努力维护人权，促进社会包容，消除污名化和歧视。三是获取和服务。这一方面侧重于服务系统内部，改善护理的可获得性和质量，以便在人们需要的时间和地点提供精神卫生服务、治疗和支持。为了支持持续的质量改进，一线服务提供者需要能够通过指南、标准和认证要求转化出具备最佳可用证据的工具。四是数据和研究。除建立基准和持续评估系统绩效以及将循证精神卫生知识转化为政策和实践外，还包括支持对精神卫生问题和疾病以及精神卫生项目和治疗进行全面、创新、跨学科的研究和评估；促进精神疾病患者参与研究；改进数据收集系统和人口水平监测工具，在加拿大各地持续收集有关精神健康、疾病、服务获取和等待时间的全面信息等。

三、加拿大学校心理健康教育

决策者、心理健康专业工作者和教育工作者越来越多地认识到学校在满足中小学生心理健康需求方面发挥着重要且关键的作用。基于学校的心理健康干预在加拿大心理健康政策文件中得到认可，其中包括《常青：加拿大儿童和青少年心理健康框架》、安大略省儿童和青少年精神卫生政策框架、新斯科舍省儿童和学习优先计划（*Nova Scotia's Kids and Learning First Plan*）等。鉴于青少年时期是心理问题的高发期，加拿大学校心理健康教育以13—15岁的青少年为主要对象，确定心理健康教育的基点、实践、学校辅导员的师资以及财政支持等。

（一）加拿大学校心理健康教育的基点

加拿大的学校心理健康教育以心理健康素养为基点展开。心理健康素养（Mental Health Literacy）的概念最初由乔姆（Jorm）等人提出，并被定义为“帮助人们识别、管理或预防有关心理健康问题的知识和信念”。加拿大的学者库彻（Kutcher）、巴内尔（Bagnell）及卫（Wei）等人基于长期研究，将心理健康素养界定为四个彼此不同但密切相关的成分，即知晓如何获得和维持良好的心理健康，理解心理疾病的症状和治疗方式，减少与心理障碍相关的污名，以及增强求助的效能感（知晓何时、何地以及如何获取心理健康支持）。这比乔姆的界定更完整，其更为复杂的内涵与结构为心理健康决策提供了基础。库彻等人在此基础上为加拿大的学校构建了提升心理健康素养的方法。

（二）加拿大学校心理健康教育的实践

1. 以《心理健康和高中课程指南》为依托的课程渗透

加拿大学校心理健康教育的实施以《心理健康和高中课程指南》为依托。库彻和加拿大心理健康协会合作，并根据全国教育工作者、精神卫生专家、国家课程开发组织的意见编写《心理健康和高中课程指南》，于2012年发布。该指南作为加拿大所有省份实施心理健康教育的指导资源，提供给经过培训的教师使用，以支持在课堂中提高9年级和10年级学生（13—15岁）的心理健康素养。该指南是目前可供加拿大教育工作者用于提高中学生心理健康素养的唯一循证课程资源。

该指南的内容包括教师自学指南、教师知识自我评估、学生评估材料和教师培训四个部分，并由六个模块构成，包括精神疾病的污名化、对心理健康和精神疾病的认识、具体精神疾病的信息、精神疾病的经历、对寻求支持与帮助行为的重要性的认识、对积极心理健康的重要性的认识。每个模块附带补充资源，如动画视频、音频、故事视频、课件讲义和网络链接等。值得注意的是，该指南并未替代现有学校课程，而是将其作为课堂资源，使普通授课教师能在现有课程框架内使用，将课堂原有内容与心理健康素养联系起来，以此提高教师和学生的心理健康素养。

为提升教师的心理健康素养以及加强对该指南的实践操作，《心理健康和高中课程指南》的开发者采用"培训培训者"模式将培训嵌入学校系统。具体培训流程如下。首先，由课程的开发者负责培训团队的组建和培训，培训团队中包括授课教师、学生服务提供者和心理健康专业人士。其次，由这些培训团队中的成员对学校普通教师进行课程培训：介绍指南中的课程内容，并示范如何对核心课程的各种要素进行有效教学，同时为教师提供各种关于课程材料的更为详细的信息。接受过培训的普通教师将在课堂中教授学生指南中六个模块的内容，并能得到培训团队的支持和帮助。

2. 以学校为基础的综合护理路径模式

卫等人创建了适用于加拿大学校心理健康模式的以学校为基础的综合护理路径模式（School-Based Integrated Pathway to Care Model）[3]。该模式旨在政策、实践和研究层面在心理健康专家、学生、教育工作者和教育管辖区之间建立一致和可持续的合作关系。其目标包括：一是通过提高学生、教育工作者和家长的心理健康素养来促进学生心理健康和减少耻辱感；二是通过早期识别、分诊和有证据支持的、基于现场的精神卫生干预措施，及时获得适当的精神卫生保健；三是加强学校和卫生保健提供者之间的正式联系；四是为接受心理健康护理的学生提供可以在日常的学校环境中衔接紧密的支持他们的教育需求的框架；五是让家长和更广泛的社区参与解决青少年的心理健康需求。

该综合护理路径模式将心理健康素养的提升、早期识别、转诊与干预以及持续护理整合于同一个框架，让学生、教师、学校服务提供者（如学校教育工作者、辅导员）、学校管理人员、家庭、专业医疗服务提供者和决策者共同参与其中，并受益于其中嵌入的各个组成部分，如图 8-1 所示。

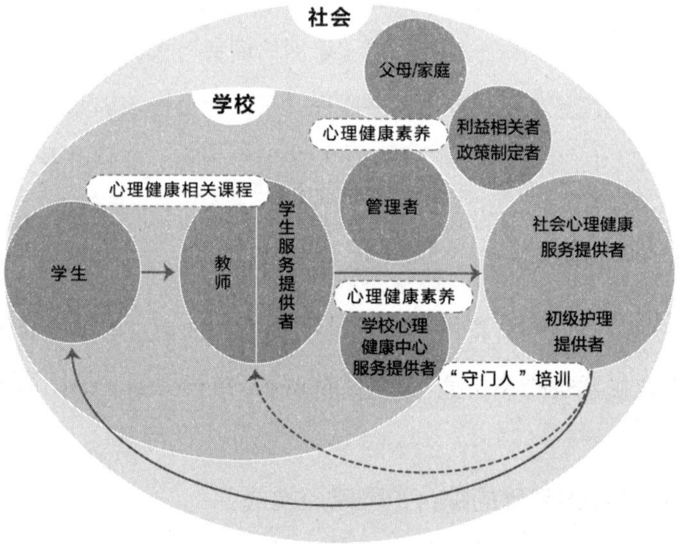

图 8-1　以学校为基础的综合护理路径模式[3]

注：圆圈表示教育系统内的目标群体；虚线框表示为满足目标群体需求而制定的循证心理健康素养和培训计划；箭头则表示对一般学生和有心理健康问题风险的学生进行综合护理的途径

该模式的具体内容如下。一是提升家庭心理健康素养。在以家庭为中心的学校教育中，父母同时扮演教育者和健康“守门人”的角色。除通过《心理健康和高中课程指南》以及“培训培训者”模式提升教师和学生的心理健康素养外，有关家长和家庭心理健康素养的内容也可以纳入中学心理健康课程。学校向家庭提供课堂上教授给学生的知识，将课程发布在网络上以便家长可以根据自己的兴趣和时间自主学习；采取其他家长参与策略，如利用媒体宣传推广课程，以满足不同群体的需求。这种模式为这些家长提供了参与心理健康素养项目的渠道，帮助他们提高早期识别青少年心理健康问题的能力，从而能够及时将孩子转介以便得到适当的医疗保健。

二是加强早期识别与预防、转诊及干预。如健康“守门人”要接受“Go-to”教育者培训（“Go-to” educator training）。该培训能够加强学校工作者对心理健康和精神障碍的理解、加强对精神障碍的识别、消除污名化，并与当地精神卫生保健（初级护理和专业服务）提供者保持密切联系；能进一步使教育者为潜在学生求助做好准备，有效识别学生心理健康问题，促进学校或社区内心理健康资源的可及性。

三是培训学生服务提供者。学生服务提供者包括辅导员、心理学家、社会工作者或其他校本专业人员（School-based Professionals，除教师以外的为学生提供服务的学校工作人员）。在这种模式中，学生由接受过“Go-to”教育者培训的教师确认为可能需要心理健康支持时，会被转介给学生服务提供者进行更全面的评估，必要时还可转介到外部医疗服务提供者。学生服务提供者通过在学校和精神卫生保健（初级护理和专业服务）提供者之间的联络继续支持在社区接受精神卫生保健的学生，以确保学生得到更优的过渡服务。为了让学生服务提供者能与专业教师共享语言体系并提高理解水平，所有学生服务提供者都将在同一模式中接受进一步培训。培训主题包括：区分精神障碍与精神困扰；自杀风险评估；基于认知和人际关系的支持性心理干预；了解用于治疗精神障碍的药物；使用仪器进行病例识别和持续监测精神症状。

四是培训初级护理提供者。初级护理提供者往往是青少年寻求帮助的第一个接触对象，且这种需求有增长的趋势。通过适当培训，初级护理提供者可以在识别患精神障碍风险的青少年以及诊断和治疗相关障碍方面发挥关键作用。初级护理提供者（如家庭医生和执业护士）作为社区中的第一接触者，可以与学校和心理健康专业人员密切合作，共同促进青少年心理健康。

（三）学校辅导员的师资

学校辅导员（school counselor）在加拿大学校系统中发挥着重要的支持作用，为加强这方面的师资力量，加拿大在学校辅导员的准入条件、职责与相应管理方面都采取了措施。

1．学校辅导员的准入条件

加拿大学校辅导员的一般资质要求包括：就业省份的教师认证书；获得心理咨询、职业发展、教育或社会科学专业的学士学位；通常需要咨询心理学或相关领域的硕士学位，如教育心理学、发展心理学或社会学。在正式工作开始前，还需要获得所在省份监管机构的专业认证。具体准入条件因省而异。例如，魁北克省需要通过魁北克指导咨询顾问协会的执业许可。但是，加拿大各地并没有足够的学校辅导员，且不同地区对学校辅导员的需求差异较大。2021—2022 年的一项调查显示，安大略省 73% 的高中拥有一名以上的全职学校辅导员。也有调查发现，在安大略省拥有学校辅导员的中学，学生与辅导员的平均人数比为 396∶1，在 10% 的学校中，学生与辅导员平均人数比达到 826∶1。总体上，加拿大学校辅导员的数量与需求量相比，差距很大。

2．学校辅导员的职责与任务

加拿大学校辅导员需要全面负责评估过程、咨询、家庭支持、危机应对、学生支持服务的管理和咨询、全校范围的学校规划和学生问题，且越来越多地被要求在危机时期提供现场支持，这可能会使他们远离职业规划和学生发展的其他领域。学校辅导员的核心任务是支持个人、社会、教育发展，支持学生职业发展，促进学生心理健康。其具体工作主要包括：一是以个别辅导的形式帮助学生解决学习、生活、心理、违纪等问题；二是帮助家长更好地了解孩子的情况以及与孩子进行有效沟通；三是与教师合作，共同促进学生全面发展。学校辅导员每学年还要为学生提供 15 课时的讲座。[4] 调查发现，大部分加拿大小学辅导员会参与以下活动：个人咨询（68.5%），向教师进行咨询（34.9%），与学生开会（7.1%），集体辅导（15.7%），家长咨询（12.7%），讲座（11.3%），校长咨询（10.6%），向外部专家咨询（9.5%）等。

3. 设置专门协会引导和规范学校辅导员工作

1965 年，加拿大心理咨询和治疗协会（Canadian Counselling and Psychotherapy Association，CCPA）成立，下设学校辅导员分会。该协会正在努力解决辅导员人数不足以满足学生需求的问题。另外，多数省份，如不列颠哥伦比亚省、曼尼托巴省、新斯科舍省、安大略省、萨斯喀彻温省等，都设有专门的学校辅导员协会（School Counselor's Association），其他省份也有类似机构，负责引导和规范学校辅导员的工作。

（四）为学校心理健康教育提供财政支持

加拿大萨斯喀彻温省教育部官方网站报道，该省政府于 2021 年投资 40 万加元用于开展心理健康急救培训项目，要求基础教育学段的每所学校至少有一名工作人员要接受心理健康急救培训，以确保当学生出现心理健康问题而向校方求助时，学校有能力提供相应服务，消除师生对心理健康问题的羞耻感，共同提升心理健康素养。[5]

2022—2023 学年和 2023—2024 学年，阿尔伯塔省每年提供 1 000 万加元，重点改善对学生的心理健康支持和服务水平，并为学校和社区提供工具、培训和资源。该省政府还将在 3 年内投资 1.1 亿加元，以解决学校的心理健康、专业评估和学习损失支持问题。

安大略省政府则在 2020—2021 年投资 1 925 万加元为中学生提供心理健康援助，比上一年同期增加 325 万加元，这笔资金将帮助学生加强与社区的联系，增加精神卫生工作者数量，鼓励大学和研究所开展相关研究课题。2022 年，安大略省政府在官方网站宣布为本省 2022—2023 年学习恢复行动计划再提供 1 000 万加元的资金，其中 500 万加元用于循证心理健康项目，支持学校心理健康工作。

四、加拿大社会心理健康服务及保障

中小学生的心理健康教育不只是学校的事，还需要家庭和社会的共同参与。加拿大联邦政府向心理健康服务体系相关部门及地方组织提供健康及社会服务基金，心理健康协会鼓励最大限度地利用所有可利用的社区资源改善包括青少年在内的加拿大全体公民的健康状况。

（一）基于社区的心理健康服务项目

1. “希望之根”项目

2018 年正式启动的“希望之根”（Roots of Hope）项目以社区为主导，旨在减少社区自杀率及其对社会的负面影响。该项目为社区提供了一个结构模型，使社区可以根据实际需求量身定制适宜的自杀预防工作机制。“希望之根”项目在所有领域都取得了积极效果，其成功的关键在于项目能够根据不同社区的需求、优势，并与社区合作，帮助社区而非代替社区开展工作。

该项目使社区可在五个方面获得帮助。一是专业支持。在预防危机、危机发生和危机后三个阶段，获得如同伴支持、小组支持（包括自助）、工作场所干预以及协调规划等服务。二是培训。为医生和执业护士等医疗保健提供者以及急救人员、人力资源工作人员和教师等社区“守门人”提供培训和学习机会。三是宣传活动。包括在当地开展宣传心理健康意识的活动，与新闻媒体合作开展有效预防自杀活动等；利用《与孩子谈论自杀》工具手册帮助照顾者、父母和监护人了解当社区发生自杀事件或认识的人自杀时，如何与孩子进行交谈。四是确保安全。确定自杀高发的方式或地点，并采取措施确保这些地点的安全。例如，在桥梁或铁路道口设置障碍等。五是科学研究。确定研究重点，实施项目监测和评估。

2.“良好的开端　美好的未来”项目

“良好的开端　美好的未来”（Better Beginnings Better Futures）项目是加拿大颇具代表性的中小学生心理健康社区服务项目。早在 1990 年，安大略省便宣布了该项目的概念模型（见图 8-2）。该项目有三个主要目标：一是减少儿童严重的情绪问题和行为问题的发生率；二是促进儿童的健康、福祉和发展，特别是在社会、情感、行为、身体和教育方面的发展；三是加强父母、家庭和社区对儿童需求的响应，特别是加强父母和弱势社区有效应对儿童及其家庭社会和经济需求的能力。该项目作为一个以社区为基础、由政府主导的普遍性预防性方案，已取得令人鼓舞的效果。同时，该项目也是一个 25 年纵向预防政策研究示范项目。[6]

（二）医疗保障与资金支持

1. 医疗保障

所有加拿大公民和永久居民都有资格享受心理健康服务，这是全民医

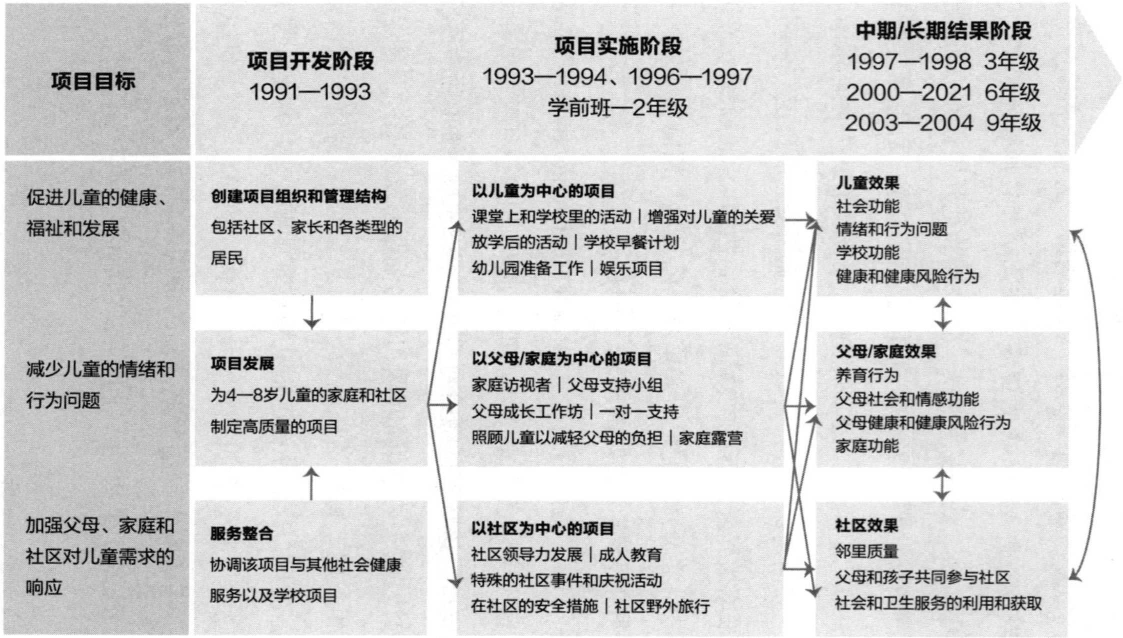

图 8-2 “良好的开端　美好的未来”项目概念模型

疗体系的保障。根据1984年的《加拿大卫生法》，加拿大居民的医疗服务由各省政府医疗部门负责，主要通过个人交付一定的医疗保险从而享受公费医疗制度，其中大部分医疗是免费的，包括儿童青少年的心理健康服务。对于低收入家庭，政府还会免去医疗保险费。此外，加拿大向所有公民和永久居民提供公共资助的健康保险，保险范围和资格由每个省或地区确定。对门诊和住院的精神卫生保健的资助由省或地区卫生部直接负责，门诊和住院护理、急诊和社区精神卫生服务由更基层的卫生机构提供。公共部门为青少年心理健康服务提供的资金也可通过非卫生部提供。例如，安大略省儿童和青年服务部为各种精神卫生服务提供资金，不列颠哥伦比亚省儿童和家庭发展部为有精神卫生问题的青年提供服务。

2. 资金支持

加拿大多项国家行动框架都将加大心理健康服务专项资金支持作为重要行动领域。2022年，阿尔伯塔省计划在3年内投资4 500万加元，增加儿童和青少年获得儿科康复服务和项目（如言语、职业和物理治疗）的数量并提高质量。这些支持将由阿尔伯塔省卫生服务部门与学校的早期识别合作提供，并用于支持以下内容：建立清晰的接收、分类和获得服务的机会；为家庭开发和规划具有普遍性和针对性的资源；扩大从新生儿至18岁青少年获得支持的资格；加强儿科康复和康复团队建设。此外，阿尔伯塔省政府每年在成瘾和心理健康计划、服务和支持上花费超过10亿加元。加拿大政府于2023年2月7日宣布，将在10年内投资超过1 960亿加元帮助改善医疗保健系统。该资金部分将通过“加拿大健康转移支付”（Canada Health Transfer，CHT）进行分配，部分通过与省或地区量身定制的双边协议分配。其中超过250亿的投资，是通过与各省或地区定制的双边协议推进共同的重点工作，这些协议将支持各省或地区人民在四个共同优先领域的需求：家庭卫生服务；卫生工作者和积压工作；心理健康和物质使用；现代化的卫生系统。其中，心理健康和物质使用服务被列为优先事项，保证每个人都可以获得及时、公平和优质的心理健康服务，以及药物使用和成瘾戒断服务。

五、加拿大中小学生心理健康支持机构

加拿大有许多心理健康协会与研究所，支持中小学生的心理健康促进与科学研究，保障心理循证健康政策的制定。其中主要的全国性协会及研究所如下。

一是加拿大精神卫生委员会（Mental Health Commission of Canada，MHCC）。该委员会于2007年由加拿大联邦政府创立，是加拿大精神卫生事业发展的重要里程碑，持续在全国范围内重点关注民众的心理健康问题。2021—2031年，在“询问”（Inquire）、“激励”（Inspire）、“提升”（Improve）三大战略方向引领下，加拿大精神卫生委员会将继续利用基层变革者、思想领袖和政策制定者的力量，为追求心理健康平等创造公平的社会环境。

二是加拿大心理健康协会（Canadian Mental Health Association，CMHA）。该协会成立于1918年，是加拿大最成熟、最广泛的社区心理健康组织，共设立了1个全国办事处，11个省/地区部门，67个地方分支机构，覆盖加拿大全国330多个社区。其主要功能是确定并应对加拿大最紧迫的心理健康优先事项。具体而言，在国家层面，推动全国范围的制度和政策变革；在社区层面，提供一系列基于社区的计划、知识、服务和支持。例如，安大略省的心理健康协会正在实施“振作起来：安大略省”（BounceBack® Ontario）自助计划，约克地区和南锡姆科的心理健康协会实施了一项名为“H. O. P. E”的早期精神病干预计划。

三是加拿大青少年心理健康中心（Youth Mental Health Canada，YMHC）。这是一个以社区为基础、由青年领导的非营利慈善组织，专注于呼吁年轻人、家庭和社区参与心理健康相关的教育、支持和变革，倡导构建以需求为基础的具有文化敏感性的心理健康支持、服务和教育设施，并将筹集到的基金直接提供给家庭，以支持患有慢性精神疾病和心理障碍的年轻人。该组织举办过许多促进青少年心理健康发展的活动，例如，举办YMHC心理健康博览会，为教育工作者和心理健康专业人员提供学校恐惧症培训课程，以解决自杀预防和提高心理健康意识等问题。

四是成瘾和心理健康中心（The Centre for Addiction and Mental Health，CAMH）。该中心是加拿大最大的心理健康和成瘾教学医院，也是该领域世界领先的研究中心之一，拥有3 000多名医生、研究人员、教育工作者和支持人员。中心致力于开展创新性研究，为医疗保健专业人员和科研人员提供培训，制定创新的健康促进和预防策略，并在各级政府倡导相关公共政策的制定和改进。

五是加拿大儿童健康研究所（Canadian Institute of Child Health，CICH）。该研究所成立于1977年，为全国性的非营利组织，旨在促进加拿大所有儿童和青年的健康和福祉，致力于制定和实施相关倡议，提高公众对儿童健康问题的认识。该研究所基于实证研究，提出政策建议，帮助社区开发资源，促进儿童的健康和发展，积极影响加拿大儿童的生活。

六、信息化手段在加拿大中小学生心理健康服务中的应用

利用新技术提供心理健康服务是加拿大学者们研究兴趣日益增加的领域。信息化手段在中小学生心理健康服务中得以快速应用，为获取便捷、可及、个性化的心理健康资源、支持以及服务提供了有力保障。

一是“儿童帮助电话”（Kids Help Phone）。这是始于1989年的一项独特的电话咨询服务，在为儿童面临的关键问题提供创新支持方面具有开创性意义。服务内容包括：(1)危机支持。如果中小学生立即需要帮助，可以向专业危机响应者发送短信，告知自己正在经历的任何事情。(2)专业辅导。求助者可以通过电话或在线聊天的方式，得到专业咨询师的支持，以便更好地应对正在经历的困难。(3)测验、游戏和活动。求助者可以在儿童帮助电话的网站上访问工具、提示和资源，从而培养应对技能并以最适合自己的方式改善健康。(4)支持服务目录。中小学生可以使用“我周围的资源”数据库搜索离自己的社区最近的线下和线上支持计划和服务。

二是“加拿大共同健康”（Wellness Together Canada）虚拟心理健康门户网站。2020年4月，加拿大联邦政府推出该网站及手机应用程序，内置儿童帮助热线与一对一辅导、同伴支持等在线心理健康支持资源，为加拿大儿童提供全天候的在线心理健康支持。还包括心理健康提示信息，测验、游戏和活动，点对点支持论坛和真实故事，通过电话和在线聊天提供专业咨询等资源或服务。

此外，在加拿大联邦政府卫生部的网页上，汇集了加拿大各省/地区的心理健康服务提供者和支持资源，使全国各地居民都可以快速找到适合的心理健康服务与支持。例如，安大略省提供的服务包括：与家庭医生或执业护士预约；在线访问“健康811”（Health811）或致电与注册辅导者交谈，辅导者可以帮助解决任何健康问题，包括抑郁、焦虑或其他心理健康或成瘾问题等；查找附近的心理健康治疗服务提供者，包括社区卫生中心、健康服务公司等机构的位置和电话。

又如，“我的健康”（My Health）在线资源杂志及手机应用程序，围绕心理健康素养和循证的核心原则，为学生和教育工作者提供涵盖各种身体健康和心理健康主题的交互式在线资源，以及一系列在线课堂活动和研讨会。“一站式谈话”（One Stop Talk）计划以青少年习惯的交流方式提供现代的、便于选择的方式，使青少年能够无须预约便通过电话、视频会议、短信和聊天等方式与临床医生交谈。

总之，以视频会议、热线电话和移动应用以及基于互联网的应用为代表的技术手段在虚拟远程服务方面具有巨大潜力，符合中小学生的偏好与需求，同时减少污名化导致的求助阻碍。依靠技术在一定程度上也填补了加拿大原有的及偏远地区的服务空缺。

七、加拿大学者对天才儿童心理辅导的贡献

加拿大为天才儿童所提供的教育性服务，深受各省和地区的教育法、规章以及政策指示的影响。在促进天才教育和辅导领域的发展方面，加拿大学者做出了重要贡献。[7][8]

一是建立多面高度敏感模型（Multi-Faceted Sensitivity Model）。阿尔伯塔省卡尔加里大学的曼达哥利奥（Mendaglio）教授提出了一种天才儿童辅导的概念，该概念重点关注敏感性和强度的特性，并强调要关注天才儿童的强烈情感以加强与天才儿童的互动。对于学校辅导员而言，关注天才儿童情绪的细微表现十分重要。曼达哥利奥对天才儿童辅导提供了以下建议：（1）学校辅导员需要对天才儿童的态度和期望进行检查，消除破坏性的观点。例如，一些天才儿童认为自己是精英，这种态度会阻碍为天才儿童提供的特殊教育项目的开展。（2）学校辅导员需要在角色中感到安全和胜任。天才儿童时常会对成年人发起挑战，因此，若学校辅导员的专业知识储备不足或对自己的专业知识没有足够的信心，会给相关工作带来很大压力。（3）学校辅导员需要提供适当的情绪表达模式，以帮助天才儿童

处理他们的复杂情绪。（4）学校辅导员必须对天才儿童的情感表达做出积极回应。（5）学校辅导员需要通过非语言线索识别天才儿童的情绪。在儿童无法表达自己的感受时，非语言线索可以帮助学校辅导员推断他们的情感体验。（6）高度敏感作为天才儿童的共同特征，需要被学校辅导员重视和讨论，这样才有助于促进儿童正常化。（7）学校辅导员需要避免评判、批评或尽量减少情感表达。分享情感可能会造成压力和风险，因此学校辅导员需要避免对天才儿童反应过度和反应不足。

二是对自我概念的深入探究。与天才教育相关的自我概念是加拿大天才教育研究的重要主题，这些研究成果极大地丰富了该领域的文献。其中一项成果是在研究中运用皮利特（Pyryt）和曼达哥利奥的自我感知调查法（Pyryt Mendaglio Self-Perception Survey，PMSPS）来解释多维论和多元论视角下自我观念的复杂性。一方面，这种方法从学业、社交、运动、相貌、诚实等方面对自我概念进行操作性定义；另一方面，它反映了关于自我概念的三大理论观点，即反思评价、社会比较与归因。两位研究者使用了自我感知调查法后发现，学业自我概念最能区分天才青少年和一般能力青少年。自我感知调查法除作为一种研究工具外，还被专业人员、教师和学校辅导员用来作为评估学生自我概念的有效方法，以便根据测量结果制订干预计划。由于该调查法的评估涉及三种理论方法，因此也有助于教师根据不同的理论采取相应的干预措施。

三是对天才儿童家长与家庭的咨询。西尔维曼（Silverman）提出，家长往往在家庭、学校、朋辈和社区等方面对天才儿童有顾虑，学校辅导员不仅应关注天才儿童的需求，还要为家长提供相应的支持和服务。例如，学校辅导员为家长提供咨询服务，以帮助他们接受和理解孩子的天赋。比克利（Bickley）认为，在针对天才儿童的服务中，家庭咨询比个人咨询更有效，有天赋的儿童在不同情况下表现出不同的行为反应，因此，咨询师可以利用家庭咨询的过程来识别和修正不当行为。为天才儿童家长提供的家庭咨询主要有两种类型：（1）家长咨询。该类型帮助家长从发展的角度认识天才儿童给家长和家庭带来的独特挑战，注重促进天才儿童的最佳发展，而非诊断或纠正儿童的心理健康问题。咨询师通常会帮助家长理解智商测试的意义，并和家长共同讨论儿童未来的发展，提供合适的建议。（2）家庭治疗。该类型以系统地为儿童提供治疗为基础，由家庭治疗师扮演互动者的角色。家庭治疗的观点认为，家庭问题产生于家庭成员之间互动的过程中，将因果关系视为一个循环而非线性的状态，即儿童影响父母，父母也影响儿童。家庭咨询帮助家长与学校形成协作性关系，增强家长做好天才儿童父母角色的信心。

八、加拿大中小学生心理健康教育服务特点及发展趋势

在科学研究的基础上，加拿大心理健康教育围绕提升中小学生的心理健康素养展开，推行以学校为基础的综合护理模式以及以社区为基础的心理健康计划与服务，形成了守护中小学生心理健康的加拿大做法。

一是国家领导与地方自主相结合。一方面，国家框架在项目和战略层面发挥重要作用，节省了地方制定框架的时间和资金，有助于在地方决策者之间建立共识，并促进政策的一致性和协调性。另一方面，地方自主使各省和地区能够充分考虑实际情况，为中小学生提供多样化的心理健康服务。

二是心理健康素养的渗透。加拿大以培养心理健康素养为基点开展心理健康教育，将其渗透在普通教师日常教学工作中。通过提供《心理健康和高中课程指南》与“培训培训者”模式对教师进行培训，加强可操作性。该课程指南的编制与实施基于广泛的实证研究，保证科学性与系统

性；“培训培训者”模式克服了普通教师缺乏心理学专业素养的弊端，又缓解了心理健康教育师资短缺的问题。

三是基于学校的综合护理模式。该模式采取全面的、参与性的循证方法，在加拿大本土研究、开发、实地测试并实施，考虑联邦、省和地区的特点，将心理健康的各组成部分整合到现有的中学教育框架，并将其与公共资助的卫生保健及具有加拿大经验特征的教育系统联系起来，保障早期预防和干预的连续性。同时，该模式也为全球学校心理健康服务提供了一个有用、有效、成功和可持续的框架。

四是循证的政策制定与实践。加拿大的研究中心、机构与协会以及基于项目的追踪研究为加拿大中小学生的心理健康事业发展提供了可靠的科学证据，有利于制定有据可依的国家决策。特别是大规模的持续性全国追踪调查数据，有效保障了政策与行动方案的适时调整与动态发展，成为心理健康战略的有力支撑。

但是，加拿大心理健康服务仍面临不同地区之间发展不平衡和不协调等现实问题，中小学生迫切需要获得平等、优质的心理健康服务。在学校教育中，全国各地的心理健康教育体系与内容并不一致，且心理健康教育相关内容的教学与课程较为割裂。加拿大学者呼吁，要将心理健康作为首要议程并给予足够重视，学校心理健康教育应成为重要的变革之地。

参考文献：

[1] Kutcher S, Mcluckie A. Evergreen: a child and youth mental health framework for Canada [J]. Paediatrics & Child Health, 2011, 16 (7): 388.

[2] Bartram M, Chodos H. Changing directions, changing lives: the mental health strategy for Canada [J]. Canadian Journal of Community Mental Health.2013, 32 (4): 1–8.

[3] Wei Y, Kutcher S, Szumilas M. Comprehensive school mental health: an integrated "school–based pathway to care" model for Canadian secondary schools [J]. McGill Journal of Education, 2011, 46 (2): 213–229.

[4] 林丽英. 加拿大中小学心理健康教育见闻 [J]. 教书育人，2008 (13)：76–77.

[5] 贺艳. 加拿大萨省：加强学校心理健康急救培训 [J]. 人民教育，2021 (2)：59.

[6] Peters R DeV, Bradshaw A J, Petrunka K, et al. The better beginnings, better futures project：findings from grade 3 to grade 9 [J]. Monographs of the Society for Research in Child Development, 2010, 75 (3): vii–viii, 1–174.

[7] Lupart J L, Pyryt M C, Watson S L, et al. Gifted education and counselling in Canada [J]. International Journal for the Advancement of Counselling, 2005, 27 (2): 173–190.

[8] 孙璐. 加拿大天才教育与辅导及其启示 [J]. 教学与管理，2010 (28)：76–78.

第九章

巴西中小学心理健康教育与服务

作为一个拥有极其丰富自然资源和雄厚工业基础的国家，巴西政府十分关注青少年的健康发展。近年来，巴西中小学生心理健康问题引发关注。保险科技（保险初创公司）根据巴西地理和统计研究所与联邦政府提供的历史死亡数据库交叉参考信息汇编的结果显示，在五年内（2014—2019年），该国11—20岁青少年自杀人数比以往翻了一番。因此，为了提升中小学生的心理健康水平，巴西政府、家庭、学校和社会组织等从全方位多方面改善心理服务支持系统，希望能为中小学生创造良好的生活环境。

一、巴西中小学生心理健康问题类型及检出率

在中小学时期，人际关系、身体形象、家庭环境及教养方式等，都是影响学生心理健康的重要因素。相关研究发现，巴西中小学生的心理健康问题主要涉及以下方面。

一是心理疾病。抑郁症、焦虑症、强迫症、进食障碍等心理疾病，在青少年中的检出率较高。根据《2021年世界儿童状况》报告，巴西10—19岁的女孩和男孩中几乎有六分之一患有精神障碍，这部分人最容易面临自残、抑郁和自杀的风险。

二是身体形象引发的问题。如厌食症、贪食症、肥胖等，检出率较高。2019 年出版的《全国学校健康调查》显示，大约 20% 的巴西学生认为自己很胖，不到四分之一的巴西儿童报告有减肥的愿望。

三是自杀意念和行为。自杀意念和行为在巴西青少年中比较普遍。根据巴西儿科学会 2012—2021 年调查的结果显示，巴西每年约有 1 000 名年龄在 10—19 岁的中小学生自杀。

四是儿童虐待和忽视。巴西贫富差距悬殊，许多贫困家庭无法为儿童提供正常的生活和教育，导致儿童面临身体、情感和性虐待等问题，以及被忽视的风险。2019 年《全国学校健康调查》显示，12.0% 的 13—17 岁巴西学生报告在学校遭受过某种类型的欺凌，23.0% 的人表示他们在调查前 30 天内两次或更多次感到被同龄人冒犯或羞辱。被欺负的三个主要原因是：整体形象（16.5%）、面容长相（11.6%）和肤色或种族（4.6%）。

五是性别认同和性健康。在巴西，一些青少年面临性别认同和性少数群体的歧视和排斥，导致出现心理健康问题和身心受损。2019 年有调查显示，14.6% 的 13—17 岁学生在生活中遭受过某种类型的性暴力。大多数报告此类问题的人是女孩（20.1%），比男孩人数（9.0%）高出一倍多。

总体来讲，巴西青少年面临的心理健康问题类型较多，但各类问题的检出率差异较大。这种状况对巴西政府和社会形成了现实挑战。

二、巴西心理健康政策发展沿革

巴西心理健康政策发展[1]可以追溯到 20 世纪初，巴西政府开始关注心理健康问题并建立心理健康服务机构。20 世纪初至中期，巴西政府建立的心理健康服务机构，包括精神病院、精神卫生中心和心理咨询服务机构等。此时的心理健康政策主要关注精神疾病的治疗和康复。20 世纪 70

年代，巴西开始重视心理健康预防和促进，在国家卫生计划框架下成立了心理健康行动部门，推广心理健康知识和技能，提高民众心理健康水平。20 世纪 90 年代，巴西全面推行社区心理健康服务，鼓励居民参与，推广社区心理健康教育和咨询服务，提高社区心理健康水平。

21 世纪初期，巴西颁布《心理健康法》，将心理健康政策纳入国家法律框架，强调心理健康权利和福利的保障，推广心理健康服务的平等性和可及性。2011 年，巴西政府启动“心理健康在学校”计划，旨在通过开展学校心理健康教育和服务，提高青少年心理健康水平。儿童青少年心理社会护理中心针对严重和持续的精神障碍，为药物滥用的中小学生提供护理。

巴西的心理健康政策重心从治疗到预防、促进和平等保障，逐步形成了以社区心理健康服务为基础、法律保障为支撑、全民参与为特点的现代心理健康服务体系，并且不断完善和发展。

三、巴西学校心理健康服务

（一）对学生心理健康的认识

尽管童年和青春期有时被认为是无忧无虑的幸福时期，但多达 20% 的中小学生患有可诊断的精神疾病。其中一项对巴西东南部 7—14 岁中小学生的研究发现，每 8 名在校学生中就有 1 人患有某种精神障碍，如器质性精神障碍或心境障碍，需要心理健康领域的专门护理。此外，巴西是参与联合国儿童基金会和盖洛普调查的 21 个国家之一，该项调查在《2021 年世界儿童状况》报告中的数据显示，在接受调查的 15—24 岁的巴西青少年和年轻人中，有 22% 的人表示他们经常感到沮丧或对做事没有兴趣。

随着巴西基础教育的普及，中小学生会在学校度过大部分时间，他们不仅学习文化知识，同时还学习社会行为技能。从这个意义上说，学习和行为不能与心理健康割裂，心理健康也不应与身体健康分开。

（二）为学生提供心理健康服务项目

1. 心理社会护理网络

由于学校目标和诊所目标不一致，因此公共卫生和教育系统之间的融合对于促进心理健康非常重要。早在心理社会护理网络成立之前，巴西已经于 2002 年成立儿童和青少年心理社会护理中心，针对患有情绪和精神障碍的未成年群体提供医疗服务。2011 年 12 月 23 日，卫生国务部长又提出第 3088 号条例，规定了促进融合的工作模式，并创建了心理社会护理网络（Psychosocial Care Network，葡萄牙语缩写 RAPS）。

2. 健康问题培训

SUS 虚拟学习环境（Ambiente Virtual de Aprendizagem do SUS，AVASUS）是卫生部远程教育平台，针对健康问题展开自我训练，为卫生工作者和专业人员提供资格认证和更新课程。卫生领域的专业人员和技术人员、健康专业的学生和管理人员以及公众通过在 AVASUS 注册获得免费课程和服务，只要开展活动并对课程评估做出回应即可参与。

3. 心理社会支持服务

为了给更多青少年提供心理健康服务或帮助，郎多尼亚联邦大学基金会为注册其课程的学生提供心理社会支持服务。该服务主要是在预防、信息和指导的基础上鼓励心理社会护理，帮助学生适应学校环境并促进学生发展。

四、巴西社会与家庭心理健康服务

中小学生的心理发展与家庭、学校和社会等多种背景因素之间都存在关联。巴西政府和众多社会组织，为巴西不同地区的中小学生提供多方面的心理健康服务。

（一）家庭方面

1. 专业保障中小学生心理健康

希伯来医学是儿科的一个亚专业，通常被称为青少年医学（根据世界卫生组织的数据，患者年龄在 10—20 岁）。其咨询形式有以下特点：一是相比于一般的儿科咨询，希伯来医学的咨询时间往往更长。二是在希伯来医学中，咨询需要有家长 / 监护人和青少年的共同参与，目的是将个人作为一个整体来对待。和儿科咨询不同的是，希伯来医学倡导青少年发挥主导作用，同时让家长或监护人提供消息。这样做的好处是，对于正在经历重要转变的儿童青少年，由于心理、社会和情感方面的变化未能及时处理或疏导而导致的风险，可以通过家长与孩子的整体参与得到有效解决。

希伯来医学专家通常是合格的专业人员，可以针对儿童青少年时期出现的身心变化和挑战，以适当的方式提供照顾、保护或者给出建议。这些医生经过特殊培训，能够帮助儿童青少年从儿科医疗服务过渡到成人医疗服务。希伯来医学专家接受的培训，使他们能够为年轻人提供舒适的检查和治疗，并促进和改善青少年与其家庭之间的沟通。

此外，自 2014 年以来，米内罗三角联邦大学医院一直在综合医疗保健中心为中小学生提供护理，为父母或照顾者，以及中小学生提供咨询服务。一般程序是先与家人交谈，然后单独与儿童青少年在一起讨论他们所遇到的生理、心理和社会方面的问题，通过倾听感知来访者在心理、情感等方面的变化，以便预防心理疾病的产生并进行干预。

2. 修改法案以加强对中小学生心理健康保护

精神病学家理查德·加德纳（Richard Gardner）提出了一个概念，即父母疏远综合征，在这种综合征中，“父母一方可以用一种报复性的方式，对孩子产生不好的影响，包括创造对性虐待的虚假记忆”。时任巴西总统雅伊尔·博索纳罗（Jair Bolsonaro）批准的2022年第634号法案，修订了2010年发布的与父母疏远有关的程序，以及1990年发布的儿童和青少年法规。该项立法确保儿童和父母在处理诉讼的法院或与司法部门签约的实体中可以协助探视，除非中小学生的身体或心理健康有迫在眉睫的风险。另外，法官将根据案件的严重性，在父母疏远的案件中适当使用权限撤销父母的家庭权力。由此，该法恢复了公众对保护中小学生心理健康的关注。[2]

3. 心理门诊服务

班德拉（Bandeira）服务可以使中小学生在家庭保健单位预约就诊。与心理健康有关的问题会引发中小学生抑郁症、恐慌综合征等疾病，而且这种状况会受到社交媒体传播的极大影响。因此，班德拉服务为中小学生提供心理咨询门诊，同时要求父母对一些轻微的迹象保持警惕，对青少年出现的一些心理情况，可在家庭保健单位预约。该门诊已经能够为15个城市提供服务。

（二）社会方面

1. 视听作品的指示性分类

2022年3月17日，司法和公共安全部承诺要“充分保障儿童青少年的心理发展权”，并通过国家司法秘书处对视听作品进行指示性分类。指示性分类是儿童青少年保护政策的一部分，不是审查视听作品，而是通过技术分析保护中小学生心理发展，并指导父母和监护人访问内容。

根据相关要求，使用自我分类确定临时年龄组的公共工程、产品或节目必须使用以下符号：AL 用于免费作品，A10 用于不推荐给 10 岁以下儿童的作品，A12 用于不推荐给 12 岁以下儿童的作品，A14 用于不推荐给 14 岁以下儿童的作品。

2. 使用互联网提供帮助和指导

巴西帮助热线（HelpLine Web Brazil）是帮助和指导中小学生安全和负责任地使用互联网的在线渠道。该沟通渠道主要通过聊天或电子邮件，由心理学家团队提供免费服务。一方面，为在互联网上有过尴尬经历或遭遇心理暴力而面临困难的中小学生提供事先指导；另一方面，为父母和教育工作者提供心理支持、相关信息和资源，更好地保护和照顾遭受过羞辱、恐吓、勒索、性暴力、强迫暴露性感照片或影像等经历的中小学生，并给出相应的提示和建议。[3]

3. 关爱遭受暴力的中小学生

2001 年创建的“关爱儿童青少年暴力受害者”计划为遭受暴力的中小学生提供服务，得到卫生部以及国家和市卫生秘书处的支持。该计划的目标是为家庭内或家庭外遭受暴力的中小学生提供跨专业或多专业护理。受众是尼泰罗伊市和周边地区 19 岁以下的中小学生，可通过权利保障系统机构和部门间网络，并基于自发需求转介到安东尼奥·佩德罗大学医院。

在该计划所提供的服务中，第一次评估由儿科医生和社会儿科医生确定是否有必要与妇科医生或其他专科人员预约；医生评估是否需要药物和是否要收集性传播感染测试结果；社会工作者为受害者及其家人提供支持和指导，确定受害者的风险和保护措施，以及环境造成的社会脆弱性等相关状况，并根据之前对每种情况的评估和研究编写报告和 / 或社会意见，提交给主管机构（如监护委员会，儿童、青年和老年人法院，检察官办公室等）。

五、巴西中小学生心理健康干预网络

巴西的中小学生心理健康干预由社区、学校与心理社会护理网络共同承担。除此之外，教育部还通过巴西医院服务公司网络与卫生部或各大高校合作，开展一系列针对儿童心理健康的项目，如远程服务（电话 / 视频咨询等）、制作针对家庭 / 社区 / 学校的心理健康培训课程、编写中小学生使用的心理健康自助手册等。

当中小学生出现一些轻度的心理健康问题时，可以先向学校的心理咨询师或社区心理健康中心求助，也可以拨打生命救援中心的电话。目前，巴西已有 23 个州覆盖了生命救援中心的免费通话热线，并且覆盖面还在继续扩大。

如果中小学生需要更深入的治疗或心理社会支持，可以寻求儿童青少年心理社会护理中心的帮助。该中心由巴西联邦政府和州政府共同资助，旨在为有心理问题或行为障碍的 2—18 岁儿童青少年提供援助。各地的儿童青少年心理社会护理中心由当地政府或卫生部门维护，一般会由多学科组成的团队为儿童青少年提供心理健康服务。

如有必要，中小学生会被转介到综合医院的心理健康科室，或由专业精神卫生保健团队接手。其中，一些 10—18 岁的中小学生如果需要持续的治疗或庇护（如牵涉到家暴等情况），可能被转介到儿童青少年收容所，接受最长六个月的保护。

六、巴西心理健康服务机构及保障

（一）组织机构

巴西政府设立国家机构统筹相关部门支持中小学生心理健康的服务与研究。同时，巴西多地成立了社会服务协会与组织，为中小学生的心理健康服务提供资源支持。

1．政府部门与国家机构

一是巴西卫生部。卫生部是对巴西国家心理健康政策进行协调和规划的主要部门，旨在组织对有特殊心理健康治疗和护理需求的人提供援助和指引。除了援助行动，卫生部还积极参与预防与心理健康和药物依赖相关的问题，例如，通过与生命救援中心签署协议实施自杀预防计划，该计划将在全国范围内提供免费电话服务。

二是巴西各地心理社会护理中心。巴西在心理健康援助领域的指导方针和策略由联邦政府、州和市政府共同实施。心理健康服务由全国各地的心理社会护理中心为儿童青少年和成年患者提供多专业的咨询与诊疗，且根据每个患者的健康状况提供相应治疗。儿童青少年收容所为10—18岁儿童青少年提供24小时不间断的卫生保健服务，为因吸食可卡因、酒精和其他药物的青少年提供住宿环境。在这些机构中，设置了多专业团队，能够根据实际情况采用不同的干预措施和治疗策略，如心理治疗、精神病学临床随访、职业治疗、神经心理康复、治疗研讨会、辅助药物治疗和家庭护理等。

2．社会服务协会与组织

一是生命救援中心。该中心于1962年在圣保罗成立，是一个免费的志愿服务机构，为所有希望和需要倾诉的人提供情感支持和自杀预防服务，个人信息完全保密且匿名。中心志愿者通过电话、电子邮件、聊天室和面谈等方式为需要帮助的人提供咨询服务。该机构是一个非营利性、慈善性民间协会，汇集了世界各地的类似组织，并参加了卫生部国家预防自杀政策起草的工作组，自 2015 年起与卫生部签署合作协议，从而得以在全国实施免费预防自杀热线。除了提供咨询，生命救援中心还在全国各地开展与预防自杀相关的其他活动，向社区开放，鼓励人们认识自我，更好地与群体和自己共处。

二是巴西精神医学协会。该协会是巴西精神病学医师学会，成立于 1944 年，通过提供自杀预防的培训和教育，培养医疗专业人员的危机干预和自杀预防能力。

三是预防自杀生命研究所。它是一个非营利自杀预防组织，成立于 2002 年。该机构通过提供咨询服务、发起公共宣传活动、培训专业人员、组织支持小组等方式，为高自杀风险人群提供援助。

（二）资金保障

巴西卫生部正在增加社会心理护理网络的投资。2023 年，巴西卫生部投资超 2 亿雷亚尔，旨在加强巴西全国统一卫生系统心理健康网络的护理工作。这笔资金划拨给全国 2 855 个社会心理护理中心和 870 个住院治疗服务机构。除投资外，卫生部还批准了新的服务项目，以扩大全国社会心理护理网络。自 2023 年 3 月以来，新增了 27 个社会心理护理中心、55 个住院治疗服务机构、4 个接待单位和 159 个综合医院床位。为支付这些新服务的费用，每年将投入 3 200 多万雷亚尔。

七、巴西心理健康服务中的信息化手段

（一）“心理健康地图”提供心理服务

“心理健康地图”由生命呵护研究所于 2013 年创建，面向全国各地

的公共心理健康服务，借助网站（mapasaudemental.com.br）平台，由非政府组织、慈善机构、学校诊所等机构通过志愿者提供免费接待和护理服务。该网站将心理健康相关项目带给公众、卫生工作者和特定群体，如妇女、老年人及患有某些身体疾病（如癌症）的患者。此外，该网站还提供有关何时寻求帮助、人们的权利是什么、如何获得帮助以及如何识别某人是否需要心理支持的常识。目标是将遭受精神困扰的人们与在线或所在地区提供的护理服务联合起来。

（二）“远程医疗”监测

圣保罗州政府全力推进“互联网 + 智慧医疗”发展，取得了积极成效。圣保罗市十余家医疗机构开展了远程诊疗，同时还开设在线心理咨询、健康防护问答等板块，让患者在第一时间得到医疗帮助。远程医疗最常服务的疾病之一是精神障碍。这种远程医疗是一种先进的患者监测流程，包括非面对面会议，旨在为医护人员更新服务指南，从而安全地为患者提供心理服务。它不仅能使患者持续得到照顾，还能使不接受常规方法的人获得远程治疗机会，因为它使治疗过程中的交流更便捷。[9]

八、巴西天才儿童心理健康状况及针对性工作

根据 2020 年的学校普查，巴西有 24 424 名高能力 / 天才学生接受特殊教育，实际数字可能更高。世界卫生组织称，巴西有 5% 的人口具有某种高能力或天赋。根据巴西教育部的数据，如果将基础教育中的 4 700 多万名学生计算在内（2020 年学校普查），这一群体中应包括约 230 万名天才 / 资优学生。

关于巴西天才儿童的心理健康问题，并没有专门的研究或调查，但有

一些专家和研究者表示，天才儿童面临学习和竞争的极大压力，可能会导致心理健康问题。内哈特（1999）的研究指出，天才儿童优异的认知能力和敏锐的感官使他们更为敏感。父母和教师的高期望也会给他们带来更高的压力和对失败的恐惧，使他们更容易抑郁、焦虑、易怒和表现出较高的自杀倾向。此外，天才儿童往往也面临适应社会与平衡家庭和学业生活的挑战，这也可能会影响他们的心理健康。因此，一些心理学家和教育专家表示，有必要为天才学生及其家庭提供指导，有必要建立一个教育体系，承认并关注这些学生在智力、社交和情感等不同方面的需求。

参考文献：

[1] UNICEF. The State of the World's Children 2021 on My Mind: Promoting, protecting and caring for children's mental health [EB/OL]. (2021−10) [2023−10−10]. https://www.unicef.org/reports/state-worlds-children-2021.

[2] Secretaria-Geral. Projeto de Lei modifica procedimentos relativos à alienação parental [EB/OL]. (2022−05−19) [2023−11−01]. https://www.gov.br/secretariageral/pt−br/noticias/2022/maio/sancionado-projeto-de-lei-que-modifica-procedimentos-relativos-a-alienacao-parental.

[3] Ministério dos Direitos Humanos e da Cidadania. SaferNet apresenta ferramenta para orientar crianças e adolescentes vítimas de crimes cibernéticos [EB/OL]. (2013−12−05) [2023−05−14]. https://www.gov.br/mdh/pt-br/sdh/noticias/2013/dezembro/safernet−apresenta-ferramenta-para-orientar-criancas-e-adolescentes-vitimas-de-crimes-ciberneticos.

第十章

墨西哥中小学心理健康教育与服务

近年来，墨西哥未成年人的心理健康问题日益严重，已经成为政府、社会、家庭和学校普遍关注的重要议题。由社会经济地位不平等、高犯罪率和不良家庭环境等因素所导致的心理健康问题给未成年人的学习和生活带来了广泛的负面影响[1]，同时也给学校和社会造成了很大压力。因此，如何加强中小学生的心理健康指导和服务成为当前墨西哥教育改革和发展的重要目标之一。

一、墨西哥中小学生心理健康问题的主要类型和成因

（一）墨西哥中小学生心理健康问题的主要类型

由于从儿童到青春期是个体生理、心理、情感和社会性发展的关键时期，而大多数中小学生都与他们的原生家庭共同生活，因此儿童期和青春期的家庭生活经历和社会经验会对个体成年后的发展产生重要影响。研究表明，墨西哥中小学生心理健康问题的类型呈现出多样化特点，存在多元的心理健康风险因素，其中包括学业焦虑、不良人际关系和亲子关系、亲子沟通障碍、对未来前景的担忧以及来自家长过高期待而产生的心理压力。[1][2][3]卡拉维欧（Caraveo）等人针对墨西哥儿童心理健康的研究发现，3—12岁儿童的精神障碍患病率高达16%—20%。2005年进行的一项

基于社区的流行病学调查发现，约有 40% 的 12—17 岁青少年患有不同程度的心理健康问题。另有研究发现，墨西哥学龄儿童所经历或面临的心理和行为问题对其人际关系乃至学业成就产生了显著的负面影响。[2]

在墨西哥的中小学校园中，常见的心理健康问题包括焦虑、抑郁、自卑、自杀意图和尝试等。[1][2][3] 首先，焦虑和抑郁等内化或情绪障碍是墨西哥社会较为普遍的心理健康问题。研究数据显示，约有 25% 的墨西哥未成年人存在心理健康问题，其中焦虑占比较高[3]，影响着 14.2% 的儿童。早期的焦虑症状与不良行为、药物滥用、辍学风险以及未来抑郁症的发展有关[2]。同时，墨西哥儿童的抑郁症患病率约为 2%，而在青少年群体中抑郁症患病率则达 4%—7%，这种增加的趋势不仅揭示了随年龄增长抑郁症风险的升高，也预示着可能与长期负面的心理和功能后果相关。有调查显示，墨西哥 12—17 岁青少年的重度抑郁症发病率为男生 2%，女生 7.6%。2019 年的一项研究表明，14.86% 的墨西哥高中生被诊断出不同程度的抑郁症状。截至 2023 年 5 月，根据墨西哥的相关调查数据，几乎有一半的墨西哥儿童正在经历不同程度的焦虑或抑郁症状。最近的研究表明，这些问题会随着时间的推移而不断加剧。[4] 除了给中小学生自身及其家庭造成痛苦，焦虑和抑郁症也给整个墨西哥社会带来了高昂的经济成本，包括直接的医疗费用，以及由于心理健康问题导致的学业中断和暴力犯罪率上升等间接成本。因此，对于上述这些心理健康问题进行早期预防和干预计划至关重要。[5]

其次，在自杀意图和尝试行为上，墨西哥中小学生的自杀率一直在上升。2007 年的一项研究表明，1990—2000 年，墨西哥 5—14 岁的儿童和 15—24 岁青年的自杀率持续增加。2003 年的一项自杀行为调查数据显示，青少年自杀率占总人数的 17%。2008 年的一项调查发现，墨西哥初中生和高中生自杀尝试的比例存在差异，前者为 1.4%，而后者为 2%。2018

年的一项调查表明，在墨西哥城市区域的青少年中，有 11.5% 的人有过自杀意念，3.9% 的人存在自杀计划，3.1% 的人尝试过自杀。2010 年一项研究预测高中生有自杀尝试和意念的比例为 9%，但在 2021 年的研究中，高中生自杀率为 3.4%—4.3%。在性别差异方面，女性未成年人比男性更容易出现心理问题，女性中学生尝试自杀的比例显著高于男性，女性报告自杀意念和自杀尝试的可能性更大[1]，约有 32% 的女性未成年人存在心理健康问题，而男性未成年人仅占 20%，研究者认为这种差异可能与社会文化因素有关[4]。

（二）墨西哥中小学生心理健康问题的主要成因

相关研究数据显示，墨西哥中小学生心理健康问题主要由社会经济地位不平等、高犯罪率、不良家庭环境和亲子关系紧张等因素导致[1]，加上政府精神卫生政策预算投入不足，导致资源稀缺且分配不均，获得服务困难，许多未成年人无法获得及时的心理支持和干预。相关报告指出，墨西哥存在心理健康问题的青少年中只有 14% 得到了帮助。[4] 除了已提到的影响因素，中小学生心理健康及其自杀倾向还显著受到他们所处环境中的人（如同伴、教师和家长）对其学业成绩的反应和态度的影响。事实上，学业成绩与未成年人的心理健康状态之间有着紧密的联系。

二、墨西哥中小学生心理健康政策

墨西哥政府为了改善卫生设施、预防传染病、促进儿童总体健康，降低中小学生死亡率，实施了一系列公共卫生计划和立法。1990 年，拉丁美洲国家签署《加拉加斯宣言》，促进对精神障碍患者人权和公民权利的尊重，并对精神科护理进行重组，从以精神病院为基础的模式转向社区护理替代方案。2007年，墨西哥通过《2007—2012年国家卫生计划》。该计划提出五个目标：一是改善人民整体的健康状况；二是通过针对弱势群体和贫困社区的干预措施，减少健康方面的差距或不平等；三是提供优质、安全的卫生服务；四是避免居民因健康原因陷入贫困；五是确保健康有助于消除贫困、促进国家社会发展。

随着公众对心理健康服务需求的增加，特别是针对弱势中小学生群体不断增长的需求，墨西哥政府开始逐年提高对学生心理健康教育的重视程度，并在政策、管理和制度等方面采取了一系列措施。截至2020年9月，墨西哥32个实体和联邦共有51份关于心理健康和自杀的法律制度文件，其中在联邦层面，卫生部发布的技术标准中定义了自杀行为的护理指南，自此有14个州制定了心理健康法，2个州制定了自杀法。[5]如2007年实施的《促进和预防改善健康国家战略》，其总体目标是通过预防性措施减少疾病和伤害对个人、家庭、社区和整个社会的影响。该战略包括促进健康、预防和控制健康风险以及早期发现疾病的创新行动。该战略的预期目标不仅包括避免死亡，降低发病率，还着眼于提高公民生活质量和福祉指标，强调确保人们能够控制影响其生理和心理健康的各种因素，涵盖从社会和环境因素到个体行为的广泛领域。2019年11月20日，墨西哥出台《心理健康法》。[5]该法的主要目的是提供一个全面的框架，旨在改善国家的心理健康服务，包括加强对心理健康问题的预防、早期干预、治疗和康复服务，同时确保心理健康服务的普遍可及性和质量。此外，《心理健康法》还强调心理健康教育的重要性，旨在提高公众对心理健康问题的认识和理解，减少与心理健康相关的污名和歧视。通过这些措施，该法致力于建立一个更加全面和有效的心理健康支持系统。2021年，墨西哥教育部还推出《学校心理健康教育教学指导手册》，旨在提高学校心理健康教育的质量和水平，为学生提供更优质的心理健康服务。

尽管近些年墨西哥卫生医疗体系取得了一些进展，但目前面向中小学生的医疗服务和资源仍然缺乏，尤其是在心理健康服务方面，问题更加严峻。根据墨西哥儿童精神病学协会的统计数据，仅有 5% 的中小学生能够接受心理健康专家全职或兼职的咨询服务。墨西哥的心理健康护理系统及相应的支持、服务和治疗系统存在明显的资金短缺和发展乏力等问题，这导致大多数墨西哥公民无法获得有效和高质量的心理健康服务。

三、墨西哥学校心理健康教育服务

（一）基于学校心理健康教育的社会情感培训

除了在国家和政策层面的举措，墨西哥教育主管部门还积极在学校推进社会情感培训，使之成为促进未成年人心理健康的一项重要举措。[6]该项目将学校作为主要培训基地和平台，结合社会责任感、心理健康和身体健康护理三个方面，积极开展各种健康课程和活动，并将心理健康教育跨学科融入日常课堂和学校生活中。除采用参与式和互动式教学策略外，学校还引入同伴活动，通过小组讨论、团队项目和角色扮演等形式，加强同龄人之间的互动，促进学生之间的交流、合作和支持，从而培养学生的社交技能、情感认知和情绪调节能力。

该项目还提出以情绪调节练习、互动和反思会议等形式对学生进行心理健康教育的策略。情绪调节练习是教师在课堂上通过呼吸调节、身体伸展或正念技巧等方式，帮助学生调节因考试、家庭或人际关系问题等导致的情绪问题的有效方式，能够积极预防情绪问题发展成为更严重的心理健康或精神疾病。互动研讨会为学生提供了心理健康的相关知识，发展学生的社会情感技能，引导学生建立平等、公正和紧密的社会关系，作为预防抑郁、欺凌、药物滥用等问题的有效手段，同时也可以及时了解和识别学生的需求，使他们感到被倾听和认同，从而减少心理问题的发生。

2012年实施的西班牙语版“生命之友”（Friends for Life）干预训练[7]也是墨西哥在中小学生心理健康干预方面进行的重点项目之一。该项目为期六个月，采用认知行为技术，培养墨西哥小学生对心理问题的积极应对策略，从而预防和减少焦虑、抑郁症状，培养社会情感技能。该项目在墨西哥北部焦虑症患病率最高的三个城市之一的8所学校实施，随机选取1 030名8—13岁4年级和5年级学生，并将其随机分配到干预组和标准课程教学组。

该项目结合生理、认知和行为策略来帮助中小学生应对压力和担忧。行为干预部分包括个体对自身感受和想法的监控、非正式教育环境下的心理健康促进活动或自我探索活动、心理意象暴露以及放松训练。在认知干预部分，重点在于指导学生认识并理解自己的心理感受和认知过程，以及它们之间的互动关系。这涉及如何将个体的情绪体验与其认知模式联系起来。认知干预部分还帮助学生识别和调整他们的错误认知模式以及因与自身实际经验或自我认识不协调而产生的负面思维，包括自我怀疑、自我否定或对自身能力的低估，同时鼓励建立社会支持团体并培养对多样性的尊重，为学生提供一个相互支持和理解的环境，帮助他们在面对困难时找到更多的资源和解决策略。项目的实施方式和技巧包括小组讨论、实践活动和角色扮演。有15位教师参与并实施了干预训练，另有16位教师担任对照组的日常教学。

课程还为家长举办两次信息发布会，每次约1.5小时，目的是向家长介绍课程中所教授的技能和技巧，强调家庭和同伴支持在促进学生心理健康方面的重要性。通过这些信息发布会，家长不仅获得关于课程内容的深入理解，还能学会如何在家庭中支持和实践这些技能，以加强他们在促进孩子心理健康和发展方面的参与和效果。结果表明，该项目能够有效减少焦虑症状，降低抑郁风险并提高积极应对技能，有助于预防焦虑和抑郁症，这一结果也与其他研究人员的研究结果相符，意味着由学校教师提供的心理问题预防是一种有效的干预方式，可以在相对较短的时间内惠及大量儿童，有助于提高策略的成本效益，因此具有额外优势。

（二）提高教师的心理健康素养

社会情感培训强调教师在相关课程实施中的重要作用。需要教师认识到这些活动与心理健康的相关性和重要性，并积极参与其中，以加强学生心理健康教育的实际效果。教师的参与可以提供实际的支持和指导，帮助学生更好地理解和应用所学的社会情感技能，并在需要时提供必要的反馈。教师还可以引导学生反思和评估他们在合作项目中的表现，帮助他们发展自我意识和自我管理能力，并鼓励他们相互合作，共同参与心理健康问题的干预过程。

除此之外，政府和学校都认识到提升教师心理健康教育专业素养的重要性，因此积极采取措施，开展相关的培训和工作坊，以提供教师所需的心理健康课程和技能培训，提高教师更好地应对学生心理健康问题的能力。2022 年，墨西哥国家工作人员社会保障和服务研究所在全国范围内实施了综合心理健康计划，加强对中小学生抑郁症状的预防和治疗。该计划在全国 1 400 多个医疗单位得到实施，并与公共教育部合作，向超过 25 万所学校的教师提供自我心理保健的技能培训，进而惠及 2 500 万名中小学生。该计划已于 2021—2022 学年生效。

2016 年，墨西哥坎佩切州卫生部在两个城市推出了一项心理健康护理教学培训计划，该计划的目标是提升教育从业者的心理健康知识和能力水平，使他们能够更好地理解和应对抑郁症、自杀意念和自杀、风险和保护因素、复原力以及沟通自信力等问题，为存在心理健康问题的青少年和成年人提供专业支持，共有157名宣传员接受了这项培训。此外，该计划在坎佩切州范围内为教育从业者提供长期的学习培训机会，通过全州范围内的推广，扩大教育从业者对心理健康问题的认识和理解，并提高心理健康服务的质量和可及性。

四、墨西哥社会与家庭心理健康指导服务

解决中小学生的心理健康问题还需要全社会的共同努力。除学校提供的心理健康教育外，家庭和社会的心理健康服务在提高中小学生心理健康素养方面也起着重要的补充作用，它不仅仅是为了解决已经存在的心理健康问题，更是为了预防问题的发生和提供及时的干预。

（一）针对未成年人心理及情绪问题的家庭指导

家庭是中小学生心理健康的第一道防线，是他们成长和发展的重要支持性环境。家长在家庭中扮演着关键的角色。通过营造良好的家庭氛围、提供情感支持和倾听孩子的需求，父母能够帮助孩子培养积极的心理健康态度和行为习惯。同时，家长还可以通过与学校和社区的合作，获取相关的心理健康知识和资源，更好地支持孩子的成长。墨西哥基础教育副秘书处为家长和成年人提供了针对儿童在各个成长阶段（学前、小学和中学）的教育支持指南，通过协助家庭教育，帮助中小学生提高社交情感和情绪管理能力，以促进家庭成员间的良好沟通，预防心理和情绪问题。此外，指南的实施也能够加强社区的合作与协调，促使学校、家庭和相关机构共同关注中小学生的心理健康问题。

（二）基于社会层面的心理健康工作

墨西哥“生命线市民服务中心”从1999年成立以来，提供365天全天候24小时热线咨询服务，为公众提供心理健康的相关信息与资源，并提供情绪危机处理的短期干预。对于较严重的病例（如有自杀风险），该机构则提供转诊和转介服务，以便帮助有需求的人对接专门的健康中心进行面对面干预。

线下治疗服务有医疗系统的公共服务和私营门诊。公共服务是由正规经济部门和政府工作人员为没有社会保障的人提供社会保障和服务的机构，中小学生可以从这些公共机构获得免费的医疗服务，覆盖范围是7年级到研究生阶段。例如，墨西哥州卫生部综合心理健康中心就是提供各种心理疾病预防和门诊治疗的综合服务机构，同时会在患者需要时将其转介到相关医疗机构。私营门诊为有支付能力的人提供服务，墨西哥城综合心理健康中心作为一家心理健康专业服务机构也提供相关干预措施和策略，该机构旗下的中小学生诊所，孤独症谱系障碍诊所，精神运动治疗、语言治疗和学习诊所，均为中小学生提供心理护理、心理运动、语言和学习矫治，中小学生可以在监护人的陪同下前往就诊。此外，该中心特别注重精神障碍儿童青少年的心理和精神问题的普及宣传、早期诊断、及时治疗和康复。

五、信息化在墨西哥心理健康服务中的应用

信息化技术在心理健康服务体系内的广泛应用也成为墨西哥心理健康事业发展的新趋势。通过全面深化和推广信息技术的应用，墨西哥心理健康服务体系在可及性和有效性方面取得了显著提升，为进一步促进中小学生心理健康水平发挥了积极作用。其中最突出的项目是开展国家心理健康

和成瘾问题远程辅导计划。该计划旨在向国家一、二级卫生保健人员分享有关精神疾病诊断和治疗的实用知识，并为其提供临床实践中的建议和指导，从而提升相关从业者的心理健康专业水平，减少卫生保健人员在心理健康护理方面存在的不足和差距。值得一提的是，这个计划对公共部门的卫生保健人员完全免费，具体以每周一次线上会议的形式进行，并由来自国内不同机构的心理健康专家组成多学科教学小组，通过对各种相关主题的回顾和真实临床案例的讨论，为基层保健人员提供指导和培训，其中也包括对中小学生心理健康评估和干预措施的指导。

六、趋势与挑战

总体而言，墨西哥中小学生心理健康服务体系仍处于不断发展与完善的过程中，具有以下几个特点。一是政府和相关机构对中小学生心理健康的重视程度逐年提升。墨西哥政府已经意识到中小学生心理健康问题的严重性，并制定了相关政策和法规，以加强心理健康服务保障。二是多元化的服务模式得到了一定程度的推广和应用。除了传统的面对面咨询和干预治疗，墨西哥也在推动远程心理健康服务体系的建立和完善，并充分利用信息技术实现线上咨询和心理支持，提高服务的可及性和灵活性。三是跨学科合作成为提升中小学生心理健康服务质量的关键。墨西哥包括心理学家、教育工作者、医生和社会工作者在内的各领域专业人士，通过经验分享和合作研究，共同致力于中小学生心理健康的筛查、评估、诊断和干预治疗。

墨西哥中小学生心理健康服务体系也面临诸多挑战。一是在心理健康领域的资金投入相对较少，进而限制了服务内容、可及性和范围的扩展。如何解决财政和资金投入以提供更多经费用于心理健康服务的建设和运营，是墨西哥心理健康服务面临的一项重要挑战。其中包括增加心理健康设施和机构的数量、进行设备和技术的更新以及增加专业人员的岗位和培训。还应考虑建立资助计划，为经济困难家庭提供心理健康服务的经济支持，确保所有中小学生都能够获得平等和无障碍的心理健康服务。二是心理健康服务的质量和专业性不足。培养更多合格的心理健康专业人员，加强专业培训和持续教育，提升服务的质量和效果已经成为政府的重要工作之一。墨西哥有关教育部门已经充分认识到，减少中小学生的心理健康问题需要形成跨领域和跨部门的合力。家庭、学校、社会以及相关机构和个人都应该加强沟通与合作，共同关注中小学生的心理健康，并提供必要的支持和干预。这样的共同体可以为中小学生创造一个积极和支持性的环境，促进他们的心理健康发展，预防问题的发生，并及时干预和解决已经存在的问题。三是在加强中小学生心理健康问题的预防和早期干预方面有待提升。如何为中小学生打造友好型心理健康服务共同体是墨西哥政府和社会继续探索的问题，也是心理健康服务工作未来的重点和发展趋势。

参考文献：

[1] Borges G, Benjet C, Medina-Mora M E, et al. Suicide ideation, plan, and attempt in the Mexican adolescent mental health survey [J]. Journal of the American Academy of Child & Adolescent Psychiatry, 2008, 47 (1): 41–52.

[2] Patel V, Sumathipala A. International representation in psychiatric literature: survey of six leading journals [J]. The British Journal of Psychiatry, 2001, 178 (5): 406–409.

[3] Bautista C F, Velázquez J V, Icaza M E M M, et al. Sociodemographic and personal factors related to depressive symptomatology in the Mexican population aged 12 to 65 [J]. Brazilian Journal of Psychiatry, 2012, 34: 395–404.

[4] Benjet C, Borges G, Medina-Mora M E, et al. Youth mental health in a populous city of the developing world: results from the Mexican Adolescent Mental Health Survey [J]. Journal of Child Psychology and Psychiatry, 2009, 50 (4): 386–395.

[5] Valdez–Santiago R, Marín-Mendoza E, Torres-Falcón M. Análisis comparativo del marco legal en salud mental y suicidio en México [J]. salud pública de méxico, 2021, 63 (4): 554–564.

[6] Ippolito–Shepherd J, Mantilla Castellanos L. Fortalecimiento de la Iniciativa regional escuelas promotoras de la salud: estrategias y líneas de acción 2003–2012 [J]. Promoción de la Salud, 2003 (4): 13–23.

[7] Gallegos J, Linan-Thompson S, Stark K, et al. Preventing childhood anxiety and depression: testing the effectiveness of a schoolbased program in Mexico [J]. Psicología Educativa, 2013, 19 (1): 37-44.

第十一章

阿根廷中小学心理健康教育与服务

阿根廷是南美洲第二大国家。作为拉美地区综合国力较强的国家，阿根廷政府十分关心中小学生身心健康发展，同时也注重识别和发展每一位学生的潜能。联合国2021年度报告显示，世界范围内的心理健康问题包括行为问题和情绪问题。这两方面的问题在阿根廷也同样突出。人际关系问题、同辈不良习惯、一些新旧观念碰撞产生的冲突、家庭的过高期望等，都是影响阿根廷中小学生身心健康的潜在因素。随着民众对心理健康服务的需求逐渐增加，尤其是处于弱势的中小学生群体的需求愈加紧迫，阿根廷政府部门顺应时代发展，从政策及法律上进行调整，出台了一系列政策规范精神疾病患者的护理与治疗，保护包括儿童青少年在内的弱势群体的合法权益，加强对民众的心理健康服务。阿根廷从政府、学校和社区三个方面全力为中小学生营造充满关怀和友爱的支持网络。

一、阿根廷中小学生心理健康问题类型

一是行为问题。如自杀、物质滥用、青少年女性怀孕等。在阿根廷，自杀是青少年死亡的第二大原因，仅次于交通事故。在过去20年中自杀率增长了4.7%，根据报告，每6个青少年中就有1个曾尝试自杀。除此

之外，据阿根廷国家毒品综合政策秘书处2017年的调查研究显示，在13—18岁阿根廷青少年中，大约有二分之一、三分之一和7.8%的人分别报告一个月内使用过酒精、烟草和大麻。青少年女性是指10—24岁的女性，怀孕和生育是导致该群体人口死亡的第三大原因。青少年怀孕一直是威胁青少年健康的重要因素，近20年来青少年生育率一直居高不下。每1 000个活产婴儿中，有64位的母亲是青春期女性，每年有2 500个婴儿由15岁以下的女孩生出。

二是情绪问题。如抑郁、焦虑等问题。青春期是焦虑症状和综合征发展的主要风险阶段，其范围从轻微的短暂症状到完全的焦虑障碍。2018年阿根廷全球学校学生健康调查发现，在女孩中，焦虑诱发的睡眠障碍的患病率为17.4%，男孩为7.9%。

二、阿根廷心理健康政策发展沿革

（一）关注心理健康并扩大心理健康服务

1942年阿根廷精神分析协会成立，心理治疗开始作为公共议程上的一个主题。阿根廷心理健康运动由此开始得到关注，并获得了政府及相关部门的支持。20世纪50年代，由于精神分析得到迅猛发展，心理健康运动的影响逐步提高。阿根廷执业心理学家的数量一直在增加，在接下来的10年增长了约40%。心理治疗已经不是富裕阶层的专有物，国家医疗体系内的一些精神分析人员会为普通患者提供免费咨询和治疗，并且一般工会会员的保险计划均包括每年几十次的心理治疗费用，所以每周看两次心理专家的费用对于大多数阿根廷人来说都是负担得起的。

（二）立法保障中小学生健康权

20世纪90年代，阿根廷政府签署《儿童权利公约》。该公约是阿根廷共和国儿童健康权的主要框架，也是批准新的法律和制定充分享有健康权相关条例需要依据的国家方案，同时也负责筹建旨在促进儿童、青少年、老年人和家庭权利的管理机构。该机构包括三个关键部门：国家儿童、青少年和家庭秘书处，联邦儿童青少年和家庭委员会，以及儿童青少年权利保卫处。1994年，阿根廷将《儿童权利公约》纳入国家宪法，承诺将以人权为基础的“权利保护范式”纳入其中。这种模式要求承认青少年群体是与其他所有人享有同样权利的公民。这意味着不再对个体采取行动，而是针对他们所处的具体情况采取行动，以促进他们的自主发展并能够直接行使自己的权利。《儿童权利公约》一直在不断完善和发展。例如，2005年规定，法律保护女童、男童和青少年的权利主体身份以及全面健康权，青少年的健康权包括处理其性健康和生殖健康问题；同时还保障包括青少年在内的所有人享有精神健康保护的权利和患有精神疾病的人充分行使人权的权利。

由于社会对青少年健康状况缺乏深入了解，青少年害怕在性健康和生殖健康方面的咨询被看见，再加上经济因素的影响，青少年获得保健服务的机会不够。2012年，国家卫生部为了降低孕产妇、儿童青少年死亡率，出台国家青少年综合保健方案，此后青年群体加入该方案的咨询委员会，又创建了青少年和青年理事会，研究与青少年综合保健相关领域的问题。该理事会的成立进一步巩固了青少年和青年获得保健权利的公共政策的落实，并取得了一定成效。

（三）实施心理健康战略与政策

阿根廷还推出一系列针对青少年和青年人的战略和公共政策，其中包括：推出2019—2023年青少年健康战略计划、预防青少年意外怀孕国家计划；综合处理自杀和自残问题；将性别观念和增强青少年男子气概纳入心理健康教育；促进中学和其他社会教育领域的综合保健咨询机制的建立和完善；成立青少年和青年健康咨询委员会等。

2022年4月，阿根廷宣布实施国家心理健康战略，扩大远程保健和以社区为基础的保健，以便更好地改善民众心理健康。该战略针对青少年自杀、性别暴力及学业压力等问题，提出继续在《打击基于性别暴力国家行动计划》的框架内进行心理健康培训，进一步加强《预防自杀法》在各省的实施，更新与《国家精神卫生法》相关的本科课程。

三、阿根廷学校心理健康服务

（一）提供学校保健咨询服务

2007—2018年的一项调查发现，青少年女孩有五项心理健康指标显著增加，即自杀计划、孤独、自杀意念、没有亲密朋友和焦虑引起的睡眠障碍。为此，阿根廷开始提供学校保健咨询服务，实施促进性别平等的预防自杀保健方案，并在全国推广。学校保健咨询服务主要包括：为青少年提供心理健康资源；为青少年提供安全空间以获得心理健康相关信息，帮助他们学会表达情绪以及担忧；为青少年提供解决日常危机的工具和方法；建立青少年与成年人的信任。该服务在64所中学实施，惠及15 800名青少年，至2020年已扩大到3 000所中学。

（二）加强青少年心理健康人才智库建设

联合国儿童基金会在阿根廷8个省实施了预防青少年自残行为文凭证书制度，并为高中综合健康顾问编制了自杀干预培训模块。阿根廷政府支持加强青少年心理健康方面的人力资源建设，给经过培训的专门针对预防青少年自杀自残行为的学校保健咨询人员颁发证书，鼓励他们进一步为提高中小学生心理健康水平提供服务。此外，为加强青少年心理健康人才智库的建设，阿根廷国家卫生部出台一系列措施，包括吸收不同学科的专业人员，提供专门从事社区心理健康的技术援助，如心理学家、精神科医生、社会工作者、护士、职业治疗师、音乐治疗师等；培训国家公共行政部门全体人员，学习《国家精神卫生法》；为不同级别的精神卫生保健工作小组提供培训等。

（三）建立国家级学校卫生保健方案

为制定并加强卫生与教育之间的综合护理政策，积极应对中小学生的护理需求，推动疾病预防和健康促进行动，加强国家卫生部和教育部之间的衔接，阿根廷推出国家级学校卫生保健方案，将学校保健的概念重新定义为“对中小学生的综合照料”，促进中小学生获得保健机会，将中小学生视为权利主体，国家作为保障者。[1] 该方案的服务对象是中小学生。其具体内容包括：在初级卫生保健战略中制定国家学校卫生计划；通过综合健康监测确定中小学生的健康状况，并跟进和解决发现的问题；促进学校中小学生获得一级护理并与二级、三级护理衔接；协调卫生部和教育部在国家、省和地方各级的联合行动，提升中小学生的整体健康水平；促进“中小学生护理政策”；与教育界一起促进和发展健康行动，促进人类整体发展，提高中小学生以及社区其他成员的生活质量和集体福祉。

（四）加强对大学生的社会心理支持

为了给大学生提供社会心理支持，国家卫生部和教育部提供指导方针、教育和宣传材料，从教学方法和促进心理健康的角度，从权利和整体健康的角度加强公办大学和私立学校的精神卫生保健并对教师开展培训，从教学角度关注教育领域相关问题的预防和护理，从而维护学生的心理健康和权利。2022 年，国家卫生部长卡拉·维佐蒂（Carla Vizzotti）在布宜诺斯艾利斯大学社会科学学院总部发起了“倾听空间”倡议，作为在《联邦精神卫生综合方法战略》框架内推行的一部分，该倡议包括在大学社区与卫生保健系统之间建立交汇点，以识别特定疾病并加强与卫生系统的联系。为了促进在日常学校生活中和患有精神健康问题的特定情况下的积极倾听，倾听空间积极组建在卫生系统和教育部门间的合作。为保证精神卫生保健的可用性，开展针对大学社区的陪伴和指导，倾听空间在大学环境中创建了健康团队，成为大学社区（学生、教师和非教师）与心理健康之间的交汇点。

（五）重视教师心理健康，重视与家长的交流

在守护青少年心理健康的过程中，学校和家庭扮演着重要角色。在布宜诺斯艾利斯市，学校十分重视教师心理健康监测，教师在应聘时需提供心理健康证明，部分学校还为教师提供心理咨询课程，以保护其心理健康。同时，许多学校重视与家长的沟通，帮助家长了解孩子的心理发展特征，并掌握基本的危机预警知识和干预措施。

四、阿根廷基于社区的心理健康服务

阿根廷通过跨学科精神卫生小组建立全国范围内的地区联合行动，通过社区服务加强精神卫生的促进、预防和护理工作。其主要目标是使医疗资源更接近被需要的地方，与社区组织、学校、俱乐部等建立社区门诊网络，并通过家庭干预，促进家长与社区联动，改变他们对心理健康问题的

看法并参与活动。

（一）实施联邦心理健康综合方法战略

联邦心理健康综合方法战略主要包括整合培训项目、创建社区心理健康文凭、创建倾听空间、开发检测心理健康的游戏等。

一是整合培训项目。整合12个新的心理健康跨学科的住院医师培训项目，用以培训专门从事社区精神卫生工作的人员，在学科空间和跨学科空间培训精神科医生、心理学家、社会工作者和护士。

二是创建社区心理健康文凭。该战略计划从西北、东北部、巴塔哥尼亚和中部四个地区各招募350名共1 400名学员，借助网络，通过跨学科专业人员支持和培训，培养他们获得社区心理健康文凭，成为社区心理技术援助的力量。通过社区心理健康模式促进门诊咨询、家庭护理、日间中心和夜间中心、社区参与等，并得到所有综合医院和初级保健中心的精神卫生保健支持。来自不同学科的专业人员，如心理学家、精神科医生、社会工作者、护士、职业治疗师、音乐治疗师等，成为社区心理健康方面的技术援助。

三是创建倾听空间。与教育部合作，在中学和大学教育环境中都创建了倾听空间，致力于改善学生的心理健康状况。

四是开发检测心理健康的游戏。为保障儿童的健康和游戏权，基于卫生小组的跨学科工作，开发心理健康游戏库，加强了社区护理网络。这些游戏可以检测儿童发展的早期复杂问题，以及依恋和社会化问题；还可以让更多儿童和家庭能够利用卫生系统为自己服务。

（二）研制心理健康评估工具

为了更好地从社区心理健康角度解决中小学生心理健康问题，阿根廷研制了针对全国一级护理小组的“中小学生心理健康问题”基本评估工具，既可以提高民众对心理健康问题的认识，又可以实现对中小学生心理问题的早发现、早诊断。该工具通过“Punto Digital”数字平台提供连通性的公共空间，用于拓展知识，参与培训课程和远程医疗网络开发的空间，主要涉及医学化和病理化的内容，包括中小学生的叛逆期、孤独症等，以及青少年的自杀和偶尔酗酒等主题。

（三）成立国家精神卫生与成瘾管理局

根据世界卫生组织的数据，世界上四分之一的人患有某种类型的精神障碍，其中三分之二的人根本没有得到任何护理。反过来，接受治疗的人大多在医院或精神病诊所住院，而这些机构的禁锢和孤立导致患者社交技能丧失，产生依赖性，并违反人权。为此，阿根廷专门成立国家精神卫生与成瘾管理局，致力于从基于禁闭的模式过渡到允许人们重新融入社区的包容性模式，它不仅是一个涵盖综合医院、初级卫生保健中心、社区融合中心的心理健康服务网络，而且还支持通过生产性劳动企业、学校、邻里俱乐部和教堂等其他地方和空间为公众提供倾听、陪伴等心理健康服务支持。

（四）国家医院网络“劳拉 · 波拿巴”服务

国家医院网络“劳拉 · 波拿巴”（Laura Bonaparte Hospital）服务有三项措施[2]：一是提供自发需求响应系统。特定病例可以通过该系统，获得第一次咨询，进而通过跨学科面谈获得心理健康评估。二是完善个体门诊治疗。配备心理学、精神病学、音乐疗法、社会工作、护理、儿科、心理教育学组成的跨学科团队为中小学生提供心理健康治疗。三是加强团体辅导。强化门诊团队通过团体活动为中小学生及其家人提供护理。该服务在2020—2023年的计划中提出，计划加强中小学生门诊的护理设备，扩大该项服务的适用范围，并创建社区文化中心和向整个社区开放的游戏图书馆。

（五）实施家庭心理健康和成瘾项目

家庭心理健康和成瘾项目基于社区和跨学科方法，为有心理疾病或物质成瘾的人创建，目的是减少供求差距，减少在精神医疗机构花费的时间，促进患者重新回到社区。

五、阿根廷心理健康服务机构组织

（一）社会服务协会

阿根廷儿童和青少年精神病学及相关专业协会是一家在瑞士注册的非营利性协会，已经被世界卫生组织认可为儿童青少年精神病学和精神健康领域的官方非国家执行机构。该协会由近200名专业人员组成，其中大多数是儿童青少年精神病医生，少数来自其他相关学科。此外，还有50名非会员同事与协会保持着密切关系。协会使命是通过政策、实践、培训和研究，促进儿童青少年精神病学的研究以及中小学生的心理健康和发展。

（二）全球性组织

联合国儿童基金会在阿根廷国家儿童、青少年和家庭秘书处和民间协会“法罗数字”（Faro Digital）的支持下，为来自全国各地的女孩和男孩举办了“数字说唱”（RAP Digital）2023竞赛，通过歌曲创作反对网络世界中的暴力（包括诱骗、网络欺凌、数字性别暴力）并倡导互联网隐私保护。比赛邀请12—21岁的女孩和男孩录制一段30秒—11分钟的视频，用他们自己的说唱及自己作的歌词来鼓励青少年参与互联网，并解决青少年在数字环境中遇到的各种问题。除此之外，联合国儿童基金会和民间协会交流中心为了解决青少年抑郁、痛苦和焦虑症状也采取了很多措施，包括实施“青少年倾听中心”项目；组织青少年团队在同龄人中开展社会支持行动，旨在提升年轻人的心理健康水平，减少护理行动的障碍。这些活动由成年人团队负责阐明和维持。

六、阿根廷心理健康服务的信息化发展

随着互联网的发展，越来越多的人倾向于从网上搜寻自己想了解的信息。基于此，阿根廷政府积极构建心理健康知识网络信息平台，为有心理援助需求的个体提供线上帮助。

（一）建立应对紧急情况的虚拟支持网络

该网络平台由国家心理健康和成瘾局创建，旨在建立一个应对紧急情况和灾害的心理健康和心理社会支助国家网络。[6]其核心内容包括：心理援助；为经历紧急情况和灾害的个体提供心理社会支助；结合医院精神保健小组的建议，为个体提供远程援助。特别是该平台含有一个开放式教育资源库，类似虚拟教室，每个用户都可以根据自己的兴趣或需求进行浏览，主要内容包括心理健康专家讲解的有关具体紧急情况和灾害的视频，泛美卫生组织或世卫组织官方参考书目，以及国家精神卫生与成瘾管理局发布的建议等。

（二）打造远程医疗保健网络系统

该网络由阿根廷国家卫生部创建，旨在发现早期精神疾病，促进卫生

小组之间的联系，缩小卫生保健与实际需求之间的差距。该网络使用信息和通信技术，遵循信息的互操作性、信息安全性和隐私标准，制定和实施国家以及联邦的远程医疗公共政策，使国民可以公平获得健康服务，减轻医疗保健系统的负担。其服务内容包括：远程心理健康咨询；对因过量饮酒或滥用其他精神活性物质而咨询过的家庭进行后续咨询；对偶发性饮酒或滥用其他精神活性物质的个体进行后续远程会诊；组织预防成瘾行为、自杀问题的远程研讨会；开展自杀未遂家庭随访咨询和自杀未遂随访远程会诊。

（三）创建提供心理援助的在线服务平台

“畅所欲言”（Let’s Talk about Everything）是一个提供心理援助的在线服务平台，其内容和支持指南由联合国儿童基金会设计，旨在为年轻人提供援助并提高青少年对性健康和生殖健康、性别、暴力、自杀和药物的认识。该平台提供在线聊天功能，帮助年轻人解决他们在这些话题上可能遇到的问题。在六个月的时间里，该网站的访问量超过 12 万次，并提供了超过 1 300 次咨询。

七、阿根廷天才儿童的心理健康问题

天才儿童的培养及其心理健康问题研究在阿根廷并没有得到深入部署，更没有持续推进。梳理文献发现，目前尚且没有明确的法律规定公立教育层面应该如何开发每个孩子的潜力并设计适合的对策促使其更好发展，只有在私人机构中才有所涉及。

（一）阿根廷关注天才儿童发展的相关机构

1991 年在布宜诺斯艾利斯成立的非营利性组织“支持创造力和才华”家长协会，旨在推动家长、教师和当局考虑到天才儿童的特殊教育需求，支持天才儿童的父母认识到这类儿童的存在、可能遇到的问题和教育方法。第二年，该协会在布宜诺斯艾利斯成立了阿根廷第一所天才儿童综合学校，该校后因经济困难和缺乏政府支持于 2002 年倒闭。

1993 年，随着《联邦教育法》的颁布，阿根廷政府第一次在文件中正式提到了天才儿童教育，2000 年文化和教育部建议对学校和教师进行培训，以促使其能更好地测出天才儿童。该计划追求的目标是在整个学校使用仪器对天才儿童进行检测，后因人口庞大而放弃。

2015 年，在布宜诺斯艾利斯创建了“父母高智商大使”，这是一个由天才儿童的父母自发形成的团体组织。该组织围绕高智力能力相关机构进行研究，以努力处理该国对天才儿童教育上的无知而产生的问题。同年，科尔多瓦国立大学心理学专业开设了免费的公立大学服务项目——神经心理学服务，希望能为家长和教师提供指导，帮助他们了解天才儿童多样性和及早发现 4—8 岁儿童的天赋。

（二）天才儿童心理健康可能存在的问题

双重特殊儿童（Twice-exceptional）是指在特定领域（如认知、学术或创造能力）拥有高潜力的同时还有残疾或额外的支持需求，可能包括学习困难、注意和感官缺陷、社会情感或认知困难等的儿童。2015 年，阿根廷科尔多瓦国立大学提出一项针对社区的服务，旨在对 4—10 岁的天才儿童进行早期评估和识别；该服务为已确定为天赋儿童、双重特殊儿童及其家庭、教师、卫生和教育专业人员以及教育机构开展免费咨询和指导活动。科尔多瓦国立大学提出天才儿童心理健康问题具体体现在以下几个方面。

一是部分天才儿童可能在其他领域存在学习困难。双重特殊儿童通常被认为与那些单独表现出天赋的学生不同。他们经常表现出矛盾的学习行为，在某些领域表现出解决问题的效率和创造力（与学术优势和天赋一致），但同时在其他活动中存在学习困难，可能会表现在机体、认知、情感、创造力、学术等方面。[3]这就会导致在区分时出现误诊。比如2019年的一项研究发现，具有高能力的天才儿童可以表现出与多动症表现非常相似的行为特征。此外双重特殊儿童可能会表现出低学术的自我概念，这可能是因为学术环境中出现的困难导致他们滋生了低自我效能感和低学术成功的动力，有时也表现为攻击性行为或孤立。

二是天才儿童可能会表现出社会适应不良。与同龄人的关系是学生生活的重要组成部分，青少年会更加强调信任、忠诚、陪伴和尊重的重要性。而天才儿童因为在学习方面通常不能与他们的同学保持相同的节奏，更容易专注于感兴趣的领域，且更喜欢独自学习。社会性方面研究也发现大部分天才儿童在联系、交朋友或友谊（65%）方面存在问题，同时也存在破坏性或攻击性行为（49%）和欺凌（47%）。如果不能在适当的环境中发展，部分天才儿童将难以结交朋友。[4]

三是天才儿童家庭可能会出现某些心理问题。有天才的家庭群体经常发现自己处于需要特别关注的、复杂的和有问题的情况下。[4]这并不是因为他们受到排斥或被边缘化，而是因为他们被天才神话包围，从而导致其家庭的脆弱性。

（三）针对阿根廷天才儿童的心理健康服务

自20世纪70年代以来进行的研究一直表明，高潜力的发展是儿童遗传与成长环境之间相互作用的结果。基于此，阿根廷政府做了或计划做以下几方面的工作。[4]

一是建立国家层面的监测。类似建立一个“访问观察站”，在所有可能的交流和行动领域（不仅在教育领域，还包括健康、社会文化、社区、体育和娱乐领域）进行统计调查，对天才儿童进行国家监测，掌控基本情况并开展后续行动。同时与同样致力于天才儿童发展的民间社会组织达成协议，在计划该政策提出的一些目标方面互助共赢。

二是建立家庭咨询空间。天才儿童有时候会表现出与自闭症或多动症等问题儿童相似的症状，从而导致误诊，因此科尔多瓦国立大学认为应该对家长和教师进行“筛选测试”，这可以在所有社会文化层面扩大检测范围，防止儿童及其家庭的情绪、社会性、身体和学习发展受到阻碍。科尔多瓦国立大学拥有自己的统计数据，它不仅可以为家长和学校提供筛查和应对战略，并且拥有 40 多名专业人士，可以为天才儿童提供家庭咨询和休闲空间。更重要的是可以指导和满足家庭的需求，以利于天才儿童充分发展。

三是采用阅读疗法（bibliotherapy）。通过文学来促进教师与学生一起讨论他们的挑战或担忧，文学的真实互动有助于整体社会性和情感发展。这种方法称为文献疗法，即使用阅读来使得个体产生情感变化并促进人格成长和发展，或者可以理解为通过文学来引导儿童自我理解。研究表明文学可以很容易地在情感上吸引有天赋的学生。当个体拿起一本书并发现与自己非常相似的角色时，治疗体验就开始了。这种互动被称为认同，学生与他们在书中遇到的人的共同点越多，识别过程就越接近。随着这种认同而来的是紧张的缓解或宣泄，让孩子们知道他们并不是孤单地面对自己的问题。当他们喜欢一个故事时，就可以通过书中的人物来间接学习。

参考文献：

［1］Ministerio de Salud. Vizzotti puso en marcha la iniciativa de Espacios de Escucha en ámbitos universitarios［EB/OL］.（2022-12-14）［2023-12-14］. https://www.argentina.gob.ar/noticias/vizzotti-puso-en-marcha-la-iniciativa-de-espacios-de-escucha-en-ambitos-universitarios.

［2］Saguinetti C, Marin G H, Herrera N, et al. Mental health in Argentina: interdisciplinary program based in community care［J］. Contemp Behav Health Care.2016, 2（1）: 41-43.

［3］Baum S, Owen S V. High ability/learning disabled students: how are they different?［J］. Gifted Child Quarterly, 1988, 32（3）: 321-326.

［4］Gutiérrez I, Benedetti S D, Canto L D, et al. Violencia intrafamiliar y Prevención: materias pendientes en las políticas públicas de la Argentina［C］. Las caras invisibles dela pobreza. Una mirada integral de la vulnerabilidad, 2018.

第十二章
韩国中小学心理健康教育与服务

随着科技、社会的迅速发展，高社会竞争压力使得韩国民众的心理健康危机成为不容忽视的社会难题，其中韩国中小学生更是由于高压力的学习氛围和高强度的学业竞争面临着高感知压力和高自杀风险，韩国年轻人自杀率已在发达国家中高居前位。为保障中小学生的心理健康，韩国从政府牵头，到家校协力、社会力量支持，层层推动，同时，借助前沿的互联网和智能技术，对中小学生的心理健康状况开展长效跟踪调查，从而对心理健康现状进行翔实把握，整体上为中小学生构建了全方位、多角度、精准式、智能化的心理健康服务体系。

一、韩国中小学生心理健康问题现状

受高竞争、高压力的社会和学习氛围影响，许多韩国儿童面临着巨大的心理健康问题的风险。结合调查数据，韩国中小学生的心理健康问题主要涉及以下几个方面。

（一）高压力

压力指个体在面临生活中各种挑战和困难时所感受到的紧张、焦虑和不安，当个体的压力感知超过一定的程度，就会引起许多负面结果，包括身体、行为和心理等方面的问题。高压力会导致青少年产生不知原因的肌肉痛、头痛、消化不良、慢性疲劳、眩晕等躯体化症状，以及认知扭曲等心理问题。根据韩国国家统计局提供的2021年青少年健康行为调查数据，韩国青少年中高压力人数达到36.4%。其中，女生比男生报告有更多的高压力，且年龄越大，高压力的比例也越高。由教育因素带来的压力是导致中小学生高压力的主要原因之一，在一项全国性调查研究中，11.3%的小学生和23.8%的中学生报告自己因学业成绩不佳而遭受过他人歧视。[1]此外，对学业成绩的高度重视以及竞争激烈的教育环境促使大多数家长和教师对他们的孩子和学生施加学业压力，要求他们"赢得"教育竞争，获得良好的成绩并进入名牌大学。

（二）自杀意念及行为

根据世界卫生组织的最新数据，韩国10—19岁青少年的自杀率从2006年3.5%到2021年6.5%逐年上升，自杀被认为是韩国中小学生最主要的死亡原因之一。另外，根据韩国国家统计局2021年青少年健康行为调查数据，韩国初中生自杀意念在全体初中学生中占比为13.4%，比2020年高3.2%，其中女生自杀意念率在整个初中女生群体中占16.9%，男生为10%，女生远高于男生。关于自杀行为的数据显示，曾经有过自杀行为的个体占青少年总体的3.2%，其中初中生自杀行为率为4.4%。在韩国激烈的学术环境中，学习压力已成为韩国青少年自杀意念的主要原因之一。韩国有自杀倾向的中学生报告说，他们生活中主要的自杀冲动情绪来源包括学习成绩低、作业量大和严重睡眠不足。

（三）抑郁情绪

根据国家统计局提供的2021年青少年健康行为调查数据，韩国青少年报告抑郁的人数达到25.9%。其中，女生比男生更容易有抑郁情绪，女生报告有抑郁倾向的人数占女生总体的30.4%，而男生占21.7%，且年龄越大，报告抑郁倾向的比例越高。自我厌恶、孤独、悲伤和悲观是抑郁症的中心症状。在小学和初中阶段，低自尊是抑郁症状最持久和最重要的危险因素，抑郁青少年则通常表示自己“毫无价值”。

（四）校园欺凌

根据韩国教育部2022年关于中小学生校园欺凌行为的调查，近10年来韩国中小学校园欺凌受害人数和欺凌人数比例总体上均呈下降趋势。但近三年来，欺凌受害人数再度攀升，2022年达到总群体1.7%的高峰值，约5.4万人。此外，欺凌事件的覆盖人群除涉及欺凌者和受害者，还有旁观者，且旁观者比例明显高于欺凌和受欺凌人数，达到了总群体的3.8%。在所有欺凌行为中，言语暴力、身体暴力、群体欺凌排在前三，其中言语暴力的比例最高，将近50%，身体暴力的比例在快速上升（12.4%—14.6%）。关于欺凌者的身份类型，不管是小学还是初中，欺凌者主要是同班同学和同年级学生。

二、韩国心理健康服务体系的管理举措

（一）资金支持与医疗保障

韩国的精神保健服务根据其资金投入分为以下三类：一是由地方政府支持的精神保健设施和社会康复设施的运营；二是以社区为基础的心理健康促进服务，包括由地方和中央政府支持的心理健康中心；三是促进对精神疾病的认识，评估精神保健机构以及韩国预防自杀中心的运行。[2]在医疗保障方面，医疗援助的精神治疗报销是固定的。例如，在门诊治疗

方面，无论接受何种治疗，对精神病患者的医疗援助报销约为每天 2.4 美元。2017 年，对医疗援助的服务费报销进行了调整，即允许精神病医生根据医疗诊断自由开药，而不是出于盈利意图。[3]

（二）设置相关机构

1. 政府管理机构

国家层面，韩国设立国家心理健康中心，主要负责制定国家精神卫生相关政策，进行国民心理健康调查与教育，促进国家精神卫生，提高精神疾病患者的生活质量。该机构下设医疗中心、心理健康服务中心、心理健康研究所、国家灾难和创伤中心。

在中央和地方政府的支持下，各地设立包括心理健康福利中心、自杀预防中心、社区成瘾管理中心和与心理健康有关的机构，这些机构中同时包括专门针对中小学生的部门。通过情绪和行为筛查问卷确定为高危的中小学生可以转到心理健康福利中心获得服务。自杀预防中心的主要任务是为那些曾试图自杀或有自杀念头的人提供服务。中小学生在有自杀企图后通过紧急医疗机构转介到该中心，或在学校得知学生有自杀意念或自杀企图后通过护理人员转介到该中心。社区成瘾管理中心针对有成瘾问题的个体，如互联网成瘾、吸毒成瘾、网络赌博成瘾的中小学生。截至 2022 年，韩国共有 16 个心理健康福利中心、246 个基本心理健康福利中心、50 个社区成瘾管理中心和 6 个独立的自杀预防中心。[4]

2. 研究机构或协会

为进一步优化科学研究与现实服务的相辅相成，自 2016 年以来，韩国在国家心理健康中心内成立了心理健康研究所，开展全国心理健康研究。心理健康研究所由研究规划司和心理健康司组成。目前的项目包括酗酒、自杀预防技术的开发，心理健康量表的应用，以及心理健康研发成果的验证或标准化。总体来说，其心理健康研究可分为基础研究、转化研究和发展研究。第一阶段将研究成果从基础研究转移到临床药物、医疗器械、诊断和治疗的研究；第二阶段将研究成果转移到医学领域，以提高心理健康保障绩效。[3]

（三）政策沿革与发展

韩国的心理健康政策发展可以追溯到20世纪50年代，以下是韩国心理健康政策发展的主要沿革。

20世纪50年代，韩国开始关注心理健康问题，成立了韩国心理学会，开始研究和推广心理健康。其主要原因有三方面：一是战争创伤。韩国在20世纪50年代初经历了朝鲜战争，这场战争导致韩国民众普遍受到战争创伤的影响，使人们开始意识到心理健康的重要性。二是工业化和现代化。韩国在50年代经历了迅速的工业化和现代化过程，这导致社会结构的变化和生活方式的转变。传统的社会结构和家庭观念发生变化，人们面临着新的压力和挑战，这些变化引发了民众对心理健康问题的关注。三是教育和知识的传播。在50年代，韩国开始重视教育体制的建设和知识的传播。随着教育水平的提高，人们开始更加关注心理健康问题，并逐渐认识到心理健康与整体幸福和生活质量密切相关。

20世纪60年代，为了提高公众对心理健康问题的认识和理解，并及时普及心理卫生知识，政府开始关注心理卫生服务，鼓励建立心理健康诊所和心理医院，以提供更专业的心理咨询和治疗服务。在政府的支持下，韩国在60年代成立了第一家心理咨询中心，并于1961年制定《精神健康法》，明确规定了精神科医生的资格和职责，并开始推广精神卫生服务和培训精神科医生。

20世纪70年代是一个过渡阶段，承接60年代的心理健康普及推广工作。为提高心理健康服务的质量和覆盖范围，满足不断增长的心理健康需求，韩国成立更多的心理咨询和治疗机构以及国立心理卫生研究所，确保儿童、青少年和成人都能获得适时的心理支持，并于 1973 年颁布了《心理健康保健法》，规定心理健康保健的范围和内容以及心理健康保健机构的建立和管理，韩国从此开始制定心理健康政策并进一步推广心理健康。

20 世纪 80 年代，随着韩国社会的迅速发展，中小学生心理健康问题逐渐凸显。焦虑、抑郁、学习压力等问题在青少年中普遍出现，对于这些问题的处理和预防成为亟待解决的问题。基于此，韩国颁布了《儿童青少年心理健康防治法》，旨在预防、治疗和管理儿童青少年的心理健康问题，并确保他们的权益得到保障。这是韩国早期关注中小学生心理健康问题的重要法律之一，也标志着韩国开始正式关注中小学生的心理健康问题。自此以后，韩国政府在中小学生心理健康领域逐渐出台更多政策和法令，以提高社会对该问题的认识，加强心理健康服务的提供，推动心理健康教育，为青少年的心理发展提供更全面的支持和保障。

20 世纪 90 年代，为了进一步推动全体国民对中小学生心理健康的重视，韩国政府颁布了儿童青少年心理健康支援政策并采取了一系列措施，旨在提高社会对儿童青少年心理健康问题的认识，推广心理健康教育，建立心理健康咨询体系，以及加强心理治疗和康复服务。根据这一支援政策，政府开始对不同中小学生心理健康问题进行分诊，针对不同的群体以及不同的心理健康问题颁布不同的法令。例如，1995 年颁布《特殊教育法》，该法包含对精神障碍和智力障碍的儿童进行特殊教育的规定，旨在促进特殊儿童的心理健康。同年颁布的《心理健康法》，将重点转向以社区为基础的心理健康服务，强调社会恢复的重要性[2]，推动精神保健服务在质量和数量上都取得了进步。1999 年颁布了《家庭暴力防治法》，规定对受家庭暴力影响的中小学生进行心理辅导和治疗。这一时期，政府还制定了“促进国民心理健康的第一个五年计划”，从此韩国的心理健康五年计划拉开帷幕。

21 世纪初至今，韩国政府系统实施“心理健康 2030”计划，旨在建设全民心理健康体系，提高心理健康服务水平和质量。以 2002 年的《韩国健康日志》为起点，从国家层面把心理保健中心作为中小学生心理健康服务传达体系，并开始提供公共服务。2005 年颁布的《青少年心理健康改善法》重点关注青少年心理健康问题，并强调学校和家庭在预防和处理心理问题中的作用。该法推动心理健康教育的普及，并鼓励学校建立心理健康辅导中心。

2010 年，韩国政府开始制定中小学生心理健康政策框架，旨在建立更全面的中小学生心理健康体系，进一步提高心理健康服务的质量，扩大覆盖范围。2012 年，韩国颁布《心理健康教育法》，该法要求各级学校在教育计划中加入心理健康教育，并鼓励学生在解决心理问题时寻求帮助。2017 年，韩国颁布《青少年心理健康保健法》，要求政府采取积极措施保护青少年心理健康，并规定心理治疗师必须经过认证方可从事相关工作。

总的来说，韩国的心理健康政策发展经历了从关注到重视、从推广到投入的过程，历经多年的发展和完善，目前已经形成比较完备的制度和政策框架。相关的政策文件反映了韩国政府在不同时期对中小学生心理健康问题的持续关注和付出的努力，以提供更全面、有效的心理健康支持，确保中小学生在成长过程中得到良好的心理发展服务。

三、韩国学校心理健康服务

（一）师资力量

韩国中小学负责学生心理咨询的教师队伍主要包括三种类型：一是专业咨询教师，要求取得专业教师资格证书，并且是学校在编教师；二是专业咨询师，指毕业于心理学专业且已经取得咨询师资格证，同时与学校签订聘用合同的教师；三是兼职教师，指非心理学专业毕业，但有研究生学历或接受过一定时间的心理学相关培训，并获得心理咨询师资格证后负责学生咨询工作的教师。

此外，韩国认为，学校心理咨询室即面向学生进行心理指导的场所，是心理咨询教师与学生进行面对面的以人格为前提真诚交谈的地方。教师与学生就某一问题共同探讨，共同实践，最终由学生自己进行正确选择，从而达到促进学生成长的目的。

（二）教育课程

韩国并未在中小学设立一门专门的心理健康教育学科，也就是说许多情况下，韩国小学、初中和高中的正规课程中并没有包括有关促进心理健康或预防自杀等的内容，它们大多是作为一种课外活动，以外部支持的形式零星实施，或是将情感教育、人际关系、压力管理等主题的心理健康内容融合至其他学科课程中讨论学习。

1. 校园欺凌预防教育课程

韩国中小学校园欺凌预防教育课程贯穿始终，从小学（低年级/高年级）、初中到高中均有设置，课程目的在于增强学生的自尊心与自信心，提升学生在校人际交往能力，尤其是注重加强学生对校园欺凌现象的认识及应对技能，由此更好保障学生在校健康成长，提高学生综合素养。概括而言，韩国的校园欺凌预防教育课程基于情感、社会性及校园欺凌预防素养三维目标，涵盖自尊、情绪调节、共感、沟通、纷争解决、校园欺凌的认知与应对等六大要素，积极开展相关课程教育与校园活动。同时，为了提升课程的人群适用性，课程分为学生用、教师用及父母用三种类型。[5]

2. 情感教育课程

韩国的情感教育（也称人格教育）是一项培养学生情感能力和情感素质的教育，包括学生的自我意识、情绪管理、人际关系、性教育等方面，在心理健康教育的基础上进一步聚焦学生的情感能力发展。“岁月号”轮渡事故的出现将道德低下、校园暴力普遍的社会争议推向高潮，在民众强烈要求下，2014 年，韩国国会通过《人格教育振兴法》，正式规定人格教育成为韩国中小学生的必修课，韩国成为世界首个推行义务人格教育的国家。此外，聚焦社会情感学习的课程也在韩国大力发展实践，旨在平衡激烈的竞争压力，提升儿童的社会情感能力，以减少自杀、暴力等风险。

（三）教育项目

1. WEE 项目

自 2008 年以来，校园暴力在韩国已成为一个主要的社会问题。为了解决这个问题，韩国政府开始推广 WEE 项目（即 We + Emotion + Education）。作为综合学校安全管理系统的一部分，WEE 项目的必要性和作用随着时间的推移逐渐增加，现在已经成为一个面向所有学生的学校咨询系统，具体包括预防和治疗学生心理健康问题、提供相关的教育方案等。这些措施可以帮助学生克服困难，促进他们的成长和发展，同时减少校园暴力的发生。总之，WEE 项目在韩国的学校中扮演着至关重要的角色，帮助学生建立健康的心理状态和学校生活环境，促进学生的全面发展和成长。

WEE 项目包括三级网络系统：一级为学校内部的 WEE 班级（WEE class），二级是地方教育厅设立的 WEE 中心（WEE center），三级是地方教育厅设立的长期委托教育中心，称为 WEE 学校（WEE school）。WEE 班级是学校设立的咨询办公室，被视为安全网的主要部分。该项目还指派专业的咨询教师或咨询专家到学校，为有适应不良问题的学生提供早期发现和咨询活动。如果学生在学校一级无法得到支持，将会被转介到 WEE 中心，即二级安全网，从而获得更专业的干预措施。WEE 中心位于大都会和省教育办公室。这些机构配备专业的咨询教师、临床心理学家、咨询专家和社会工作者，为学生提供咨询和治疗服务，帮助学生解决心理和行为问题。WEE 学校是一个高等安全网，是一个委托教育机构，设置在城市和省教育办公室。这些机构为那些处于严重危机中而需要长期护理的学生提供长期的咨询和教育课程、职业教育和课外活动。WEE 学校包括教师、专业咨询教师、咨询专家、临床心理学家、社会工作者和青年工作者等工作人员。据官方数据，截至 2023 年，全国有 WEE 班级 8 863 个，WEE 中心 203 个，WEE 学校 17 个。

2. 情绪和行为筛查

教育部使用情绪和行为筛查问卷对学生进行早期心理健康筛查，以确保任何可能出现高风险情况的学生都能够得到适当的专业机构支持。[4]自 2006 年《学校健康法（修正案）》实施后，一些学校开始全面预防和管理学生的心理健康问题，如对学生的情感和行为状态进行早期识别以及对精神疾病进行早期检测。筛查测试通过教育部提供的一个系统由学生进行在线自我报告，再根据学生心理健康问题的风险水平将他们分为正常组和优先管理组（一般管理组和高风险管理组）。被识别为高风险的学生将被转介到专业机构，以得到必要的支持和帮助。2012 年起，这项实践已经覆盖韩国所有学生。

在问卷版本方面，韩国针对不同阶段的学生设计了不同问卷，并由不同的人填写。针对小学生，由家长填写《儿童人格和心理健康筛查问卷》，针对中学生，则由学生自己填写《青少年人格和心理健康问题筛查问卷》，帮助家长和学生了解人格特征、风险因素、情绪和行为问题等方面的情况。

3. 心理健康专业学校外展项目

为了加强学生心理健康支持，韩国2013年引入学生心理健康学校和社区合作模式。学校通过与周边社区合作建立支持系统。韩国教育部还推出“心理健康专业学校外展项目”，由专业人员定期访问学校，为学生、护理人员和教师提供三年（2016—2018年）支持，以及向因医疗费用负担、护理人员的偏见和缺乏认识而无法获得专业医疗服务的学生提供服务。根据情绪和行为筛查问卷的结果，在项目停止后，约25%的高心理健康风险组学生被筛选到关注组，说明一旦与外部专业机构失去联系，这些学生将面临心理健康风险。[4]

心理健康专业学校外展项目参考新加坡的社区心理健康响应、早期干预和评估模型（简称REACH），针对韩国情况进行重组后，由心理健康专业人员团队实施，以应对学校的服务需求。该项目不仅提供在校的临床评估，还能根据结果将学生推荐到专业机构。韩国政府在17个市级教育办事处设立了心理健康专业学校外展项目。当学校需要服务时，一支由儿科精神病医生、心理健康专业人员、咨询心理学家、临床心理学家、社会工作者和护士组成的专业团队会前往学校，对学生进行深入的心理健康评估，并提出适当的干预策略，帮助他们与治疗机构建立联系。如果需要在专门机构进行治疗，政府会提供资金和援助，防止学生因经济困难而无法获得治疗。

心理健康专业学校外展项目的独特之处在于，专业心理健康人员直接前往学校，为学生、护理人员和教师提供相关服务，减轻了学生寻求心理帮助的负担，避免了他们前往外部机构的困扰。该项目为学校提供了恰当的指导方法，提高了学校和家庭有效应对学生心理问题的能力，从而提高了学生在学校内的心理健康水平，在实现对学生长期治疗和干预的同时，也向护理人员和教师提供了所需的支持和指导。

（四）一站式平台服务示范

韩国学校心理健康资源与研究中心是韩国政府为学生心理健康服务提供的一个重要平台。该平台由韩国教育部主导，旨在发挥社会资源的整合效应，专门为学校提供心理健康支援服务，从而提高学校的心理健康服务水平，协助学生恢复心理健康状态，培养学生的心理健康意识，提高学生的心理健康水平，帮助学生更好地应对学习、生活和压力。该平台提供多种心理健康服务，包括心理咨询、心理疏导、心理测试、心理测评及干预等，为学生提供全方位的心理健康支援，这一服务范围覆盖韩国所有学校。该平台的实践经验和工作成果，被其他国家的学校心理健康服务机构借鉴和参考，对推动全球学校心理健康事业的发展具有积极意义。该平台的主要业务包括以下几个方面。

1. 培训

一是针对教职人员的培训。包括:（1）“守门人”培训，该培训为预防学生自杀，将教职员工培养成为负责生命守护者（守门人）教育的专门人才（讲师），主要人员为 17 个市、区推荐的教师，通过集训的方式进行。（2）学生心理健康相关教职员工培训，主要通过培训促进学生心理健康和应对危机等工作，增强教职员工对学生心理健康干预的能力，目标人员为全国中小学教职员工和学校心理健康负责官员。（3）提高教师专业水平的远程培训，通过增加教师培训的可及性和便利性，增强学生心理健康能力，目标人员为教师、教育专业人员、公务员、教育官员等。(4) 恢复教职工心理的培训，为因学生自杀、自残等创伤事件而遇到心理困难的教职工提供专业心理支持服务。

二是针对家长的培训。家长教育主要内容为了解中小学生的心理健康，并建议适当的家庭心理健康培养方法，目标人群是全国中小学生家长，利用互联网线上模式进行沟通式讲座，讲座内容主要涉及促进父母子女之间的沟通、养育辅导、了解孩子的心理健康，以及预防自残和自杀问题等。

2. 制定培训计划

在学生心理健康认知培训方面，开发可在学校有效利用的心理健康教育材料（教材、教学资料、教学内容等），支持学校提升心理健康教育能力，提高学生心理健康意识；在预防学生自杀方面，开发生命教育材料，包括自残自杀危机学生的干预指导手册、生命教育实践的教育资源、教师守门人培训教材等；在危机干预应对方面，制定学校心理危机应对指南、紧急心理支持手册，为学校工作人员提供有关自杀风险评估和危机干预技能的培训，使其能有效处理个人心理危机和重大灾情灾难下（如地震、传染病）集体心理危机，此外还注重对处理危机的教职员工进行心理弹性恢复和心理治疗计划的指导。

3. 学生情绪行为特征测验

为学生、家长和教职员工提供学生情绪和行为特征检查操作信息，以创建稳定的检查环境，分析学生的个性特征、情感和行为特征，并将其用于学生心理健康政策的制定。

4. 支持学校危机干预

一是干预学校危机。学生心理健康支持中心提供咨询、学校紧急心理支持培训、管理人员危机应对能力培训，以在发生学生自杀和传染病等危机时恢复成员的心理，并使学校运作正常化。二是恢复教职员工的心理弹性。学生心理健康支持中心为因学生自杀、自残等创伤事件产生心理困难的教职员工提供专业的心理支持服务。

5. 校园专业心理健康顾问

一是支持心理健康专业人员的能力建设，加强全国 17 个市州教育局基地中心的精神卫生专家能力。二是支持学校访问支持项目的运营，建立学校访问支持项目运营和绩效体系，帮助学校有效运营访问支持项目。三是心理健康专家学校访问支持项目，通过心理健康专家的学校访问，为心理健康高危学生提供校内外系统支持，其目标群体为未与专业机构联系的心理危机学生或者与专业机构有联系但面临治疗中断危机的学生，以及医疗薄弱地区心理危机学生，主要方式为全国 17 个市级教育厅据点中心的心理健康专家对学校委托的学生进行深入评估后，通过案例会议制定针对学生的干预策略，建立与专业机构的联系，提供支持服务。

四、韩国社会与家庭心理健康服务

韩国一直注重推广家校社协同应对中小学生心理健康问题的预防和干预，特别强调对家长的教育指导和家校协同育儿。更有众多社会组织、社区团体为韩国不同地区的中小学生提供了多方面的心理健康服务。

（一）家庭方面

积极的家庭支持对中小学生的心理健康发挥着至关重要的作用，韩国教育部、国家心理健康中心、政府等相关部门主要采取以下四项措施为中小学生的家长提供支持。

一是指导改变家长的教育观念。学业压力是韩国学生最重要的压力来源，激烈的学业竞争环境也使父母感到焦虑，从而引发家庭矛盾和亲子冲突。2013 年 8 月，韩国终身教育振兴院在教育部网站上发布了《中小学生自主学习指导（父母用）》，对父母指导学生自主学习的必要性、策略及技巧、注意事项等进行了详尽的描述与说明，大力倡导父母应通过改变教育理念及方式，准确把握“指导”角色，采用符合子女性格特点及学习能力的自主学习能力提升方法及策略，采用科学的教育方式进行指导。

二是提供科学的家庭教育培训。主要目的是让父母更了解中小学生的心理健康，并建议采用适当科学的促进家庭心理健康的养育方式。例如，学校心理健康资源与研究中心利用互联网线上模式进行沟通式讲座，围绕如何促进父母子女之间的沟通、如何了解孩子的心理健康、如何应对孩子的不良心理状况等主题进行宣讲。此外，各大心理辅导机构经常举办面向学生家长的心理健康团辅活动。

三是广泛的亲子活动和家校联系活动。韩国教育主管部门及学校非常重视家庭教育，小学及初中校园会定期举行“家长校园观察日”及“家长座谈会”，通过多种教育活动使父母了解子女的校内学习及生活状态，强化父母责任感。

四是开展家校联系活动和家长咨询。建立家校合作是预防小学生出现心理健康问题的一项有效途径。家校合作的核心是家长咨询，即教师和家长加深沟通，除向家长报告学生的在校情况外，也对家长进行心理健康知识的教育和帮助，提高家长对心理健康的认识及自身的心理健康水平。由于韩国的家长倾向于将子女问题与自身问题等同起来看待，会因为子女问题产生不安、恐惧、自责等消极的心理状态，再加上韩国社会对年龄、资历等因素非常敏感，使得家长很容易对没有育儿经验或年轻的教师产生怀疑甚至反感。如果教师主动联系家长探讨子女问题，也就是家长“被叫来”学校，会加重这种不适感。因此，学校努力加强学校和家庭的联系，用科学、专业的态度和方式减轻家长的消极心理。家长咨询包括分析家长的类型，实施符合该类型的接近方式，减轻家长的不适感；确立合理目标，有共同的目标才能使家长配合学校工作，配合教师进行咨询，从而让家长充分认识到生活指导的重要性，了解孩子的情况，并在未来发生类似情况的时候第一时间做出判断并正确处理，预防学生出现心理问题，使学生健康成长。

（二）社会方面

韩国在社会层面主要依靠韩国青少年政策研究院牵头的促进儿童、青少年精神健康的支援方案研究提供方向指导，联合社会组织落实政策，为中小学生的心理健康发展保驾护航。

1. 展开全国性调查，考察中小学生心理健康状况，为构建心理健康服务体系提供数据支持

促进儿童、青少年精神健康的支援方案研究是从 2011 年到 2013 年为期三年的合作研究。为掌握韩国中小学生的精神健康状况，对全国 16 个市级小学 4—6 年级学生、初中 1—3 年级学生以及普通高中和专科高中在内的高中 1—3 年级学生，共计 9 402 人进行了调查。研究按照图 12-1 所示的程序进行。

2. 开发促进中小学生心理健康的各地区联合支援模型

根据调查结果制定可行方案，社区青少年安全网与青少年保护机构、民间资源和专业机构构建合作网络，加强心理健康宣传和教育。

（1）社区青少年安全网

社区青少年安全网（Community Youth Safety-Net，CYS-Net）是社区青少年综合支持系统，通过适当地连接社区中的可用资源，可有效地帮助处于危机中的青少年。它是年轻人的社会安全网，主要包括地方机构、社

第一年（2011年）	研究内容	· 儿童、青少年心理健康概念的建立和现状分析 · 儿童、青少年心理健康促进政策和法律制度现状分析 · 儿童、青少年精神健康政策和法律制度的改善方案 · 儿童、青少年心理健康全国单位现状调查（第1次）
	研究方法	· 文献研究，专家会议，专家意见调查 · 全国范围的调查，合作研究，研讨会，海外出差
第二年（2012年）	研究内容	· 儿童、青少年心理健康改善 · 外部基础设施建设现状和改善方案 · 儿童、青少年心理健康促进的优秀案例挖掘和社区支持模型的开发 · 儿童、青少年心理健康全国单位现状调查（第2次）
	研究方法	· 文献研究，专家会议，专家意见调查，合作研究 · 全国范围的调查，研讨会，合作研究，海外出差
第三年（2013年）	研究内容	· 儿童、青少年心理健康指标发展支持体系的建立 · 儿童、青少年心理健康改善方案的制定 · 儿童、青少年心理健康全国单位现状调查（第3次）
	研究方法	· 文献研究，专家会议，合作研究 · 全国范围的调查，统计，研讨会

图 12-1　儿童、青少年心理健康状况调查年度研究计划

区事业单位以及个人组织等三个体系，各体系下有聚焦不同服务（如学业支持、医疗支持、法律支持等）的中心或小组，可协同为青少年提供全方位的支持。

（2）社区心理健康中心

社区心理健康中心（Community Mental Health）是韩国政府设立的公共机构，负责为社区居民提供心理健康服务和支持，是能为中小学生提供专业心理服务的常设机构。心理服务项目包括心理评估、心理治疗、心理教育与辅导、心理健康促进项目等。据韩国政府公布的数据，截至 2022 年 12 月，全国共有 2 519 个社区心理健康中心。

3. 联合民间团体，开展青少年自助

（1）1388 青年互助团

1388 是一个全国范围内 24 小时运作的青年求助热线。1388 青年互助团设立了 9 个不同种类的支持小组，分别为有需要的青少年及其监护人提

供医疗、法律、心理咨询、福利、社会保护、能力培训、文体活动、教师教育以及义工支持。每个支持小组由社会各界机构和有能力的个人组成，致力于为有需要的青少年提供帮助。任何青少年及其监护人都可以拨打这个号码，获得从紧急危机支持到基本心理咨询的全方位服务。

（2）青少年流动咨询中心

青少年流动咨询中心是面向青少年的网络咨询中心，青少年可随时通过手机应用程序、短信等获得免费咨询服务。其中，设置了“倾听狗”这一形象，让青少年能更有安全感地进行倾诉，从而获得中心专业志愿者的帮助。

五、韩国心理健康服务中信息化手段的应用

韩国作为科技发展世界前列的现代化国家，将信息化手段运用于心理健康服务一直是韩国的突出优势。另外，韩国的心理健康问题污名化现象比较严重，许多韩国民众对心理健康问题有强烈的羞耻心理，不愿主动寻求心理机构及心理咨询师的帮助，因此在线服务更契合韩国民众的诉求，也能更大范围地保障民众心理健康。

（一）多渠道全方位的全时在线服务

首先，韩国政府设立全国性心理健康热线，称为“心理健康危机热线”，是韩国政府为了提高全民心理健康水平而设立的 24 小时免费心理咨询服务热线，拨打 1577-0199 即可根据手机用户连接到最近的基层和区域心理健康福利中心，获得专业人员的心理健康咨询与支持。

此外，越来越多的韩国年轻人更青睐于通过手机应用程序或在线平台进行心理咨询。例如，支持非面对面的心理咨询服务的“心灵咖啡”

（Mind Cafe）平台自 2019 年开放服务以来，便已吸收了 150 万名注册用户，成为韩国目前最受欢迎的在线咨询平台，该平台包括自我诊断、匿名心理健康社区、在线专业心理咨询等服务。

（二）新视野高效率的互动智能服务

随着人工智能在各领域的发展，韩国积极开拓 AI 在心理咨询中的运用，例如，心理健康初创平台（Atommerce）开发了名为罗尼（Roni）的 AI 聊天机器人来提供心理健康服务。它能够像人类专家一样，提供个性化的治疗方案和建议。用户可以通过智能手机或电脑等终端与罗尼进行互动，分享他们的症状、情绪、经历等信息。基于机器学习和自然语言处理技术，罗尼能够识别用户的情感状态和需求，并通过语音和文字进行对话，给出相应的回应和建议。

自 2005 年起，韩国开设了运用虚拟现实技术的心理诊所，目前相关技术已有成熟发展，如虚拟现实疗法已经在社交障碍、恐高障碍、焦虑障碍、创伤应激障碍的治疗中得到大量验证，并且在中小学生群体中加以广泛应用，如用于注意力训练、社交技能训练、认知康复等。此外，虚拟现实技术也拓展至非临床群体的教育，如培养中小学生亲社会行为和移情能力，以及一般的性格教育，如针对韩国突出的校园欺凌问题，开发虚拟现实培训项目，专门指导学生、教师和监护人学习如何应对欺凌。

六、韩国天才儿童心理健康状况及针对性工作

自 2000 年颁布《英才教育振兴法》后，韩国教育部建立中央英才教育振兴委员会，制定英才教育综合计划，规定教师聘用、研修以及经费支持等细则。

与此同时，众多研究者均呼吁进一步关注天才儿童的心理健康，研究表明，天才儿童往往比普通同龄人表现出更多的心理问题和精神疾病风险，可以说他们敏锐的情感感知和非凡的认知能力会使他们的日常弥漫着疏离感、孤立感和差异感，且更容易导致冲动和攻击行为。[6] 此外，家长和教师对完美主义行为的高期望也会加剧他们对失败的恐惧，导致更大的压力。在学业竞争压力巨大的韩国，学生本就承担着不少压力，天才学生更是承担着超乎常人的期许，这种来自他人、自身的对于学业优秀的期望加剧了韩国天才儿童的压力和紧张程度。对此，韩国政府和社会积极推动面向天才儿童的心理健康服务，以下为几个典型案例。

1. 韩国天才协会（The Korean Society for the Gifted，KSG）是韩国的一个非营利性学术组织，成立于 1983 年，旨在推进韩国高智商和天才儿童的研究、培养和服务。KSG 致力于提高公众对高智商和天才儿童的认识和了解，推进相关领域的研究，提供相应的服务和支持，如心理测评、心理咨询、教育和职业指导等。

2. 韩国教育部主导的“天才教育心理健康支援项目”（Mental Health Support Project for Gifted Education）。该项目旨在为天才学生提供全面的心理健康服务，包括心理测评、心理咨询、心理治疗、心理健康教育等；由全国各地的学校和心理健康服务机构实施，为天才学生提供包括线上和线下在内的多种心理健康服务。

3. 韩国首尔市“天才教育心理健康专项计划”（Special Support Project for Mental Health for Gifted Education）。该计划由首尔市教育厅主导，旨在为天才学生提供心理测评、心理咨询、心理治疗、心理健康教育等一系列心理健康服务。该计划还包括专门的天才教育心理健康热线和在线咨询平台，为天才学生提供 24 小时在线咨询和支持。

参考文献：

[1] Choi C, Lee J, Yoo M S, et al. South Korean children's academic achievement and subjective well-being：the mediation of academic stress and the moderation of perceived fairness of parents and teachers [J]. Children and Youth Services Review, 2019, 100: 22–30.

[2] Roh S, Lee S U, Soh M, et al. Mental health services and R&D in South Korea [J]. International journal of mental health systems, 2016, 10 (1): 1–10.

[3] Chung Y C, Park S, Roh S, et al. Mental health services and research and development in South Korea [J]. Taiwanese Journal of Psychiatry, 2021, 35 (2): 50–58.

[4] Kim S J, Lee J. Introduction of child and adolescent mental health services in Korea and their role during the COVID–19 pandemic: focusing on the ministry of education policy [J]. Journal of the Korean Academy of Child and Adolescent Psychiatry, 2023, 34 (1): 4–14.

[5] 吕君，韩大东. 韩国校园欺凌预防教育的课程体系构建及启示 [J]. 教育参考，2021 (3)：37–43.

[6] Lee S Y, An D, Choe S U. Predicting psychiatric symptoms by personality types for gifted students [J]. High Ability Studies, 2020, 31 (1): 93–114.

第十三章

日本中小学心理健康教育与服务

心理健康问题是日本中小学生面临的一大难题，特别是近年来，以拒绝上学、校园欺凌、自杀为主的心理问题案例数更是呈逐年上升态势。2020 年 9 月，联合国儿童基金会对 38 个国家的调查显示，日本未成年人身体健康情况全球排名第一，但心理健康排名倒数第二。日本政府高度重视中小学生心理健康并实施了诸多行动。事实上，从 20 世纪 60 年代起，日本就开始重视中小学生心理健康教育，90 年代起在学校开设心理咨询室，2000 年起开始在中小学开设心理健康教育课程。除通过课程实施和开设心理咨询室对学生进行个别指导外，文部科学省还搜集整理各地中小学开展心理健康教育的典型案例，供学校参考使用。日本已构建三级心理教育服务体系、特别支援教育等，建立健全了学校心理咨询机制，为在中小学生中有效地开展心理健康教育构筑起了牢固的基石。

一、日本中小学生心理问题现状

日本中小学生心理问题突出。其中，拒绝上学、校园欺凌、自杀是当前日本中小学生最为严重的心理问题。

（一）拒绝上学

拒绝上学指学生由于某种心理、情绪、身体或社会的原因而不去学校的现象。图 13-1 展示了日本中小学生 1998—2020 年拒绝上学的人数，数据显示，日本中小学生拒绝上学人数以 2012 年为拐点，2012 年之前较为稳定，2012 年之后呈指数型逐年上升趋势，尤其是 2017 年之后，拒绝上学的中小学生人数每年增长 2 万左右。日本是世界上教育先进国家之一，1947 年开始实行九年制义务教育，2000 年九年义务教育普及率约达 100%，但在这期间也引发了日本的学历至上主义、物质繁荣而心灵贫乏、教育过于整齐划一的负面影响，其负面后果之一就是学生中出现的拒绝上学现象。[1][2]

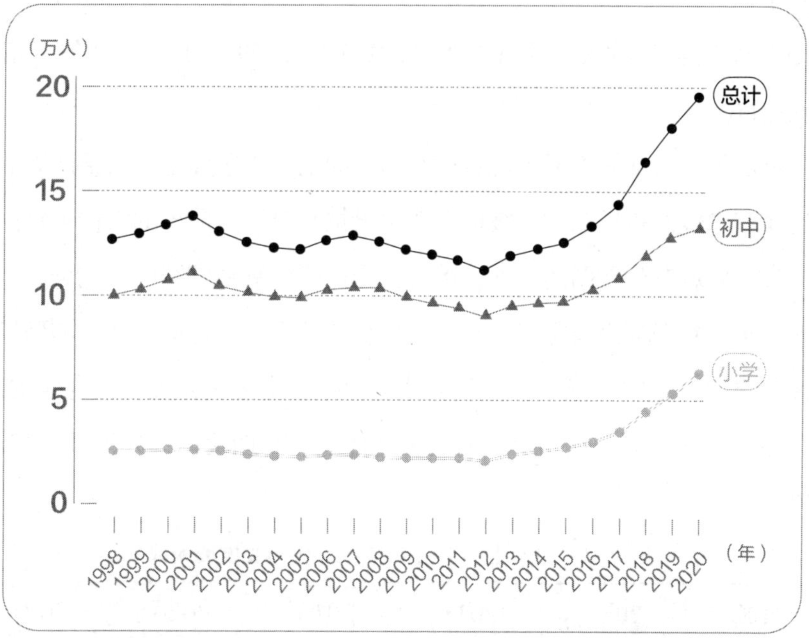

图 13-1　日本中小学生 1998—2020 年拒绝上学的人数

（二）校园欺凌

校园欺凌危机在日本的产生历史可以追溯至20世纪70年代。在当时日本的校园里，教师经常成为学生的攻击对象，学校和警方合作，通过共同努力降低了这种现象的发生；然而，对教师的暴力攻击虽然减少了，对学生的暴力攻击却出现了激增的趋势，这导致校园欺凌逐渐成为日本社会面临的一个严重问题。日本教育评论家尾木直树将日本的学校称为“欺凌地狱”，称校园欺凌是导致日本未成年人心理问题的主要因素之一。表13-1和表13-2展示了2017—2021年来日本中小学生受欺凌情况，结果表明，日本中小学生受欺凌人数以及受欺凌人数比例均呈逐年上升趋势，除了2020年中小学生受欺凌人数以及受欺凌人数比例有所下降。图13-2展示了日本中小学生2006—2019年校园欺凌情况，2019年所发生的欺凌件数（612 496件）比2009年（72 778件）增长了八倍以上。

日本的校园欺凌主要表现在言语和行动上，手段残忍、后果严重的同时还具有隐蔽性和长期性。被欺凌者由于担心自己受欺凌的事情被别人知道，害怕展示自己软弱的一面，因而会选择隐瞒受到校园欺凌这一屈辱的事实甚至一辈子都没有曝光，直到父母和老师看到其遗书时才了解到校园欺凌的事实。通常情况下，校园欺凌行为在男生之间多表现为身体攻击，如扔东西、泼水等；在女生之间更多地体现为心理攻击，如无视、疏远、冷嘲热讽等。

表13-1　日本中小学生2017—2021年受欺凌人数

类别	2017	2018	2019	2020	2021
小学生	317 121	425 844	484 545	420 897	500 562
中学生	80 424	97 704	106 524	80 877	97 937

表 13-2　日本中小学生 2017—2021 年受欺凌人数比例

类别	2017	2018	2019	2020	2021
小学生	4.91%	6.60%	7.58%	6.65%	7.99%
中学生	2.40%	2.98%	3.28%	2.49%	3.00%

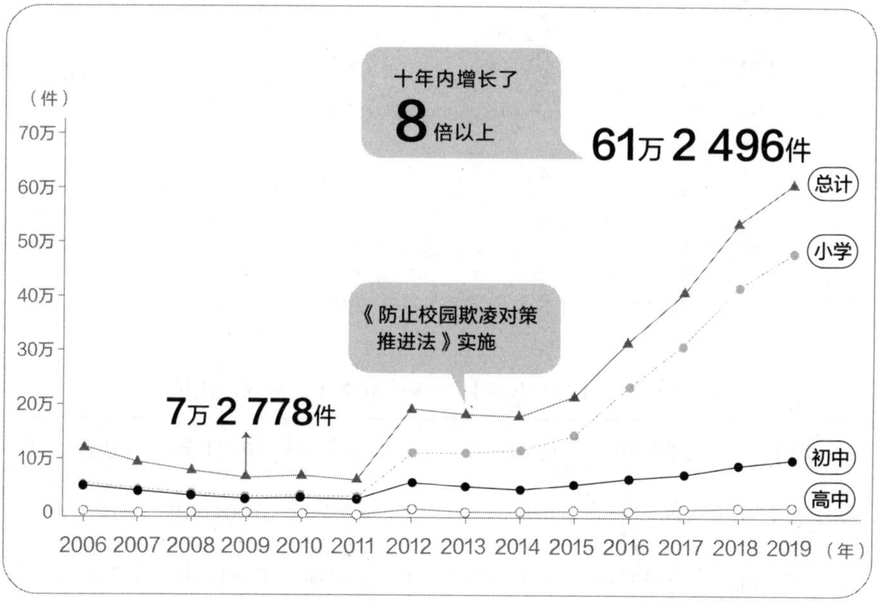

图 13-2　日本中小学生 2006—2019 年欺凌事件发生件数

（三）自杀

日本中小学生自杀的首要原因在学校方面，如学业成绩、升学、考试等，其次在家庭方面，如亲子关系不和，再次是健康问题，如精神疾病。图 13-3 具体展示了日本中小学生 1989—2018 年 30 年内的自杀人数，2009—2018 年这 10 年来的增长比 1989—2008 年这 20 年的增长更快。日本警察厅的数据显示，日本中小学生 2018—2022 年自杀人数以及自杀比例呈上升趋势。其中，中学生的自杀率高于小学生的自杀率（见表 13-3）。

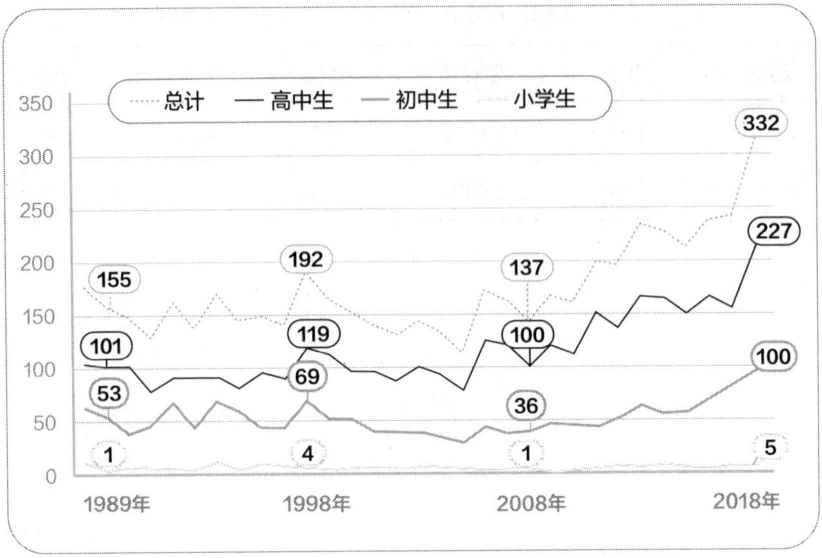

图 13-3 日本中小学生 1989—2018 年自杀人数

表 13-3 日本中小学生 2018—2022 年自杀人数比例

类别	2018 年	2019 年	2020 年	2021 年	2022 年
中学生	0.003 81%	0.003 48%	0.004 55%	0.004 58%	0.004 46%
小学生	0.000 11%	0.000 13%	0.000 22%	0.000 18%	0.000 28%

二、日本中小学生心理健康教育政策及措施

（一）三级心理教育服务体系

日本学界把学校心理学定义为一种心理教育援助，旨在帮助每个学生解决在学业、心理、升学和健康等方面遇到的问题，并促进学生的成长。为了加强中小学生的心理教育，在学校内部支持系统中，学校内部的每个组织都被认为是重要的。此外，根据日本文部科学省 2010 年发布的《学生指导概要》，在促进学生心理健康方面，除寻求所有教师之间的共同理

解并建立合作机制之外，还应该考虑与家庭、当地社区、相关组织等的密切协调与合作。[3] 据此，三级心理教育服务体系应运而生，即根据中小学生的不同需求，将心理教育服务体系分为三级（见图 13-4）。第一级：以全部中小学生为对象，进行入学时的适应、学习技能、人际交往技能等的辅导，解决一般的发展和学习指导问题。第二级：以缺乏学习动力、拒绝上学和人际交往困难等的学生为对象。第三级：以长期拒绝上学、遭受欺侮、学习障碍、行为不良等有特别需要的学生为对象。

通过三级心理教育服务体系，学校可以提供全面的心理支持和干预措施，以满足不同学生的心理健康需求。这种体系可以帮助学生提升心理弹性、改善学习成绩、促进社交互动，并提供他们在成长过程中所需的支持和资源。

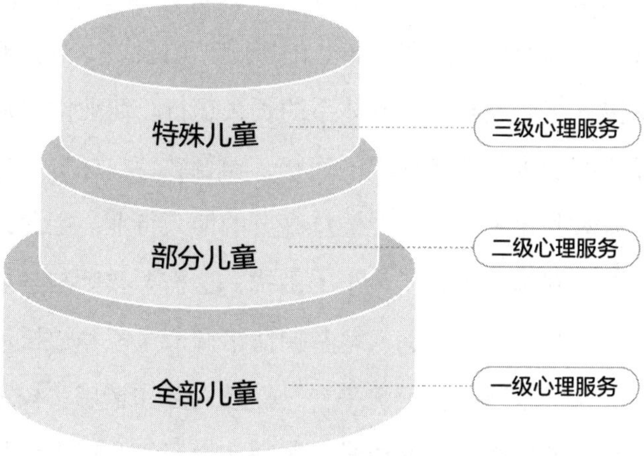

图 13-4　日本三级心理教育服务体系

1. 成效

三级心理教育服务体系的实施对全部中小学生实现分级教育，使每一位学生都能得到自己所需要的支持和服务。

三级心理教育服务体系和学校环境卫生设置的结合具体如下：首先，

针对所有儿童的初级支持服务包括对学校环境卫生设施的检查和维护（目标管理），开展健康观察（人性化管理）和健康教育等活动。此外，学校负责开设健康课堂和提供日常健康指导。其次，二级支持服务包括开展健康 / 生活问卷调查，设立学校护士的自由谈话时间等活动。这两项措施强调对具有潜在心理危机的学生进行心理危机的预防并为他们提供支持。通过健康调查，学校护士可以知道哪些学生对支持需求较高，并需要进一步的个别跟进。最后，在第三级支持服务中，主要内容为根据健康和生活方式调查结果提供学校护士健康咨询，通过电话和电子邮件提供学校顾问咨询。面对种种挑战，有一些学生会感到挫折和困难，需要特殊帮助，此时第三级支持能够更好地帮助这部分学生应对困难。[4]

2. 困难与挑战

三级心理教育服务体系也面临着一些困难与挑战。教师肩负着学校教育的重任，但同时会受到职业倦怠的影响。如果缺少对教师的关怀体系，难以保障三级心理教育服务体系的长久运行。职业倦怠是一种最容易出现在助人行业内的情绪耗竭的症状，随着教育目标提升与课程改革推进，中小学教师逐渐成为职业倦怠高发的助人行业。因此，教师需要一定的支持来应对职业倦怠所带来的困扰，这需要教师与学校双方的共同努力。例如，教师自身更深入地掌握情绪调节策略和放松策略以发展积极情绪，同事间搭建合作交流平台，提升人际和谐感；校方制订多元开放评价体系，帮助教师专业成长。教师作为三级心理教育服务体系中的重要成员之一，面对着职业倦怠带来的种种影响，建立对教师的关怀体系显得尤为重要。

（二）团队学校

团队学校旨在促进学校与社会资源的融合，构建一种地区社会组织性互动的教育体系。该举措致力于达成专业人员常态化参与教育体系的目标，特别注重通过家长教师联合会以及青少年团体、福利团体组织的志愿者活动来加强家庭、社区与学校间的合作。

1. 成效

这种方式可以打破学校与社会资源之间的壁垒，促进学校和社会资源的共享和互动，通过多元化的合作方式，为学生提供在学校、家庭和社区之间更加全面的支持和服务，为学生的成长保驾护航。团队学校的实践方式包括招聘专业人士参与教育工作、建立社区中心提供教育支持、发展社区学习中心以促进社区发展、与福利机构和青少年组织等合作提供服务等多种方式。一项研究对有特殊需求（如遭受欺凌、缺勤和有发育障碍）儿童协调委员会的职能如何影响教师对学生的心理教育支持这一问题进行了深入的探讨。该研究发现，通过协调委员会，教师的确可以改善对这些有特殊需求学生的服务，更可以改善对所有有预防需求学生的服务。

2. 困难与挑战

团队学校是日本学校教师组织变革的主要特征和动向之一，但在实际实施过程中，存在着一些问题。具体体现在以下三个方面。

一是教师职业对大众的吸引力整体降低。教师的工作时间和压力增加导致教师职业在日本年轻人中失去吸引力，更难以吸引专业人才投身教育行业。人才保障效果除了受教师组织甚至学校层面影响，还会受到不同行业、工种吸引力的复杂影响。团队学校的主要聚焦点在于学校层面变革，尽管重视成员专业性及其发展，但如果没有提高教师收入和福利、减少工作时长等配套政策跟进，教师人才保障很可能只是空中楼阁。团队学校所强调的赋权固然切中要害，但崇尚竞争、评价的新自由主义内核却很可能动摇以民主型文化为特征的教师组织根基，愈加降低教师职业的吸引力。在管理者权威和教师民主型文化之间达到平衡，是团队学校实现人才保障需要克服的问题。

二是协作共识较难维系。随着临床心理学家加入学校担任咨询师的角色，传统意义上提供学校心理健康支持的人员（如辅导员）与新角色学校咨询师之间发生了角色混乱和冲突。教师可能会对学校辅导员的角色身份产生疑惑，这不利于二者之间的合作。此外，目前，辅导员在许多以学校为基础的心理健康小组中扮演领导角色，但他们并没有在学校接受过直接培训，对学校的结构可能不够熟悉，这可能导致教师和辅导员之间产生脱节感。

三是专业人员分布不均。日本推行的教师流动制度旨在通过公立学校管理者和教师在一定行政区域内的制度性流动改善薄弱学校的状况、促进教育公平。然而随着团队学校的发展，越来越多专业人员加入教师组织。在专业人员制度化、常态化流动无法确保的状况下，可能会出现部分地区和学校的专业人员相对集中、另一些则相对贫乏的问题，学校间师资分化不利于教育公平。

（三）特别支援教育

2002 年文部科学省发布《今后特别支援教育发展方向（中期总结）》，在列举当前日本发育障碍儿童的现状之后，发现患有学习障碍、注意缺陷多动障碍、孤独症等问题的儿童，在学习和生活方面均有不同的教育需求，为此学校应给予这类儿童特殊的支援和帮助，特别支援教育体系在实践应用中逐渐从满足个别需求演变到激发儿童的最大潜力。

1. 成效

政府非常重视对轻度发展障碍儿童的特别支援教育，在政府的重视和投入下，参与对轻度发展障碍儿童的特别支援教育工作的专家们投入了极大热情，并取得显著的成效，包括扩展和夯实了这些群体的教育权利，关注发展障碍儿童的教育需求，提高了他们回归到正常社会生活的能力。

2. 困难与挑战

特别支援教育打破残疾人教育制度的隔离式教育原则，帮助日本有特殊需求儿童教育权利得到保障的同时，也面临一些困难与挑战，主要是如下两点。

一是特别支援教育资源难以满足全部有特殊需求儿童的教育需求。从现实的教育选择情况看，在需要提供特别教育的学生中，部分学生被安排进特别支援班级或学校上学，被安排的缘由是学生遭受虐待、贫困、家庭以及父母身患精神疾病等社会因素的影响[5]，忽视了这部分儿童的教育需求，造成资源紧缺。

二是社会资源配置不均衡，区域间教育质量差异大。人口的迁移也对各地区劳动力需求、经济增长、资源配置等问题带来了不同程度的影响，这些影响也波及教育层面，体现在“看得见”与“看不见”的教育资源差异之中。其中，“看得见的差异”包含学校资源、学生人数、教育设施等，而“看不见的差异”是指与教育相关的家庭教育能力、发现教育问题的频度等。“看得见的差异”产生的根本原因在于教育资源分配不均，“看不见的差异”还包含了地区间的医疗诊断水平。与人口相对集中的大城市不同，偏远地区的医疗资源较弱，这就给发育障碍儿童诊断评估带来了一定的困难，加之偏远地区特别支援教育资源不足，他们只能选择在普通学校接受教育。因此，在特别支援教育制度的保障下，学校、社区、医疗、财政等相关机构要给予发育障碍儿童在学习和生活上的“合理关怀”，但由于社会资源分布的非均衡性，特别是日本各城市之间的社会资源条件依然存在着巨大的差异[6]，这就导致不同区域间特别支援教育的发展很难达到统一水准。

三、日本中小学生心理健康服务

心理健康服务的提供，可以有效预防中小学生的危险行为并改善心理健康，同时也成为守住学生心理健康底线的一道防线。在日本，学校是中小学生获取心理健康服务的主要阵地，承担着重要的心理健康教育责任。国家资格、法人认定资格和学会联合认定资格是日本心理辅导人员资格认定的三种方式。[5]其中，学校心理士采用学会联合资格的认定资格制度，是学校“心理教育支持服务”的专家，并作为教育顾问、特殊需要教育协调员和学校辅导员在学校教育领域开展各项工作。

（一）基于学校教育

日本中小学生心理健康服务的提供可以依托于学校教育，通过相关的课程开发、心理测验和访谈在内的多角度干预，全方位提高中小学生心理健康素养。学校教育作为提高中小学生心理健康素养的重要一环，可以鼓励心理健康促进、预防和护理，减少耻辱感。在日本，有关精神疾病的指导已在反映政府课程指南的学习课程中制订，该课程于2022年起实施，以促进对当前青少年健康问题的理解。

在基于学校教育的心理健康服务中，前人研究探索出了多种形式的有效课程，多角度提升心理健康服务质量。校本教育是提高青少年心理健康素养的有效方法。例如，以社会影响为重点的药物滥用预防计划通过高中药物教育课程可以帮助改善日本高中生滥用药物状况。同时不仅仅针对学生，还有针对教师的课程，发挥教师在学校心理健康服务中的重要作用。例如，基于短视频的青少年心理健康素养教育项目能够有效帮助教师增强服务学生的意愿，从而提高心理健康教育服务效能。在方式方法上，学校采用心理测试和访谈在内的干预措施，可以降低高中生的抑郁情况。

（二）认知行为疗法

在日本中小学生的心理健康干预上，认知行为疗法是有效方法之一。前人对日本中小学生的研究发现，认知行为疗法应用于抑郁干预上，可以使导致与抑郁症相关的认知模式得到改善，效果在干预后一年保持不变，也可以积极预防焦虑症，是一种十分有效的干预方式。认知行为疗法可以和其他形式的心理支持如访谈等相结合发挥更好的作用；同时也可以在形式上进行创新，如近些年新发展出的基于互联网的认知行为疗法，对学生的干预更加方便、容易，同时有助于应对压力并减少年轻人的抑郁情绪和焦虑，尤其是被认为需要特殊心理健康支持的学生。

FRIENDS 是由巴雷特（Barrett）开发的用于预防儿童焦虑的认知行为治疗方案，对焦虑和抑郁预防具有普遍有效性。世界卫生组织于 2004 年开始推荐将这种方法作为预防焦虑和抑郁的唯一儿童支持方案。为避免各国文化和社会背景的差异对干预的影响，日本学者针对日本青少年，开发出一套能够有效干预的、基于认知行为疗法的焦虑预防项目“勇敢之旅”（Journey of the Brave），并验证其可在普通学校的课堂上由教师开展。在对抑郁的认知行为疗法干预中，日本认知协会制订了相关的方案，可由教师根据方案按需开展。

（三）社会技能训练

在 20 世纪八九十年代，社会技能培训（Social Skills Training，SST）迅速被引入日本，并受到日本心理健康专家的关注和支持。为行为提供积极的反馈是社会技能培训中最有价值的技术之一，这些行为能够帮助参与者在社交和独立生活中提高生活质量。社会技能培训中固有的结构化社会学习技术不仅可以改变参与者的行为，还可以改变培训师和参与者之间的治疗关系。社会技能培训的基本原理之一是生物—心理—社会模型。这个模型连接了精神康复、生物治疗、心理治疗和社会支持基本原则，能够有效推动精神康复目标的实现，推动日本精神康复的发展。

（四）成立儿童家庭厅

儿童家庭厅作为内阁府内设立的一个组织，目的是推动基本措施并解决与儿童有关的育儿、少子化、虐待儿童和欺凌等社会问题。从儿童的角度发挥控制塔的职能，稳步实施《儿童基本法》，全面有力地推动全社会儿童保护措施。在推行儿童政策时，儿童家庭厅最看重的是儿童和青少年的意见。为了实现“以儿童为中心的社会”，将儿童和青少年的最大利益放在第一位，并将与儿童有关的举措和政策置于社会的中心，推动全社会听取儿童和青少年的意见并将其反映在政策中。

（五）其他方式

除此之外，也有实证研究证明了正念和意识计划、守门人培训计划、应用即兴表演、饮食和生活方式教育计划等心理健康服务方式的有效性。

正念和意识计划由学校辅导员和班主任合作进行，能够明显改善日本学生尤其是女学生的情绪调节能力，减少抑郁和广泛性焦虑。看门人培训计划是日本普遍推荐的自杀预防干预措施，在日本各地广泛实施，可以发挥家人、朋友等身边人的“守门”作用，帮助非专业人士识别和应对那些有自杀行为风险的人，侧重面向教师和相关工作人员（如学校辅导员、护理教师）这些能够每天与学生互动的人提供培训。应用即兴表演可以提高青少年的治疗动机，创造一个安全的环境并鼓励参与干预措施。饮食和生活方式教育计划让家长/监护人参与到青少年的健康饮食和生活方式改变中来，在达到适当饮食摄入的同时增加学校生活乐趣。

四、信息化手段在心理健康服务中的应用和效果

（一）开发数字心理健康干预措施

数字心理健康干预措施在世界范围内迅速普及，并且能够有效地预防心理疾病和改善心理健康问题，可以解决精神卫生保健资源短缺和线下的病耻感等关键问题。但是，数字化干预措施同时也面临着包括低依从性和高流失率等执行不力的相关挑战。日本虽然面临同样的困境，但同时也利用数字化手段开发出了高效的数字心理健康干预措施。例如，基于短视频的青少年心理健康素养教育项目、基于互联网的认知行为疗法、发挥线上同伴作用的看门人培训计划。基于互联网的数字化的心理健康服务方法使干预手段更加方便，信息化手段与心理健康服务相结合，拓展了心理健康服务的方式和角度，已被证明对日本中小学生心理健康治疗同样有显著成效。

（二）应用数字化测量方法

日本的一些心理健康项目使用了数字心理健康实施结果量表，用以评估通过互联网网站、电影、应用程序和电子邮件等数字和电信技术提供的心理健康干预措施的实施效果。此量表可以全面衡量实施结果，重点关注数字心理健康，以评估实施成功、实施过程和与有效性或质量结果相关的中间结果的指标。

该量表可对干预项目中的参与者进行可接受性、适当性、可行性、总体满意度和危害五个方面的测量，用以了解参与者对干预项目的感受。该

量表在六项日本数字心理健康干预研究中实施，其有效性和可行性得到了证明。评估参与者认为，它是感知基于网络的干预措施特征的有用工具。使用该量表对心理健康干预措施的实施效果进行测量，有助于改进和进一步发展干预措施。

参考文献：

[1] 陈永明. 日本教育——中日教育比较与展望 [M]. 北京：高等教育出版社，2003：15-23.

[2] 王洪芳，张建新. 日本拒绝上学概念的演变和原因探讨 [J]. 心理科学进展，2007（4）：648-651.

[3] 家近早苗. 学校心理学の展望と課題—チーム学校への貢献の可能性— [J]. 教育心理学年報，2017，56：122-136.

[4] 相樂直子，早貸千代子. 学校保健の視点から捉えた新型コロナウイルス感染症への対応—三段階の心理教育的援助サービスの実践— [J]. 学校心理学研究，2020（1）：27-33.

[5] 石﨑優子. 子どもの心身症・不登校・集団不適応と背景にある発達障害特性 [J]. 心身医学，2017（1）：39-43.

[6] 西村健一. 過疎地域におけるインクルーシブ教育システム構築の課題と展望 [J]. 人間と文化，2017，1：129-135.

第十四章

以色列中小学心理健康教育与服务

以色列独特的历史、宗教问题以及地缘政治环境，使得政府高度关注中小学生的心理健康问题，其教育系统也有提供心理健康服务的传统。然而近年来，以色列中小学生心理健康问题的发生率整体还是呈上升趋势。2011—2021 年，6—18 岁中小学生转诊到精神科急诊室的转诊率不断增长，2017 年 15—24 岁青少年的自杀比例高达 11%。2017—2021 年，以色列 12—17 岁青少年的常见心理疾病如抑郁症、焦虑症等的发病率有不同程度的增长，仅注意缺陷多动障碍的发病率有所下降。[1] 为解决中小学生的心理健康问题，提升中小学生的心理健康水平，以色列从教育、社会、医疗以及家庭等多个方面入手，构建了全方位、多层次的心理健康服务体系，也为世界贡献了来自以色列的独特经验。

一、以色列中小学生常见心理问题类型

以色列中小学生常见心理问题的类型如下。一是抑郁。2005 年的以色列青少年心理健康调查[1]（The Israel Survey of Mental Health among Adolescents，ISMEHA）显示，14—17 岁青少年抑郁症状的发生率为 3.3%。2017 年，12—17 岁青少年中每千人有 4.4 人被诊断为抑郁症，而这一比例在 2021 年上升到每千人 5.9 人。

二是焦虑。以上调查还显示，各种形式的焦虑在以色列14—17岁青少年中的发生率达6.1%。2017年，12—17岁青少年中每千人有7.3人确诊焦虑症，到2021年上升至每千人10例。相比之下，青少年中出现压力症状的比例更高，2017年为每千人中10.8人表现出压力症状，到2021年这一比例上升至每千人12.4例。[1]

三是注意缺陷多动障碍。调查显示，中小学生中出现注意缺陷多动障碍的比例为3%。2017年，12—17岁青少年中确诊注意缺陷多动障碍的比例高达每千人24.8例，2021年这一比例略有下降，为每千人19例[1]。

四是破坏性行为障碍。包括对立违抗性障碍和品行障碍。2012年数据显示，至少3.3%的学龄前儿童、9.6%的小学生和4.3%的初中生患有行为障碍。2013年希伯来大学的报告也显示，2%—16%的以色列儿童患有行为障碍。2021年一项研究显示，以色列患有行为障碍的学生人数（从学前教育到中学教育）在2012—2019年七年间翻了一番。具体而言，2019年有行为障碍的学生约2.7万名，而2012年约为1.3万名。

二、以色列心理健康服务的历史沿革和相关法律法规

（一）1930—1960年：心理健康服务分散，本土缺乏相关人才培养体系

1935年，特拉维夫地区出现了第一个教育心理中心，对儿童进行测评，并协助地方政府建立特殊学校来安置这些儿童。之后在耶路撒冷和海法地区也建立了两所类似机构。1948年，以色列建国后，移民的激增使得对教育心理服务的需求激增，各地方政府聘请大量心理学家对中小学生和发展特殊教育进行测评，但此时以色列缺乏本土的教育心理相关服务的人才培养体系，相关人才只能在欧美地区参加培养。

（二）1960—1980 年：服务逐渐制度化和规模化，本土人才培养体系初步建立

1962 年，以色列教育部成立职业选择咨询和指导中心，目的是在全国范围内提供心理服务，培训专业人员，开发评估学生的测试。该机构是今天的心理与咨询服务高级处（希伯来语简称 SHEFI）的前身[2]。同时，教育部开始招募和培训在职小学教师成为学校咨询师，帮助学生制订职业发展计划，解决学习困难。

1970 年，心理与咨询服务高级处正式成立，出台了学校心理学家培训规范，并采取措施增加本土学校心理学家的数量。同时教育部出台《教育心理服务大纲》，教育心理服务由只关注干预转向同时关注预防。[3] 1977 年，颁布《心理学家法》，规定了谁可以使用心理学家头衔，明确学校心理学家是心理学家的一个细分领域。以色列卫生部负责该法的执行，并向符合要求的人颁发心理学家执照，同时在卫生部内成立心理学家理事会（Council of Psychologists），以监督该法的实施，并提出必要的修改建议。心理学家理事会下设专业委员会，负责管理教育、临床、发展、康复、医学和工业心理学领域的专家培训和许可，以及资格认证框架。另设置了一个特别委员会负责处理投诉，采取惩罚措施。该法的制定为教育心理服务的专业化提供了法律依据，在一定程度上保障了教育心理服务的质量。

（三）1980—2000 年：特殊教育立法

1988 年，以色列通过《特殊教育法》，为有特殊教育需求的中小学生获得系统的指导提供法律保障，强调融合教育的重要性。患有心理健康疾病和各类发展障碍的中小学生均被纳入特殊需求人群。该法保障了患有心理健康疾病的学生能够得到符合自己特殊需求的专门服务。

（四）2000 至今：从法律上允许学校心理学家提供心理治疗

2010 年，以色列修订《心理学家法》。本次修订前，只有临床心理学家可提供心理治疗，本次修订赋予学校心理学家提供心理治疗的权利，进一步完善了教育心理服务。

三、以色列心理健康服务体系的构建

（一）多部委通力协作

1. 医疗卫生系统提供的中小学生心理健康服务

以色列政府于 2015 年实施心理健康改革，旨在将心理健康保险、服务和心理疾病诊疗的责任从国家转移到四大医疗保险基金，并根据《国家健康保险法》将心理健康服务纳入整体卫生保健体系和健康计划一揽子服务。改革特别强调要保证中小学生可以在合理的离家距离和等待时间内接受心理健康服务。以色列的多数医院、私人心理咨询师和上百个非营利组织均为中小学生提供心理健康咨询服务。此外，以色列还创建了两类特色机构，即儿童青少年心理健康社区诊所和儿童发展中心。

儿童青少年心理健康社区诊所。全国共有 38 所，集中在中心地区，由临床心理学家、社工、表达性艺术治疗师和职业治疗师管理运营。部分诊所也有精神病学家，但大部分是与当地医院的精神病学家合作。虽然该诊所模式提供的服务免费，但等待时间较长，缺乏家庭治疗，并且与教育部门的合作有限。

儿童发展中心。全国有约 100 个儿童发展中心，提供心理健康评估和诊断服务。这些儿童发展中心均由卫生部资助管理，大部分开设在社区内，由四大医疗保险基金或非营利组织运营。政府资助家庭使用该中心的服务，儿童 3 岁前每周可从中心获得 3 小时的支持。3—6 岁，每年减少到54次，6—9岁每年可获得18次，但是该资助只适用于发展问题，不适用于情绪和行为问题。在托儿所和幼儿园中有严重发展障碍的儿童将会被学校心理学家转介到儿童发展中心。

2. 社会服务系统提供的中小学生心理健康服务

社会服务由福利与社会事务部统筹。社会服务部门将自己的服务对象定义为有情绪与行为问题，但是不算患有精神疾病的中小学生，而患有精神疾病的中小学生应该被转介到医疗系统。根据对象以及任务的不同，社会服务部门主要通过以下渠道为中小学生提供心理健康服务。

一是居住型机构。该项目由社工管理运营，同时也有教育工作者、心理学家参与，主要针对有较严重的行为或情绪问题以及被虐待或忽视而需要保护的儿童。

二是儿童—家长中心。该项目由地方社会服务部门或非营利机构管理，主要针对因为与父母的恶劣关系而产生严重行为或情绪问题的5—12岁儿童，由与家庭有深入接触的社工转介。常见问题包括焦虑、抑郁、反社会行为、学习问题和注意缺陷多动障碍。多数家庭每周来一次，多数干预持续12个月或更久，包括针对儿童或家长的单独治疗和以家庭为单位的治疗。

三是特殊早教机构。由福利与社会事务部建立，由该部门或者非营利机构运营，团队成员通常是社工和表达性艺术治疗师。主要服务0—3岁有额外的认知、语言、情绪和社交发展需求的儿童，目标是促进儿童发展，并筛选发展和身体健康问题，同时也指导家长如何更好地满足儿童需求，改善育儿方法和家庭关系。

四是特殊课后服务项目。截至2013年，福利与社会事务部在以色列全国设立了16个专门服务5—18岁有情绪或行为问题的中小学生的课后服务项目。服务内容的设计是为了给中小学生创造积极的体验，帮他们重新建立自尊和自信，同时为学校和家庭提供咨询服务，并在危机情况下提供及时响应。干预时长通常为三年。服务人员包含各类能够提供社会心理干预的专业人士。

除此之外，以色列的社工还可以在福利与社会事务部申请特殊领域专家认定，其中与中小学生心理健康高度相关的是家庭、儿童与青少年以及心理健康三个领域。福利与社会事务部的《社会工作专长——认定专家与专长领域的规则与指导》文件中对专长的定义、期待的表现以及认定的规则进行了详细的规定。

3. 跨部委合作的中小学生心理健康服务项目

针对高风险中小学生的国家360项目。该项目始于2008年，由福利和社会事务部牵头，教育部、卫生部、移民归化办公室、国家安全部、美犹联合救济委员会（American Jewish Joint Distribution Committee）以及各地方政府中心联合开展，旨在提供360度全方位服务以减少儿童和青少年面临的风险，主要服务于社会经济地位较低的中小学生及家长，关注他们的福祉与情绪健康，预防和减少风险行为，同时，培养他们积极的自我概念、情绪和社交能力、社会参与和良好的亲子关系。该项目每年经费约2.2亿新谢克尔，五大部门共享经费，约三分之一的经费用于早教阶段的子项目。360项目官网设有子项目数据库，介绍所有子项目的概况，包括内容、时长、经费、目标、受众人群、实施方式、是否有评估研究等内容。

国家儿童网络保护局105热线。国家儿童网络保护局105热线始于2016年，接听公众投诉，处理儿童和青少年在网上受到的各种伤害，包括网络欺凌、骚扰、性侵害、传播色情内容、敲诈和煽动等情况，与学校、社区保持联系，追踪事件处理情况。在教育系统内部，由国家儿童网络保护局105教育总部管理该热线的相关事宜，主要职责包括处理相应事件，为当事人包括学生、家长和教育工作者提供教育和情感响应支持方案，在教育系统中宣传最佳网络行为和伤害预防方法。该局会在网站上发布预防网络暴力、网络侵害等相关主题科普知识，指导家长科学养育子女，预防网络侵害。

国家自杀预防计划。该计划始于 2013 年，由卫生部牵头，与教育部、福利与社会事务部、移民和归化部、社会公平部、内政部、社区加强与促进部等八大部委和各相关社会组织、协会、专业人员协作运营，目标是预防和减少自杀。卫生部下设的自杀预防小组领导项目的开发和实施，是本项目的核心部门，并与各部委及其他机构协同合作。该项目采用国际通用的三级预防模型，即针对公众的一级预防、针对高风险人群的二级预防、针对有自杀风险个体的三级预防。

青少年社群（Amitim for Youth）项目。该项目是由以色列社区中心协会（Israel Association of Community Centers）与卫生部、教育部和国家保险中心（National Insurance Institute）特殊项目基金于 2018 年共同发起的康复项目，弥补了以色列缺乏针对青少年的课后心理康复社会服务的问题，服务对象是 12—18 岁被诊断患有心理疾病的青少年。该项目目前在七个主要城市开展，每年给予每个青少年 1 200 新谢克尔的津贴，用于参加社区的休闲和艺术活动。目标是培养青少年的社交能力与社区归属感，提高应对自我污名化的能力，避免重复住院，缩短住院时间，恢复与年龄相适应的个人功能，通过有意义的活动进行自我实现；为青少年家庭提供支持，如给家庭成员开展讲座、工作坊以及协调员对家庭的指导；改变社区对有心理健康问题的青少年的态度。

（二）相关社会组织

1. 以色列全国家长领导理事会

全国家长领导理事会（The National Parents' Leadership Council）是

一个由家长自行发起、领导的民间组织。理事会定期举行会议讨论与教育和儿童福利相关的话题，并与政府部门和各类机构协作维护家长和儿童的权利。该理事会主要职能包括为家长提供教育和培训、为家长提供资源和支持、为家长提供信息和建议，以及政策和法规方面的支持等。

2. 以色列心理学协会

以色列心理学协会（Israel Psychological Association）是以色列唯一一个由有执照的心理学家组成的专业组织。协会的核心工作是为心理学专业人士提供教育培训、考核认证，协助政府进行专业的法律制定等。在中小学生心理健康领域，该协会规定了学校心理学家的从业规范与流程、职业道德准则，并为大众提供专业知识。

3. 以色列情感急救协会

以色列情感急救协会（The Israel Association for Emotional First Aid）是一家为中小学生提供挽救生命的情感急救服务机构，通过 24 小时热线电话和网络聊天，倾听咨询者的情绪困扰，提供初步响应和自杀疏导。同时，也为在学校中遇到困难的学生设立电话专线。协会志愿者受过专业训练。

4. 萨哈尔协会

萨哈尔协会（Sahar）是专门提供免费线上心理诊疗和干预服务的非营利性组织，同时还是国家预防自杀委员会的合作伙伴。该组织通过电话、在线聊天、论坛、电子邮件、网络实时定位求救等形式为遭受精神困扰和有自杀倾向的人群提供即时心理援助，并会与福利机构、卫生部和警察系统合作行动。志愿者皆参加过萨哈尔协会的专业培训，并在专业团队的监督和陪同下工作。

5. 特殊区域及特殊社会群体的心理救援组织

一是以色列儿童保护协会。专门处理儿童虐待问题，开通电话诊疗服务，并与媒体协作宣传儿童虐待问题，提高公众认知。二是高风险青少年协会。1982 年成立，由 285 名全职员工和约 1 200 名志愿者为 12 500 名 12—18 岁有酗酒、暴力、情绪危机和行为问题等的高风险青少年提供心理救援服务。目前，该协会在以色列 42 个城市开展超过 90 个不同的项目，并与教育部和卫生部保持着密切的联系。

（三）以色列教育系统心理健康服务

以色列教育系统心理健康服务实行中央、地方和学校三级管理。

1. 中央机构

教育部下设心理与咨询服务高级处，使命是提升学生的福祉和心理健康。[3] 当前，心理与咨询服务高级处下设五个主要部门：咨询科、心理科、协助与预防项目科、学习障碍和注意障碍科、国家儿童网络保护局 105 教育总部。负责学校咨询师、学校心理学家的监督和培训，以及相关项目的开展。

2. 地方机构

地方政府设立教育心理服务中心。其三分之二的经费来源于教育部，三分之一来自地方政府。地方教育心理服务中心主要接受心理与咨询服务高级处心理科的指导和监管，同时也需要与地方政府以及卫生部教育心理学专业委员会合作和协调。心理与咨询服务高级处心理科设有区域心理学家（District Psychologist），负责指导和监管该区域内的地方教育心理服务中心，审核批准其工作计划。而地方教育心理服务中心的主任则由资深的学校心理学家担任。地方教育心理服务中心的所有员工都是学校心理学家，中心通过这些专职人员为当地学校和社区提供服务。

地方教育心理服务中心的职责分为两大部分：第一部分是学校心理学家的管理、培训和职业发展，包括指导和监督见习学校心理学家的实践训练。第二部分是为当地学校和社区提供心理健康服务。该服务在系统和个人两个层面展开。在系统层面，地方教育心理服务中心需要为地方政府教育政策的规划和制定提供咨询和支持；对地方各教育框架的特点和需求提供动态的系统性评估，并据此制定有针对性的服务方案；通过与教学团队和多学科团队的合作和咨询来提供系统性的干预（如与社工、医疗等团队合作）；为社区和学校提供危机干预服务。在个人层面，地方教育心理服务中心需要为学生提供心理评估和心理干预（包括心理指导和咨询，但不包括药物治疗），学校心理学家还需要根据法规要求参与各类安置委员会（Placement Committee）。

除了以上的常规服务，地方教育心理服务中心还可以在有特殊经费的情况下，为平时没有被纳入地方教育心理服务中心服务范围的群体（如 3 岁以下儿童）提供临时心理健康服务或加强常规服务。

3. 学校

学校负责实施各类心理健康预防和干预项目，培训教师参与这些项目，监测、评估项目的实施效果，上报给对应的上级领导部门。

四、以色列学校心理健康服务

以色列教育部非常重视心理健康问题的预防，针对各种与心理健康相关的主题，开发和实施特色教育项目，通常是全校性系统性的项目。所有项目均强调与家长和社区伙伴合作的重要性。值得注意的是，2015 年前，以色列中小学对家长参与持负面态度，几乎没有家长参与。但 2015 年后，由于越来越多的研究证据表明家长参与可以减少学生的问题行为，以色列教育部开始更加重视家长参与。

（一）推行全校范围的系统性社会情感学习

一是教育部大力推广社会情感学习。社会情感技能的培养有利于学生保持心理健康，降低焦虑、抑郁和高风险行为，建立良好的社交关系。因此，以色列教育部采取了一系列措施来推广社会情感学习。如邀请以色列国家科学院组建专家小组，研究如何在学校系统中推广社会情感学习，专家组推荐在学校开展系统性的社会情感学习；重新定义理想毕业生标准，在未来 2030 毕业生标准中涵盖了包括认知技能、自我沟通技能和人际技能（均属于社会情感技能）、身体技能四大类的 13 项核心技能；基于新的理想毕业生标准，教育部梳理了基础教育阶段每门学科对应的知识、技能、态度和价值观，撰写教学材料，发布在官网上。心理与咨询服务高级处更新生活技能项目的目标和内容，使它成为全校系统性社会情感学习的有机组成部分。

二是建设全校范围系统性社会情感学习的目标。参考美国学业、社会情感学习联合会（CASEL）的理论框架，以色列提出的十大目标是：（1）注重校长和教育工作者的社会情感学习。（2）开设一门社会情感技能课程。（3）将社会情感学习融入知识领域的教学中。（4）提供适应男生和女生不同需求的社会情感学习工具。（5）让男生和女生的观点都能够得到分享和表达。（6）一个支持性的课堂环境和学校氛围。（7）学校实施的纪律政策具有建设性、公平性且适合中小学生发展特点。（8）进行组织学习、收集数据，持续改进与社会情感学习的政策和实施有关的所有系统。（9）与家长建立合作。（10）与社区建立合作。

三是推进心理与咨询服务高级处线上问卷。基于这十大目标，心理与咨询服务高级处为学校开发了一个线上问卷（共 10 个量表，分别对应十大目标），检测系统性社会情感学习的实施现状，并提供结果分析。学校可以基于问卷结果，制订和调整社会情感学习方案。此外，心理与咨询服务高级处还在官网上开辟专门板块，给学校和教师提供社会情感学习的理论和科研知识、培养教师社会情感技能的活动、在幼儿园和小学阶段用于培养学生社会情感技能的活动、社会情感学习的讲座和视频资料以及如何将社会情感技能融入学科教学的方法的指导。教育部官网对已有课程的梳理也可以指导学校和教师如何将社会情感技能融入各个学科的教学。

（二）推出生活技能项目——成长路上的力量

以色列政府认为，学校应该对学生的社会情感发展负责，因此早在教育部开始推广系统性社会情感学习之前，生活技能项目就已经是心理与咨询服务高级处的一个重要项目。心理与咨询服务高级处于 2022 年 6 月推出该项目的最新版——成长路上的力量（Strengths on the Way），调整了项目的目标和内容，将其融入系统性社会情感学习，成为一门学习社会情感技能的专项课程。该课程遵循积极心理学理念，帮助学生习得社会情感技能，提高心理韧性。学校咨询师与教师，特别是班主任，协同实施该项目，同时重视家长参与。该项目覆盖小学到高中所有年级。学校需使用合适的测评工具追踪学习效果，如问卷、观察表、个人访谈等。教育部也采取多种措施监督项目在学校的实施情况。

（三）营造和谐校园氛围，减少暴力

以色列教育部 2020 年 5 月发布《最佳校园氛围以及教育机构如何应对暴力事件和风险行为》的公告。该公告提出七大校园和谐氛围标准，并要求学校通过两大工具持续监测：一是学校“气候”和成长指数（School Climate and Growth Index），每三年进行一次评估；二是教育“气候”优化线上问卷（Optimal Educational Climate），每年一次，教师和学生均需作答。心理与咨询服务高级处出具分析结果。根据以上两项评估建立数据

库，指导学校建立干预方案并监测变化。

该公告发布了学校处理暴力事件的准则以及评估事件严重程度的标准。涉及的暴力事件非常广泛，包括虐待动物、在交通工具上发生的暴力事件以及网络暴力。此外，该公告针对如何让家长参与对暴力事件的处理也做出了非常详细的指导。

（四）推出韧性培养项目

哥根—哈里斯韧性中心（Cohen-Harris Resilience Center）成立于2001年，是以色列专门开发与提供个人、组织和社区韧性心理咨询项目和培训的民间机构。心理与咨询服务高级处与以色列哥根—哈里斯韧性中心合作，为学校提供系列建立心理韧性的干预项目，包括用于指导教育团队建立韧性的活动和视频资料，帮助不同年级学生建立韧性的活动和视频资料，以及给家长提供的在家庭中帮助孩子建立心理韧性的工具和视频资料。

同时，心理与咨询服务高级处在官网上提供与危机干预相关的理论知识，并针对以色列学校系统各类危机情况，如自然灾害、自杀、暴力等，研制一系列具体危机事件的一般干预原则和干预工具。

（五）推动自杀预防和干预项目

2013年，以色列政府把预防自杀定位为一项国家目标，并提出跨部委合作的国家预防自杀计划。心理与咨询服务高级处的协助与预防项目科下设的危机、紧急情况和自杀应对小组（Unit for Coping with Crisis，Emergencies，and Suicide）是负责指导自杀预防的部门，部门咨询师均经过多年的自杀预防训练。

咨询师的指导工作包括以下方面：一是为学校咨询师和教职团队进行

自杀预防培训；二是训练学校咨询师和教职团队开展“选择活下去，直接与青少年对话”项目；三是与教育团队建立伙伴关系，加强教育—治疗的连续性；四是加入国家预防自杀计划在地方当局的指导委员会，介绍正在开展的教育活动；五是在危机期间（如学生、工作人员或家长自杀），随时进行干预并提供支持和专业咨询，包括指导建立系统的学校安全计划，同时根据需要建立教育和治疗的融合方案。此外，教育部还开设专门的自杀预防热线。

2022年，教育部发布《儿童青少年自杀：预防和干预》公告，为学校系统的自杀预防工作提供了政策依据。公告介绍了有情绪困扰和自杀风险学生的常见行为，规定了发现自杀风险或自杀尝试后的上报、转诊和调查流程，以及个人及学校层面的干预方式，同时规定了学校开展自杀预防项目必须遵循的指导原则。

（六）健全学生个体咨询

当学生释放出可能存在的心理健康问题信号时，首先学校咨询师对学生进行初步检测，并在必要时进行短期干预，包括心理辅导和学习上的特殊支持。校长或者学校咨询师也可将学生推荐给学校心理学家，接受进一步的评估。学校心理学家的干预和治疗更有针对性、支持性，但是一般为六个月左右的短期行为，治疗一般在教育心理服务中心进行，并且免费。

在实际工作中，学校心理学家往往没有足够的时间为大量儿童提供直接的治疗和干预，他们更多把自己看作一个过滤系统，把有严重心理健康问题的儿童转诊到更合适的专业机构，接受医院和独立的临床心理咨询师提供的服务。

五、早教和幼儿园阶段的心理健康服务与指导

以色列《义务教育法》规定，儿童年满3岁可以进入托儿所，年满5岁必须接受一年的幼儿园教育。这一阶段的心理健康服务注重预防和早期干预，目的是促进儿童健康发展，预防或减少儿童成长风险。公立幼儿园的教育团队通常由一名具备早教资质的教师和一名教师助理构成，而这位教师则成为在幼儿园中开展心理健康教育的中坚力量，同时早教咨询师（Early Childhood Education Counselor）和学校心理学家也会指导并支持教师的工作。

（一）心理健康教育和预防项目

营造最佳校园氛围。《最佳校园氛围以及教育机构如何应对暴力事件和风险行为》公告的第四章专门为幼儿园提出了六大标准和对应每条标准的具体措施建议。这六大标准与中小学标准的前六条基本一致，只是在具体表述上针对幼儿特点做了调整。基于此标准，早教咨询师协助幼儿园教师设计和系统性地营造最佳校园氛围，制订减少暴力的方案。

开展生活技能项目。早教和幼儿园阶段的生活技能项目与中小学阶段的生活技能项目一脉相承，但是在具体内容和实施方式上略有差异。首先，早教和幼儿园阶段的生活技能项目范围更窄，围绕三大主题展开：增强自我意识和自我价值感，提升情绪调节和控制能力，提升人际交往能力和社会责任感。其次，在实施方式上，由托儿所或幼儿园教师负责实施，但没有规定课时。心理与咨询服务高级处以工作坊的形式培训教师，提供课程材料，让教师体验可以直接应用的教学活动，并适当科普理论知识，再由教师为自己的幼儿园设计定制实施方案。培训和实施同步进行，教师边学习边应用，再把应用中遇到的问题带到培训中去解决。

实施魔法圈（Magic Circle）项目。该项目的目标是通过在小组中表达和倾听心声的方式，帮助幼儿理解他们的情绪世界和自身优点，培养应对各种生活状况的能力。该项目聚焦幼儿自我意识、情绪调节和人际交往三大模块，与生活技能项目主题相同。该项目由托儿所或幼儿园教师组织，每个魔法圈由固定的6—8名幼儿组成，讨论不同的生活情景以及他们在这些情景下的想法、情绪和行为，幼儿是活动的主要发言人，教师只是辅助。心理与咨询服务高级处开发了对应三大主题的20个子主题活动供教师使用。

（二）幼儿心理问题的评估、诊断和干预

早教和幼儿园阶段的发展障碍和心理健康问题的评估、诊断和干预由学校心理学家主导，遵循陪伴儿童成长的原则，从进入托儿所或幼儿园起，就开始追踪监测幼儿在语言、运动、认知、情感、行为和社交方面的发展情况，为有发展困难的幼儿设计个性化的支持和辅助方案，监测干预效果，动态调整干预方案。值得一提的是，每学年前三个月，学校心理学家需要观察并记录自己负责的托儿所或幼儿园里面每一名幼儿的发展状况。

（三）学校心理学家及早教咨询师工作的特殊性

早教咨询师是学校咨询师的一种。但与中小学不同，他们并不常驻固定的学校，一个早教咨询师服务多个托儿所或幼儿园，主要为教师和家长提供咨询服务，特别是协助教师设计和实施在幼儿园开展的各类预防项目。

学校心理学家的工作则需要遵循生态系统理论，涵盖四个方面。一是服务儿童。二是服务家长，让家长全方位了解教育心理服务，打造好教育

心理服务的名片，并根据 5 岁幼儿的发育状况，向家长提出幼儿是否在幼儿园留级一年的建议。三是服务教师，根据教师团队的需求提供服务，包括系统干预、个人咨询、讲座和工作坊等。四是与其他伙伴密切合作，包括儿童发展中心、社工以及早教咨询师等。

六、针对家庭的心理健康指导

2015 年后，越来越多的研究表明家长参与可以减少学生的问题行为，以色列教育部开始更加重视家长参与。

（一）建立家校沟通体系

设立专门机构指导家校沟通。心理与咨询服务高级处下设的协助与预防项目科家长与家庭事务小组负责指导学校与家长建立以对话合作为核心的伙伴关系。该部门主要负责提高教育团队建立家校合作的能力，并为他们提供政策、理论和实践方案的指导，并着力于提高教育者和家长应对家庭结构中正在发生的新变化的能力，如离异家庭、单亲家庭、同性家庭等，并不定期地向家长提供各种学习材料，包括但不限于专家讲座、与中小学生成长相关主题的手册等。

构建家校伙伴关系的四步模型。家长与家庭事务小组提出了建立家校伙伴关系的四步模型（图 14-1）。在具体实践过程中，各学校可以结合自身情况，灵活地设计最符合自己特色的家校沟通与合作模式。

尽管各学校在家校沟通上具有较大自主权，心理与咨询服务高级处仍然规定学校在实施心理与咨询服务高级处开发的项目过程中，需要向家长介绍项目目的、内容、实施方法，定期向家长汇报项目进展，并向家长推荐如何在家庭中培养孩子相应能力的方法。部分项目还会邀请家长到学校

知情与更新

- 学校定期与家长保持联系，保持最大程度的透明度，建立信任。
- 在系统层面，传递关于学校的活动、教学常规以及重大举措的信息。途径包括但不限于家长会议、新闻通讯、学校网站等。
- 在个人层面，与家长沟通学生的情况。途径包括但不限于个人会议、电话、信函或者在线的沟通系统等。

邀请参与

- 学校工作人员发起活动，邀请家长参与。
- 在系统层面，邀请家长参与组织学校组织层面的活动，比如高峰日、圆桌讨论等。
- 在个人层面，邀请家长与自己的孩子一起参加独特的活动，如家长会议、观察或者参与孩子的教育活动等。

咨询

- 教育工作人员与家长举行会议，共同出谋划策。
- 在系统层面，邀请一个家长群体（班级家长、年级家长、全体家长、家长委员会、任务小组等）来为推进学校的系统性问题出谋划策。
- 在个人层面，邀请家长来共同商讨他们孩子的情况和需求。

合作

- 教育团队和家长共同决策，从共同规划开始，以任务分配结束。每一方都有明确定义的责任范畴和任务规定。
- 在系统层面，促进教育团队与家长团体之间的合作，以推动学校事务的开展，如举办活动时的分工、制定规章制度、定义学校的愿景和独特性、组织高峰日等。
- 在个人层面，促进家长和教育团队在促进学生发展方面的合作，如为学生制订一份个性化的学校学习和生活计划。

图 14-1　以色列家校伙伴关系建立四步模型

和孩子一起体验与项目内容相关的活动。

设立家庭周。在家庭周中，学校被鼓励开展多种形式的家校沟通活动，包括但不限于与家长座谈、专家讲座、有主题的亲子会议等，心理与咨询服务高级处也会开发学校在这些活动中需要用到的材料。家庭周的活动更多地反映了四步模型中后面三步的内容。

（二）为家长提供专业指导与咨询服务

家长是学校咨询师和学校心理学家的服务对象。首先，学校咨询师和学校心理学家在为中小学生进行评估、诊断和干预的时候需要保证家长知情和征得家长对干预方案的认可。其次，学校心理学家和学校咨询师要为家长提供形式丰富的指导和干预服务，包括个人咨询或治疗，以及家长小组工作坊和讲座。服务内容通常与家长的需求、儿童成长的阶段有关。此外，学校心理学家还需要帮助家长为中小学生成长中重要过渡阶段做好准备，如幼升小或者从普通教育转入特殊教育框架等。心理与咨询服务高级处与立维斯凯师范大学合作成立学习障碍学生自主能力培养与支持中心（希伯来语简称 MAHUT 中心），通过系统化实证科学研究，为以色列家校合作提供理论指导，并为教师提供相应的培训。

利用信息化手段指导家长。以色列教育部官方网站设有家长专栏。该专栏有两大功能：一是了解子女动态。通过身份验证后，家长可以进入个人页面，该页面为家长提供在教育系统中就读子女（3—18 岁）的各方面信息，包括就读学校和班级的详细情况、是否被认定为特殊需求儿童、年度健康公告等。家长也可以在个人页面发起各种询问，会得到教育部工作人员的直接回应。二是为家长提供与儿童教育相关的全方位信息。其中的"特殊教育"板块对家长进行心理健康疾病以及如何养育有特殊需求的儿童的科普;"应对与支持"板块为家长介绍心理与咨询服务高级处提供的涉及学术应对、社会情感应对以及健康应对方面的服务。此外，心理与咨询服务高级处官网上还提供可以供家长学习和参考的资料。

成立家长和家庭中心。以色列教育部资助大学特别是师范院校成立家长与家庭中心，为当地家庭提供心理咨询（特别是家庭治疗法）和育儿指导（包括线上或线下的讲座、工作坊和单独辅导），帮助家长科学养育子女，建立健康的家庭关系，促进中小学生健康成长。

七、数字化赋能心理健康指导与服务

2012 年以来，以色列不断改革心理健康系统，政府以及四大医疗保险基金一直致力于推广信息化手段在预防和干预中小学生心理问题方面的应用。

（一）学生心理健康管理

全民心理健康数据库。自 2015 年 7 月 1 日起，由四大医疗保险基金建立以色列公民健康数据库，实现百分之百覆盖率，定期生成全民健康质量报告。教育部目前虽然没有单独的学生心理健康数据库，但公民健康数据库具有全国通用性，意味着学生无论去全国任何一处获取心理服务，医生都可以从数据库中调取相关信息，提高服务的便捷性。

基于数据研究的政策框架。以色列政府期望政策框架的设计是基于全民健康调查数据进行的，以此实现协作数据研究计划。四大医疗保险基金的数据与研究机构共享，从而帮助科研机构进行青少年心理健康领域相关的研究。该框架尚未完全成熟，但政府加快了数据共享的进度。以色列政府通过对中小学生心理健康数据的研究和分析，将最具有普遍性和代表性的内容发布在教育部和卫生部官网上，供家长和孩子浏览学习。

（二）数字化服务

政府服务。在教育部、卫生部和国家保险中心官网上提供关于儿童和青少年心理健康指导和服务的相关信息；以色列政府为儿童建立“儿童 e 政府”线上学习平台，通过玩游戏、互动活动、电子书、视频等形式了解如何应对生活中的各种危机，熟悉政府部门能够提供的支持。

专业机构服务。地方教育心理服务中心网站信息大多是为家长和教育工作者编写。此外，少数地方教育心理服务中心也提供在线情感支持，特别是在突发自然灾害等大型危机事件发生时。以色列社会情感学习中心与教育部深度合作，提供基于科研的政策建议，开发社会情感能力培训项目，推出面向 1—9 年级学生的线上项目——社会情感学习数字项目（SEL Digital Program），内容包括视频、游戏、故事和活动，为教育工作者和家长提供社会情感能力培养相关指导和材料。

人工智能应用。2021 年，Periapt 公司开发了一种能够帮助患有注意缺陷多动障碍青少年得到更好干预和治疗的人工智能系统。Timocco 公司为有心理治疗需要的青少年学生设计了一款基于动作示意（motion-based）的在线游戏平台。

总体而言，以色列中小学生心理健康服务具有类型丰富、覆盖场景广，注重整体性和系统性，遵循生态系统理论的指导，注重预防和监测，遵循积极心理学对心理健康的全面的认知等优点。但同时也面临着服务体量有限，服务网络复杂，缺乏常规化的高效的合作协调机制，缺少对在线心理健康服务的政策和资金支持等挑战。因此，如何进一步加强中小学生的心理健康服务与指导将是以色列社会持续探索的问题。

参考文献：

［1］Bilu Y, Flaks-Manov N, Bivas-Benita M, et al. Data-driven assessment of adolescents' mental health during the COVID-19 pandemic［J/OL］. Journal of the American Academy of Child & Adolescent Psychiatry, 2023. https://www. jaacap. org/article/S0890−8567（23）00053−9/fulltext.

［2］Kohavi H, Roded A D, Raviv A. Continuity and change in role definitions and training models of school psychologists in Israel［J/OL］. The Journal of Psychology, 2020, 154（8）: 545−567.

［3］Alkalay S, Dolev A. Public educational psychology services in Israel on the internet［J/OL］. Israel Journal of Health Policy Research, 2019, 8: 31.

第十五章

印度中小学心理健康教育与服务

印度是世界人口大国。为了应对社会压力、贫困、不平等等问题，更好地照顾和提升每个人的身心健康，促进社会和经济的持续发展，印度通过各种政策和计划推广心理健康教育，加强心理健康服务，促进心理健康专业人员的能力提升。心理健康教育已逐步在学校和社区普及，并在相关平台中整合了大量心理健康课程。

一、印度中小学生心理健康现状

据联合国儿童基金会消息，青少年的心理健康状况早已严峻：约半数的精神障碍始于 15 岁之前，75% 始于步入成年早期之前；每年死于自杀的 80 万人中，大部分是年轻人；自我伤害已成为 15—19 岁青少年死亡的第三大原因。2016 年，印度《全国心理健康调查》显示，13—17 岁年龄组中小学生心理健康问题检出率为 7.3%，上学儿童中的抑郁症和焦虑症检出率分别为 2.6% 和 1.3%。在印度城市进行的一项研究表明，五分之一的青少年在日常生活中承受高水平压力。大都市地区青少年精神障碍患病率为 13.5%，农村地区为 6.9%。虽然印度青少年心理健康问题较为严重，但在需要心理健康支持的人中，有 70%—90% 没有得到早期、及时和高质量的干预。

联合国儿童基金会2021年初对21个国家的2万名儿童和成人进行的一项调查显示，印度儿童似乎不愿意寻求精神压力方面的支持。在印度，只有41%的15—24岁年轻人表示，在心理健康问题上获得支持是件好事，远远低于21个国家的平均比例（83%）。在该项调查中，印度也是唯一的只有少数年轻人（41%）认为有心理健康问题的人应该向他人求助的国家，而在其他所有国家，大多数年轻人（56%—95%）认为向他人求助是解决心理健康问题的最佳方式。

印度青少年自杀与抑郁问题严重。印度国家犯罪记录局有数据显示，2017—2019年，超过2.4万名14—18岁青少年自杀身亡。其中，2017年8 029人，2018年8 162人，2019年8 377人。印度是全球青少年自杀率最高的国家之一，也是年轻人（15—29岁）自杀为首要死因的国家。

为此，印度在各大城市建立危机中心或自杀预防中心，倡导多方参与，发挥医生、学校教师、辅导员等群体的力量，并提供24小时电话服务等形式以预防自杀。抑郁症使青少年试图自杀的风险增加了12倍。根据此前针对印度不同地区的调查显示，印度不同地区青少年抑郁症患病比例分布于1.75%—55%，并与自杀、学业失败、不良同伴关系、药物滥用有关。研究者们认为，这些调查之间的差异可能是由于所调查区域学生所处的不同环境导致的，相较于农村环境，城市中的竞争更激烈，抑郁症的检出率更高。大约30%的抑郁症青少年会出现药物滥用问题。[1]

青少年存在高风险行为。据2008—2011年印度不同地区的调查结果显示，在印度青少年中，有暴力风险的行为（如携带尖锐物品上学、校园欺凌、损坏和偷窃他人物品等）在7%到33%之间，自杀意念在12%到19%之间，自杀未遂在4%到31%之间。许多导致晚年慢性非传染性疾病的不健康行为，包括烟草、酒精和非法精神活性物质滥用，不安全的性行为，肥胖和缺乏运动，通常出现在青春期。在印度不同地区青少年中，烟草消费量在 7% 到 12% 之间，酒精消费量在 1% 到 7% 之间，这些行为被称为高风险行为。[1]

二、政府为中小学生心理健康提供资源与政策支持

在过去几十年里，印度政府采取了一系列措施改善青少年的心理健康状况。

（一）基础设施与资源支持

20 世纪 30 年代后，印度政府开始意识到青少年精神健康问题的重要性，开始提供基础设施和资源方面的支持，如建立心理辅导中心和提供心理治疗服务等。1937 年，印度塔塔社会科学研究所在孟买建立第一个儿童指导诊所，20 世纪 40 年代成立印度心理卫生委员会这一非政府组织，这是印度解决中小学生心理健康问题的早期努力。到 80 年代，印度由医院等开设的儿童指导诊所已有 120 家，由 400 名专业人员经营管理。[2]除了 1954 年在班加罗尔成立的国家精神卫生委员会，印度还设立了精神卫生中心、专业医院和药物研究所等机构来提供精神卫生服务，以应对越来越多的精神疾病患者，包括儿童青少年患者。

（二）启动国家精神卫生方案

20 世纪 80 年代，印度的经济发展促进了社会变革，并开始重视精神卫生问题。1982 年，印度启动《国家精神卫生方案》，其中包括地区精神卫生计划、国家精神病院现代化、医学院或综合医院精神病学部门的升级和人力发展计划四部分。该方案的目标是确保在可预见的未来，人人能获得最低限度的精神保健，特别是最脆弱和最贫困的群体[3]；鼓励将精神

健康知识应用于一般医疗保健和社会发展，将精神健康与初级保健、精神药物和心理社会方法相结合；强调社区参与，促进社区参与精神卫生服务发展，并加强精神卫生专科的人力资源。此外，印度在儿童发展的不同领域采取了若干措施，但是这些措施都没有将中小学生心理健康作为一个政策要点。[4]

（三）推动青少年心理健康服务专业化

进入21世纪，印度心理健康和神经科学教育的最高中心——国家心理健康和神经科学研究所开展了一系列研究和实践活动，包括培训中学教师作为“生活技能促进者”教授学生生活技能；实施教师指导计划，教授教师识别心理问题的技能，并在必要时将学生转介给心理健康专业人员。该研究所旨在提高青少年对社会心理障碍的认识，了解自我并改善与同龄人和教师的关系。这种以学校为基础的项目大多集中在城市地区，且运行时间很短。这一时期，精神卫生问题被认为是国家青少年健康战略的六个战略优先事项之一。2014年，印度政府提出“国家青少年健康计划”（National Adolescent Health Program），将心理健康作为重点领域。该计划由政府通过国家卫生任务实施，除了改善营养和生殖健康，还在学校和社区层面引入同伴咨询。这是在国家层面改善青少年整体健康的里程碑。[2]

总的来说，印度青少年心理健康政策逐步完善，政府所采取的措施越来越多样化和全面化，以满足不同年龄段青少年的需求。

三、学校是开展中小学心理健康指导与服务的主阵地

印度通过在学校开展心理健康干预计划促进中小学生心理健康发展，如“自尊”（PRemIum for aDolEscents，PRIDE）项目、“学校心理健康”

（School Mental Health，SMH）服务计划、地区试点等。

（一）PRIDE 项目

PRIDE 项目是以解决问题为要素的跨诊断、低强度的心理干预，根据惠康信托基金会资助的基于全球多地案例而提出，旨在大规模缓解全球青少年的心理健康负担。2016 年，该项目在印度启动，由加州大学洛杉矶分校的干预开发团队指导，并与英国和印度桑加特的研究人员、临床专家密切合作，花了两年时间设计干预措施，并进行各种迭代，以测试其在印度公立学校中的可行性和可接受性，并为资源贫乏地区的心理治疗发展和评估建立了系统的分阶段方法。例如，在 2019 年 7 月至 2020 年 2 月，研究者在印度新德里五所中学进行试验。在干预的第一阶段，非专业辅导员根据参与者所存在的问题提供问题解决策略；第二阶段，对青少年进行重新评估，心理学家为未得到缓解的青少年提供进一步更为针对性的干预。干预结束后，参与者认为咨询服务帮助他们更有效地处理了自己的问题，有较高的满意度。针对不同的心理问题，该干预方案可以使用同一干预框架，以提高干预的效率和效用，有潜力成为解决印度常见精神疾病一线跨诊断干预措施。心理治疗领域中的跨诊断是寻找一系列心理疾病背后的共同致病机制和治疗方法，而不是仅探讨某一特定疾病分类的背后机制和干预，这可以有效降低治疗师的临床负担，提高治疗效率。

PRIDE 项目还开发了基于互联网的数字化干预手段“POD Adventures”，通过智能手机应用程序提供的新型游戏化干预措施，由辅导员为印度有心理健康问题的学生群体提供远程支持。该应用程序是通过互动动画故事、基于技能的迷你游戏和测验来教授学生解决问题的技能。学生通过创建个性化的行动计划，在游戏指南的帮助下，将解决问题的技能应用于现实生活。该应用程序旨在解决资源匮乏地区常见青少年心理健康问题，非常适合 13—19 岁面临问题和压力并希望寻求帮助的青少年，也能满足印度中学生对心理健康支持日益增长的需求。

根据 PRIDE 项目试验阶段的结果来看，其干预措施能够有效提升青少年的心理健康水平。目前，该项目的干预措施已在网上公开，为其他研究人员提供了心理健康标准，其研究成果发表在《柳叶刀儿童青少年健康》，并在最近的儿童和青少年心理健康协会奖评选中获奖，以表彰其在中低收入国家的创新研究、培训或实践。未来，该项目的组织者将与政府、资助者、非政府组织等建立联盟，在卫生部门之外架起桥梁，实现青少年心理健康教育的可持续发展和大规模干预实施。

（二）学校心理健康服务计划

学校心理健康服务计划目前在印度还处于起步阶段，正在部分地区由政府或非政府组织以较零散的方式进行，并未在全国范围内实施全面系统、可持续的计划。其基本要素包括促进情绪健康和干预学龄儿童的心理问题，目的是帮助儿童发展更有效地处理压力和解决问题的能力，并对生活持有积极态度。其重点是识别早期心理困难，并提供及时干预。一个全面的学校心理健康服务计划包括多层次的集体努力，从而为学龄儿童提供长期的心理健康预防和治疗措施。该计划强调与学生利益相关者能够为学生提供服务，目前在印度，教师是该计划的重要实施者。教师地位独特，既可以识别学生的心理优势，也可以发现新问题，包括学生的某种情绪困难对学业表现的影响。掌握简单心理技巧的教师可以帮助学生在学校处理问题，发现并促进有严重心理问题的学生转诊。如果教师理解并真诚欣赏心理健康在学生能力建设中的作用，就可以在学校创造积极的环境。实施学校心理健康服务计划的各组织通过培训，使教师帮助学生促进应对识别情绪、提高社交技能等。未来该计划需要扩大培训范围，让所有与学生利益相关者共同参与，发挥协同作用。[5]

（三）地区试点

印度各个地区也在试点针对青少年心理健康开展干预。例如，“心理健康正义”计划将心理健康服务带到学校。该计划在孟买的学校试行可复制的心理健康促进行动，其中包括提高学校利益相关者对心理健康问题的认识，并培养他们相应的能力。由于认识到心理健康问题与药物滥用之间存在错综复杂的联系，“锡金反对成瘾和迈向健康的国家”计划使用同伴教育模式对学生、家长和学校工作人员的吸毒行为进行干预。

果阿的“青年之友”（Friend of Youth）是一个以社区为基础的青年健康促进计划，其中包括点对点学习、教师培训和加强学生对健康主题（如心理健康、生殖健康等）的认识。对该计划的成效评估结果显示，无论是农村还是城市青年，对于因药物滥用、性虐待和自杀念头等心理健康问题而寻求帮助表现出更加接纳的态度。

总的来说，在印度学校进行的干预措施包括同伴教育计划、教师培训计划、健康教育课程和复原力课程。学校以各种方式提供主要针对抑郁、焦虑、复原力和应对技能的干预措施，对学生的情绪和行为健康产生了显著而积极的影响。尽管青少年心理健康是国家青少年健康计划发展的优先领域，但学校心理健康服务计划的实施规划仍存在有限性和分散性的问题。

四、印度社区心理健康服务由地区医院实施

社区干预是一种通过在青少年所处的社区中提供各种心理健康服务和支持来预防和帮助他们克服心理问题的方法。地区精神卫生计划是 1996

年根据国家精神卫生计划启动的一项基于社区的精神卫生服务提供计划，该计划旨在通过发展地区精神卫生团队、社区组织和各个政府部门等之间的合作关系，提供更为全面的精神卫生保健服务。为进一步落实地区精神卫生计划中的基本心理健康服务，印度于2011年开始实施社区心理健康发展项目。该项目旨在开发当地可持续的最佳社区心理健康模型，并可在地方、州和国家层面开展实践。该项目在四个地区进行试点，分别位于城市的昌迪加尔区、农村部落的古姆拉区、混合城市环境的拉马纳塔普拉姆区和低卫生资源的潘奇马哈尔区，重点是通过将精神卫生保健纳入公共卫生，发展地方预防、治疗和治愈精神障碍患者的能力。

印度的一些教学医院（医学院的附属医院）在各地区建立“卫星诊所”提供门诊治疗服务，以惠及距离医院较远的患者。这些服务由教学医院的专业人员提供。一般来说，每一个卫星诊所的团队由一名精神科医生/高级住院医师、一名临床心理学家/医学硕士研究生、一名社会工作者和一名护士组成。卫星诊所是在评估该区域精神障碍患病率和社区领导人是否愿意开始这些服务之后建立的。卫星诊所没有固定位置，取决于社区空间的可用性。大多数卫星诊所每周提供一次3—4小时的服务。卫星诊所的设立必须符合以下条件：一是设在有卫生设施和常规调查设施的地方，如村民经常光顾的宗教场所或附近；二是对于严重病例和精神科紧急情况，必须有转诊到三级中心的安排；三是在门诊时间后以及在紧急情况下，需要告知社区向谁和在哪里寻求帮助；四是应与社区其他保健设施建立联系。卫星诊所的设立有助于为社区成员提供有关心理健康问题的诊断。这些诊所还为精神障碍的一级预防提供框架，让偏远地区的社区成员有机会了解如何处理此类疾病。总之，该方案被证明是切实可行的，具有较高的效益和可持续性，可以为社区所接受。

印度政府还开展“学校健康 –RBSK”计划，于2013年在印度每个区域性医院（District Hospital）启动地区早期干预中心，但只为患有孤独症和其他学习 / 神经运动障碍的儿童提供服务。执行该计划的团队由一名医务人员、一名女性卫生工作者和一名药剂师组成，在学校中进行常规健康检查时，使用易用量表（如贝克抑郁量表）筛查青少年抑郁症和其他常见精神疾病。印度医学院社区医学系提供专业指导和监督，并对高风险行为进行常规调查。[1]

研究发现，基于社区的心理健康干预是行之有效的。但是印度目前并没有全面的针对青少年的社区心理健康干预措施。

五、印度心理健康服务中的信息化手段应用

麦肯锡咨询公司发布的《数字化印度》报告显示，印度已经成为全球最大、发展最快的数字消费基地之一，其数字化进程比许多成熟和新兴经济体还要快。截至 2018 年 9 月，印度互联网用户为 5.6 亿，仅次于中国。数字服务正在同步增长。印度人在 2018 年下载应用程序达 123 亿次，仅次于中国；印度网民平均每周在社交媒体上花费的时间为 17 个小时，比中国和美国的社交媒体用户使用的时间更长。

2020 年 8 月 15 日，印度启动国家数字健康任务，旨在运用数字技术解决医疗资源短缺难题，由此涌现出一大批势头强劲的医疗科技初创公司与研究所。2023 年 8 月，东盟与印度合作签署的《2023 年印度—东盟数字工作计划》，强调信息与通信技术在数字健康中的重要性，为推进全球数字健康治理提供了样本。印度借助“阿尤斯曼 · 巴拉特数字健康计划”建立起连接本国数字健康生态系统的开放平台，在此基础上，印度卫生和家庭福利部部署了全国性远程医疗应用，并由 23 个远程心理健康卓越中心组成网络以提供全国性的远程心理健康方案。

目前，位于班加罗尔的全民心理健康实验室正在构建一个名为EMPOWER的数字平台，通过该平台可以学习、掌握和提供基于证据的社会心理治疗方法。其目标是在未来五年内培训超过100万名一线工作人员，为情绪困扰、焦虑、创伤相关和成瘾相关的心理健康问题提供心理治疗。

桑加特（Sangath）是印度心理健康领域最负盛名的非营利组织之一。除联合开展PRIDE项目以外，该组织还提出了“It’s Ok to Talk”倡议，旨在提高青少年对心理健康和福祉的认识，使更多青少年能够参与有关心理健康的对话，并寻求和获得帮助。通过创设线上平台，记录印度青少年的真实故事，帮助青少年消除对心理健康的误解，解决常见心理健康问题和疾病，分享有关如何寻求帮助、解决污名化和建立复原力的信息。2019年，“It’s Ok to Talk”被脸书评为十大最杰出国际心理健康活动之一。基于“It’s Ok to Talk”平台，交谈（Baatcheet）项目设计、开发和试点实施了基于网络的讲故事干预，旨在减少16—24岁青少年的焦虑、抑郁和社交障碍，它的核心内容将是精心策划双语（英语和印地语）个人叙述档案，这些叙述档案涉及青少年应对焦虑和抑郁并从中恢复的有效策略。此外，该项目还将包括一些工具，供青少年用户制订个性化的目标和行动计划，以建立反思性自我保护的能力，增强个人控制感，而这种控制感对于长期处于压力和弱势群体的青少年来说尤其缺乏。

PeakMind是一个专注于学生心理健康的数字平台，其最终目标是让学生具备压力管理等能力以及乐观和专注等特质，在激烈的竞争中取得成功。该平台设计了一项根据五个参数来衡量学生优缺点的测试，以及“竞争”（Compete）和“发展”（Flourish）两种课程。参加“竞争”课程的学生由接受过行为科学、应用心理学、积极心理学和实战演练的辅导员来帮助他们学会解决问题。而在“发展”课程中，学生可以参加为期一年的专业知识和技能发展课程，重点关注“PRIME”生活技能，如生产力、心理韧性、记忆力、专注力和情感健康。此外，该平台还提供超过50种习惯养成工具和跟踪工具（如SMART Goal等），围绕30种日常情况提供精心策划的引导视频供学生体验。

印度的网络数字干预还通过移动短信提供服务，主要是为了促进解决城市贫民窟年轻女性心理健康问题。这一服务为促进心理健康和预防心理问题提供情感支持，并获得较高的用户满意度。基于班加罗尔这一世界信息科技中心，印度在远程心理健康、移动应用程序、培训心理健康专业人员和向公众提供信息方面的技术仍在不断进步。

六、印度女性青少年心理健康服务

印度社会长期秉持“重男轻女”观念，女性在家庭、社会中地位低下。印度女性通常比男性更容易出现焦虑和抑郁等心理健康问题。

2009年，总部位于美国的非营利组织CorStoneWie为中低收入国家的女性青少年开发并试行了基于心理弹性的课程计划——女孩优先（Girls First），该计划从积极心理学、恢复性实践等领域汲取方法，每周进行促进同伴支持的会议，具有高度互动性，包括讨论、活动、游戏等。在学校上课时间，由来自当地社区的受过至少10年级教育的妇女辅导员提供支持。该计划旨在加强女性青少年的情绪弹性（包括应对技能、适应性和毅力）、自我效能感等心理资本，从而帮助女孩改善她们整体的心理健康状况，如更高的生活满意度、更低的焦虑和抑郁水平，获得社会幸福感，与同龄人建立更紧密联系。Swabhimaan计划在印度三个邦实施干预，定期举行团体会议，为青春期女孩增加获得卫生服务的机会，促进中等教育发展，防止童婚，从而提升青春期女孩的心理韧性，促进心理健康。

此外，印度的精神科医生多为男性，女性精神科医生约占印度精神科医生的 15%，其中只有 10% 是高级医生。但是，越来越多的女性学习和研究精神病学，这对于女性心理健康来说，是一个较好的趋势。印度精神病学会也在积极推动女性心理健康，出版《2009 年女性心理健康》，创建妇女心理健康委员会等。随着性别角色的变化、技术的进步、全球化，女性的心理健康和男性的心理健康必然是相辅相成的，这样才能促进全员心理健康。

七、印度天才儿童心理健康状况及针对性工作

目前印度的天才教育项目通常面向智商高、创新能力强、在学业方面高于同龄人的儿童。天才儿童通常具有较强的认知能力、更高的智力水平、更快的特定领域学习能力、高效的学习方法以及在特定领域学习的强烈动机。大多数关于天才的理解都集中在学术成就和高水平的智力上，可通过智商测试来衡量。[6]

印度若那·普拉博帝尼心理研究所（Jnana Prabodhini Institute of Psychology，JPIP）于 1969 年开办了一所天才高中。除了直接服务天才儿童，该研究所还协助甄选天才儿童，关注天才儿童的心理问题。这所学校强调通过丰富的教育内容（如儿童综合发展工作坊、学校心理学等），培养学生智力和个性的多个方面（如认知发展、学习和研究技能、情感发展等）。除学术活动外，该研究所还开展各种实地活动，培养学生的个性，促进学生全面发展。该研究所一直是印度天才儿童研究的领导者，并在天才儿童教育方面拥有多名研究人员。

印度国立高等研究院出台了天才教育计划，识别和培养 0—18 岁来自不同社会经济背景的各领域天才儿童。该计划制订了综合性资优辅导计

划，以满足天才儿童的特殊辅导需求，其中就包括心理健康教育。该计划通过为天才儿童培训心理和教育辅导员，提高家长和教师对天才儿童的敏感性。

针对天才儿童的心理辅导主要包括以下方面：一是社会情感需求。天才儿童可能会受到同龄人的欺凌、嘲笑或拒绝，由于周围人对于天赋的矛盾态度，会使天才儿童形成一种自我防御机制，表现得傲慢并拒绝合作。二是教育需求。目前印度的大多数学校未能认识并满足天才儿童的特殊学习需求（这也是天才儿童最迫切的需求），导致天才儿童表现出课堂上的无聊和不愿上学等行为问题。三是家庭动力。家庭对天才儿童的不同态度和行为与天才儿童的成绩不佳和社会情绪失调等问题有关。在为孩子提供心理咨询时，需要探索家庭动力因素。四是学校和家庭的冲突。学校和家庭在识别和培养天才儿童的态度和行为上产生的冲突也会影响天才儿童的心理成长。培训后的天才儿童心理辅导员需要认识到学校与家庭的冲突，并能够与两者合作，以优化孩子获得资源的机会，减少天才儿童在冲突中受到的影响。

总的来说，目前印度天才儿童的识别尚需优化，教育缺乏创新，在缺乏国家天才教育计划的情况下，有关天才儿童的心理健康教育资源更是稀缺，建设之路任重而道远。

八、印度中小学生心理健康教育的成就与挑战

印度的心理健康教育取得了一些显著性进展和成就。一是心理健康问题引起更广泛的关注，心理健康教育不断扩大包容性，开始重视女性心理健康和天才儿童心理健康，公众更加了解心理健康问题。二是社会机构和非政府组织不断推进心理健康教育，鼓励对这些问题进行开放的讨论和交

流。三是学校和社区发挥力量，增加心理健康支持的有效性和可及性。四是利用大数据信息化技术，扩大人们获取心理健康支持和信息的渠道，使心理健康教育和服务更加高效和便捷。

总体上看，虽然印度针对青少年的心理健康干预措施在项目、内容、实施、持续时间和样本量方面的异质性，使研究者很难就干预措施的有效性得出结论，但是有证据表明，持续时间较长的干预措施对青少年的心理健康和福祉有积极影响。一项关于心理健康干预的系统评价显示，与结构化程度更高、持续时间更长的干预措施相比，持续时间短、频率较低、疗程较少的干预措施对改善心理健康没有显著影响。目前印度大多数干预措施针对 13 岁及以上的青少年，缺乏针对 10—12 岁早期青少年的干预措施。然而，从以往研究中可以明显看出，印度的早期干预，即对青少年心理问题的早期识别并及早干预和介入治疗被认为是一种有效的心理健康促进和预防策略。

印度在心理健康教育方面仍面临一些挑战。一是数据缺乏。由于缺乏与心理健康问题相关的数据，研究者对心理健康问题的追踪和评估十分困难。二是心理健康问题还存在一些文化、信仰方面的困境。印度文化与心理治疗的距离较远，很多人不愿或不敢参与诊疗，或者只是将之视为权威治疗之外的第二种选择。三是教育系统尚未充分整合心理健康教育的知识或提供足够的机会供青少年进行心理咨询，这也可能与学校的课程负担较重有关。四是卫生领域人力资源短缺及其精神卫生培训不足、社区参与不足、初级保健工作人员参与度低、管理不善、主要部委和部门的精神卫生工作支离破碎，以及总体上缺乏领导和技术能力，这是导致许多地区心理健康教育实施失败的原因。

参考文献：

［1］Chauhan P A, Rupani M P. High-risk health behaviors predict depression among school-going adolescents: the need for integration of mental health with school health program in India［J］. Journal of community psychology, 2021, 49（6）: 1891−1903.

［2］Hossain M M, Purohit N. Improving child and adolescent mental health in India: status, services, policies, and way forward［J］. Indian Journal of Psychiatry, 2019, 61（4）: 415−419.

［3］Nath N W, R S M. The birth of national mental health program for India［J］. Indian Journal of Psychiatry, 2015, 57（3）: 315−319.

［4］Shastri P C. Promotion and prevention in child mental health［J］. Indian Journal of Psychiatry, 2009, 51（2）: 88–95.

［5］Kumar D. School mental health program in India: need to shift from a piecemeal approach to a long-term comprehensive approach with strong intersectoral coordination［J］. Indian Journal of Psychiatry, 2021, 63（1）: 91−96.

［6］姚慧杰，吴佳妮. 基于政府主导与社会支持的发展战略——印度天才儿童教育研究［J］. 基础教育参考，2023（2）：68−74.

第十六章
新加坡中小学心理健康教育与服务

作为依靠人才获得不断发展与繁荣的国家，新加坡政府十分重视对中小学生的培养。然而，新加坡也面临日益严峻的中小学生心理健康问题的挑战。新加坡中小学生精神病门诊的病例数量从20世纪80年代的每年约500例增加到2010年的近3 000例。自杀率是衡量一个社会国民心理健康状况的指标之一，数据显示，2016年，新加坡10—19岁中小学生中有27人自杀，创15年来的最高纪录。2020年新加坡10—19岁中小学生自杀人数增至30人，2021年为37人，增幅高达23.3%。新加坡全国青年理事会2020年上半年的调查显示，52%的受访青少年表示曾经面对心理健康方面的挑战；2021年，新加坡援人协会接到10—19岁中小学生的求援电话和短信增加了127%。中小学生的心理健康已成为新加坡集体社会意识的关注点，也是新加坡政府、家庭和学校等各方的重要议题。为了改善中小学生的心理健康状况，新加坡的学校、家庭和社会各方通力合作，营造充满关怀和友爱的心理健康支持网络。

一、新加坡中小学生心理问题的类型和检出率

新加坡对优质发展的追求给中小学生的健康发展增添了压力。学业焦虑、人际关系问题、与家长缺乏沟通、对未来前景的担忧、家长和中小学

生自身的高期望等，都是影响中小学生心理健康的潜在风险因素。校园欺凌现象也不容小视。根据新加坡儿童协会2008年对786名小学生和513名中学生的调查，每4名中学生中就有1名遭受过欺凌，每5名小学生就有1名遭受过欺凌。结合相关调查数据，新加坡中小学生的心理问题主要涉及以下几个方面。

一是注意缺陷多动障碍，简称多动症。多动症是新加坡儿童最常见的心理障碍。根据2004年的疾病负担调查数据，多动症是新加坡0—14岁儿童疾病负担的第三大原因，占其伤残调整寿命年（从发病到死亡所损失的全部健康寿命年）的6%。2012—2015年，新加坡每年平均出现645起多动症新病例，发病率介于3%—5%之间，相当于每40名儿童中就有1—2人是多动症儿童，其中男孩与女孩的比率为三比一。根据社区心理健康响应、早期干预和评估团队2015年的诊断记录，多动症是中小学生最常见的心理障碍，约占总病例数量的35.7%。

二是破坏性行为障碍。破坏性行为障碍是一种在需要自我控制的背景下表现出控制不良、冲动、出格行为的障碍，包括对立违抗障碍与品行障碍。研究发现，在1997—2001年，新加坡儿童指导诊所13—19岁青少年案例中，对立违抗障碍、品行障碍等破坏性行为障碍是最常见的诊断转介问题，转介量持续呈上升趋势。在社区心理健康响应、早期干预和评估团队2015年的诊断记录中，约有4.2%的中小学生被诊断为行为障碍。

三是抑郁、焦虑等内化或情绪问题。中小学生的心理健康问题通常分为外化问题和内化问题。外化问题包括反社会行为和攻击性行为；内化问题指向个体心理内部的问题，包括情绪问题、退缩问题以及躯体不适等。2007年，新加坡首次对6—12岁的中小学生进行了大规模心理健康调查，结果显示，儿童内化问题率（12.2%）高于外化问题率（4.9%）。而西方国家的同类调查结果与此相反，即儿童外化问题率高于内化问题率。有数据显示，2013—2018 年，新加坡 10—24 岁群体出现抑郁症的人数翻了四倍。

二、新加坡心理健康政策发展沿革

随着民众尤其是中小学生群体对心理健康服务的需求逐渐增大，新加坡顺应时代发展和实际需求，从战略与政策上进行调整，由规范精神失常者的护理与治疗转向同时加强对民众的心理健康服务，从以老年群体为重点的精神卫生事业发展到同时关注中小学生的心理健康事业。以下将以时间脉络为主线梳理新加坡的心理健康相关政策。

1993 年，新加坡卫生部启动国家精神卫生方案。依据该方案，新成立的心理卫生学院作为国家精神健康方案的教育、培训和研究部门，与伍德布里奇医院一起，推动心理健康事业转向专业化的组织协调并以社区为导向发展，以进一步改善新加坡的心理健康服务。伍德布里奇医院提供临床服务，如住院、门诊、日托和家庭服务等，心理卫生学院则负责民众教育、科学研究、本科和研究生培训以及基础与后基础的护理培训等工作。

为进一步支持新加坡不同群体的精神医疗保健需求，加强民众的情绪恢复力和心理健康，2007 年，新加坡卫生部颁布《2007—2012 国家心理健康蓝图》(*National Mental Health Blueprint*, *Singapore 2007–2012*)，共制定了四个战略领域的蓝图，包括通过公共教育和活动提高民众对心理健康的认识，将专科精神卫生保健与初级保健和社区服务结合起来，提高精神卫生保健的人力和能力，通过心理健康研究改善治疗方法和结果。该蓝图的战略重点在于促进心理健康问题的初级预防，增加获得心理健康服务的机会，加强心理健康专业人才培养，提高心理健康服务的质量和监测水平以及促进心理健康研究。该蓝图使针对中小学生的学校心理健康服务以及基于社区的服务成为关键领域。

2012年，为了促进心理健康服务的可及性，新加坡启动“社区心理健康总体规划”（Community Mental Health Masterplan，CMH）。该规划关注社区心理健康保健，以便民众可以在离家更近的地方接受心理健康服务和护理，并推动整合和扩大以社区为基础的治疗前和治疗后支持。2017年，新加坡卫生部宣布了一项为期五年的“增强社区心理健康的总体规划”（Enhanced Community Mental Health Masterplan），以进一步扩大社区精神卫生服务，推动不同利益攸关方共同努力，整合健康、社会和社区支持。在该规划的指导下，新加坡通过培训全科医生、培训政府机构和社区伙伴的一线工作者以及建立社区干预小组与社区外联小组，加强对精神疾病患者的护理并创造包容和支持性的环境。

2017年，新加坡卫生部和教育部联合推出健培计划（NurtureSG）。该计划旨在让中小学生从小培养健康习惯，长远改善身心健康，为建设健康的国家奠定基础。计划中涵盖了运动与营养饮食、心理健康以及睡眠健康三大重点领域。针对中小学生的心理健康，该计划提出加强支持网络和心理恢复力，并通过以下四项具体工作来实现：一是加强同伴支持；二是培养年轻人的社会情感能力；三是构建服务提供者评估青少年心理健康相关方案的能力；四是成立青少年自杀问题跨机构研究工作组。同时，计划的执行取决于家长的参与和培养积极健康的生活方式。

为了提供心理健康总体目标和战略以改善新加坡民众心理健康和福祉，2021年，新加坡跨部门心理健康工作组研制了精神卫生和福祉总体战略（National Mental Health and Well-being Strategy），并于2023年10月正式出台。该战略计划从扩大精神卫生服务能力、加强服务提供者的早期识别和干预能力、促进心理健康和福祉等重点工作领域，进一步加强对中小学生心理健康的服务和支持。例如，利用精神卫生和福祉服务的护理模式，加强青年服务的可获得性并扩大优质精神卫生服务的范围；开发家长工具箱，为家长提供青少年心理健康及网络健康知识和技能；促进积极、健康地使用技术和社交媒体。

三、新加坡学校心理健康服务

学校是预防和干预中小学生心理健康问题的最适当场所。新加坡《2007—2012 国家心理健康蓝图》将学校心理健康服务作为改善中小学生心理健康的重要工作领域。

（一）21 世纪能力框架与教育原则

1. 21 世纪能力框架

为了适应社会快速发展带来的挑战，2010 年 3 月，新加坡教育部颁布《新加坡学生 21 世纪能力和目标框架》，旨在培养充满自信、主动学习、积极奉献和心系祖国的公民（见图 16-1）。21 世纪能力框架包含三层：一是核心价值观，包括尊重、责任感、和谐、正直、坚毅不屈、关爱；二是社会情感能力，包括自我意识、自我管理、社会意识、人际关系管理以及负责任的决定五大能力；三是最外层的全球化能力，包括公民素养、全球意识和跨文化交流技能，批判性和创新性思维，沟通、合作和信息技能。新加坡教育部强调，要在整个学习过程中贯穿对学生 21 世纪技能的培养，而不是仅限于课堂教学。

新加坡对中小学生心理健康的关注体现在 21 世纪能力框架中的社会情感能力，并着眼于中小学生可持续的终身发展。社会情感能力的培养，是帮助中小学生学会如何控制情绪、关怀他人、做出负责任的决定、建立

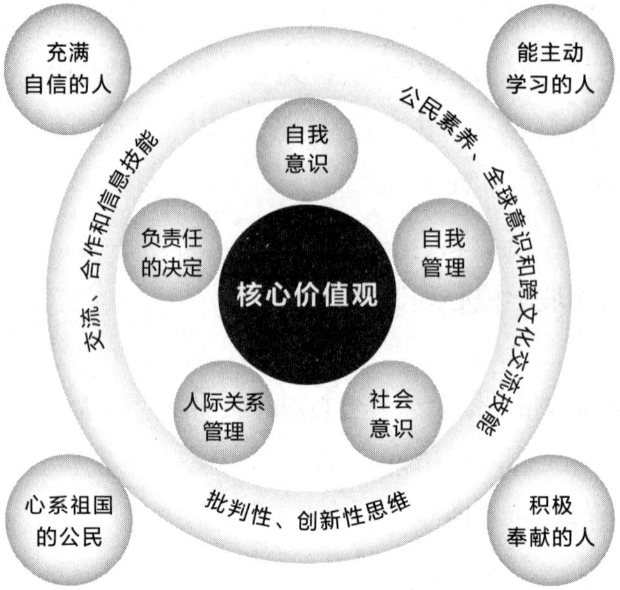

图 16-1　新加坡学生 21 世纪能力和目标框架

良好的人际关系，从而有效应对生活中的挑战，并在教育成果中得以体现。例如，培养中小学生具有自我意识并运用自我管理技能实现个人身心健康和效益；具有社会意识并运用人际沟通技巧建立和维持相互尊重的良好关系；具有坚毅不屈的精神并有能力把挑战转化为机遇；关怀他人并积极为社区和国家的繁荣发展做出贡献等。

2. 整体健康框架

为了发展学生的整体福祉，新加坡教育部提出了整体健康框架（Holistic Health Frame，HHF），培养每个学生健康生活的态度和技能，使学生离开校园后仍具有保持健康生活方式的动力。

该框架提出了三项指导原则：一是整体健康原则。整体健康不仅包括身体健康，还包括学生的心理和社会健康。二是包容原则。每个学生都能够获得健康生活的知识、技能和态度。三是优质辅导原则。训练有素的教师和合格的辅助教育者有效地教授整体健康。

该框架包括三个关键组成部分。一是支持性的学校文化和组织。通过构建关于健康议题的共同愿景，形成一个有效运行和资源整合的行动计划。二是全面和相关的正式与非正式课程。课程通过学校课程以及课外活动提供。三是协同合作和伙伴关系。合作方通过分享他们的专业知识和资源支持学校的健康促进工作。

（二）学校心理健康服务的具体内容

1．开设品格与公民教育课程

品格与公民教育（Character and Citizenship Education，CCE）是新加坡 21 世纪能力框架和学生学习成果的核心。新加坡教育部 2014 年推行的《品格与公民教育课程标准》将社会情感学习纳入该门课程体系，以此加强中小学生心理健康教育。2021 年，新加坡教育部将心理健康列为品格与公民教育课程的重要内容，以增强中小学生心理健康与个体复原力。

一是社会情感学习。社会情感学习围绕五种关键能力的发展建构学生的指导和学习。在小学阶段，学生通过品格与公民教育课程下的级任教师辅导课（CCE Form Teacher Guidance Period，FTGP）学习社会情感能力（见表 16-1）。级任教师（相当于班主任）通过有意义的互动游戏与学生建立良好师生关系，通过讲授网络健康、教育与职业辅导、自我防卫等课程内容，帮助学生在现实生活的具体情境中实践核心价值观以及社会情感技能。[1] 中学阶段不再专门开设级任教师辅导课，而是将网络健康、教育与职业辅导的内容纳入品格与公民教育指导单元。学生通过该课程获得心理健康的知识和技能，学会有效管理自我和处理人际关系，并为个人和社会做出负责任的决定。

表 16-1　级任教师辅导课程的内容与时间（2014 版）

<table>
<tr><td rowspan="5">社会情感学习</td><td>自我意识</td><td>一个了解自己情绪、优缺点和个人取向的人能建立积极的自我意识和自信心</td><td rowspan="2">低年级的课程时间（小一至小三）每学年 15 小时</td></tr>
<tr><td>社会意识</td><td>一个有社会意识的人能准确地辨识不同观点，并了解和接纳社会中存在的差异，同时在与他人沟通时表示尊重及体现同理心</td></tr>
<tr><td>自我管理</td><td>一个善于自我管理的人能有效地掌控自己的情绪，体现一定的自律能力，具有明确的人生目标，并且具备组织能力</td><td rowspan="2">高年级的课程时间（小四）每学年 15 小时</td></tr>
<tr><td>关系管理</td><td>一个善于处理人际关系的人能通过有效沟通与他人建立和维持良好的关系，也能够有效地与他人合作，并妥善处理矛盾与纠纷</td></tr>
<tr><td>负责任的决定</td><td>一个能够做出负责任决定的人会以道德伦理为依据，辨识、分析及衡量各项决定所带来的结果和影响</td><td>高年级的课程时间（小五和小六）每学年 15 小时</td></tr>
</table>

二是心理健康教育。更新后的课程标准强调，各学段的品格与公民教育课程要教给学生不同的心理健康知识与技能。小学阶段的内容要帮助学生加强心理弹性和幸福感，区分压力和痛苦，知道如何寻求帮助，以及对他人表现出关心和同理心。[2] 中学阶段的内容要帮助学生加强适应能力和幸福感，区分一般性压力和压倒性压力，提高寻求帮助的效率，消除对心理疾病的消极心态。心理健康作为课程重要内容，学习如何识别常见的心理问题和症状是必要的。该课程已于 2021 年在初中阶段实施，并在两年内逐步推广到其他学段（见图 16-2）。

2. 提供心理咨询服务

新加坡的学校由具有专业资质的学校咨询师为学生提供心理咨询服务。自 1996 年以来，新加坡教育部就在学校部署了接受额外辅导培训的学校咨询师。目前，每所学校都至少配备了一名心理咨询师，为学生与学

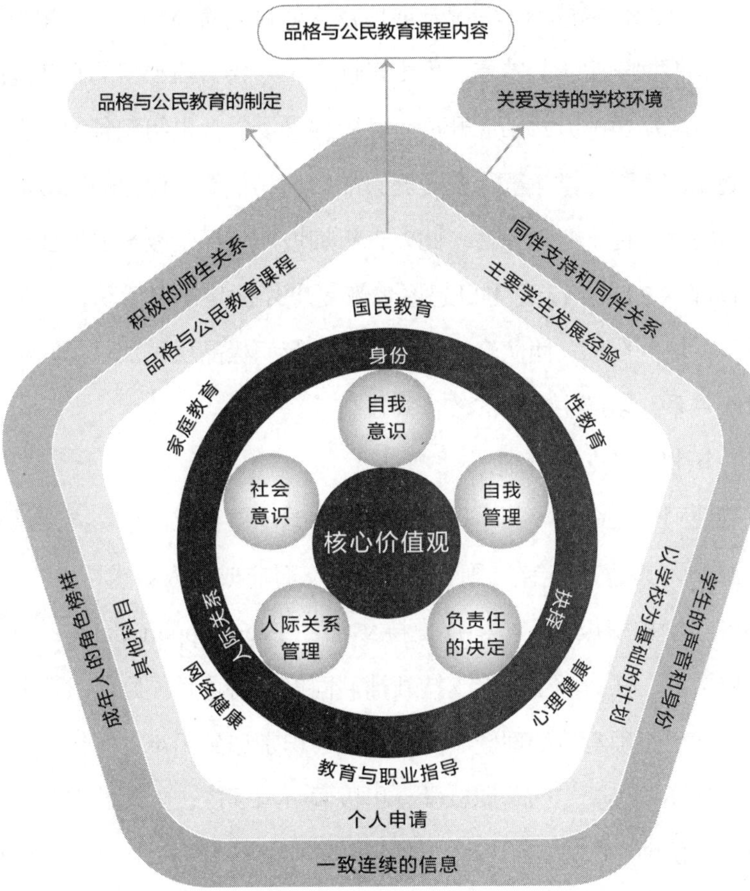

图 16-2　新加坡 2021 版品格与公民教育课程体系模式图

校相关的问题提供咨询服务，如友谊问题、情绪调节、学习困难和压力管理，以及如何应对悲伤和失落。当学生需要专业干预时，普通教师会将学生转介给学校咨询师，当后者也无法应对时，再转介给专门机构。

3. 开展项目与活动

开展项目与活动是新加坡中小学教育的重要环节，旨在使学生通过课外拓展活动加强社会情感学习，通过实践强化所获得的知识与技能。学校可以根据需要选择由各大研究机构、政府组织提供的各类心理健康教育活动项目包，并结合本校具体情况开展项目。项目覆盖小学、中学和中学后三个学段，根据学生年龄特点、思维发展和某一年龄段独特的心理健康问题，以全校总动员的方式相应开展。健康促进委员会也组织各种心理健康促进计划和方案帮助学生获得心理健康的知识和技能，使他们能够应对常见的生活挑战，提升心理弹性。此外，新加坡户外探险教育委员会支持新加坡教育部从 2023 年 2 月 1 日起逐步恢复户外探险学习活动，让学生走出舒适区，培养自信、团队合作和抗压能力等积极品质，加强与同学、老师的信任关系，以产生重要的教育效益。

4. 构建同伴支持机制

支持性同伴关系是学校中积极关系网络的重要组成部分。同伴是重要的支持源，尤其是青少年，更倾向于向朋友而非成年人寻求帮助。为此，新加坡各级学校积极推广“同伴支持文化”（Peer Support Culture），组织同伴支持培训，任命学生同伴支持领袖。同伴支持项目鼓励寻求帮助的行为，教导学生正确看待心理健康问题，学会识别遇到困难的同伴。学生同伴支持领袖还要接受专门培训，学会积极倾听与回应，处理冲突并鼓励同伴尽早寻求帮助。教师和学校咨询师会为同伴支持者提供培训，并进行定期交流。2016 年，新加坡教育部在四所学校推出学生同伴支持计划，目前大部分学校拥有类似的同伴支持机制。

（三）学校教师角色分工及相关保障

1. 全体一线教师

一线教师要能够识别学生的心理问题并促进学生发展。新加坡教育部认为，所有一线教师均应具备以下三种能力：一是在学生之间建立相互关心和支持的文化，教授学生生活技能，提高他们的情绪适应能力；二是识别学生身上常见的风险信号，包括社交退缩、注意力不集中、情绪变化、攻击性或任何不符合学生特征的行为；三是与有需要的学生主动接触，了解他们的问题并提供关心和支持。

为了加强一线教师对有需要的学生进行识别和支持的能力，新加坡中小学教育工作者都被要求接受心理健康训练。新加坡健康促进委员会为教育工作者提供互动式培训，主要内容包括中小学生心理健康常识，识别学生早期心理问题预警信号的方法，为学生提供适当支持和转介服务的必要技能等。这些培训使学校教育工作者能够及早发现学生的痛苦迹象，并在必要时将他们转介给专业心理咨询师，并有助于教师在课堂和课外活动中创造富有支持性的环境。

2. 级任教师和品格与公民教育教师

级任教师和品格与公民教育教师在学生品格塑造过程中扮演了举足轻重的角色。新加坡所有小学自 2012 年起推行级任教师辅导课制度，由级任教师教授社会情感能力。为解决级任教师兼任的问题，在《品格与公民教育教学大纲》中，专门为教师教学提供了助力资源，这些资源不是笼统的原则性引导，而是清晰明确的可采用的情境资源和可模仿可学习的方法指导。在新加坡的中学，则配备了接受过培训的专业化的品格与公民教育教师，能够为其他教师提供示范和指导。为了加强品格与公民教育教师的专业发展，2022 年底，在新加坡南洋理工大学国立教育学院建立了品格与公民教育中心，负责培养相关教师教授品格与公民教育课的技能。

3. 学校咨询师

学校咨询师主要负责学校心理辅导工作。截至 2015 年，新加坡所有主流学校都配备了心理咨询师。在学校咨询师准入方面，教育部同时招聘受过培训和未经培训的学校咨询师。受过培训的申请人要具备相关咨询资格，如新加坡咨询协会认可的资格。未经培训的申请人则在通过申请、面试与体检后，需要在学校实习，在这期间会得到导师的指导和学校的支持，这种实习经历可以让申请人评估自己对学校咨询职业的兴趣和胜任力。此后，申请人需要完成教育部安排的八个月的基础培训计划，即国家教育学院的学校咨询课程，该课程专为学校辅导而设计，旨在使学员能够有效工作并满足中小学生在教育环境中的需求。学员成功完成培训计划后，将被派往学校担任学校咨询师，为期两年。

学校咨询师主要有以下三方面的工作职责。一是建立系统支持。例如，制订合适的学校辅导计划，及早识别和转介有心理问题的学生；与外部相关专业人员和社区机构建立联系；评估并向学校管理层报告学校学生的心理健康状况。二是完成预防方案。为学生开发和开展关于心理健康问题及其应对策略的小型和大型团体课程；为学生、家长和教职员工开发并提供心理健康资源。三是提供响应式服务。例如，为学生提供个人和团体咨询；必要时将学生及其家人转介给社区资源或外部专业人员；为受到重大事件影响的学生提供直接危机干预和跟进；维护案例咨询记录和适当的文档。为了支持学校咨询师，学校可以灵活地减少他们的教学或课外活动职责，让他们有更多时间与学生共度时光。

四、新加坡社会与家庭心理健康服务

应对中小学生心理健康问题需要全社会共同努力。家庭和社会的心理健康服务工作已成为新加坡学校心理健康服务的重要补充并发挥积极作用，同时促进中小学生与各类主体形成强大和积极的关系，共同构成心理健康问题前期预防和及时干预的共同体。

（一）针对家庭的心理健康指导

积极的家庭支持对中小学生的心理健康发挥着至关重要的作用，新加坡社会及家庭发展部、教育部等相关部门主要采取以下三项措施为家长提供支持。

一是以学校为基础的家庭教育支持体系。新加坡教育部设立社区与家长辅助学校咨询理事会，利用家校社三维教育网络构建起以学校为主体的家庭教育支持体系，包括开设论坛搭建家长教育经验交流平台、制订规则规范家校社各自的教育职责、推动学校设立家长支持小组、指导学校创建一些特殊的兴趣小组等，推动对家庭教育的支持[3]。

二是以社区为基础的家长支持计划。新加坡社会与家庭发展部在全国指定 10 所家长教育支持机构在区域范围内提供家长支持服务。家长教育支持机构为家长提供两项基于循证教育的免费课程：一项是积极养育项目，旨在为家长提供提高子女（16 岁以下）的心理、社会和情感能力的技巧；另一项是路标课程（Signposts），该课程专为小学生家长开发，通过开发适合孩子独特需求的个性化项目，帮助父母理解、预防和管理孩子的困难行为。[3]

三是推出《给家长支持小组的资源指南》。2022 年 1 月，新加坡教育部推出了线上《给家长支持小组的资源指南》，汇集了家长义工和家长们的反馈和建议，以及教育部有关心理健康的资料。该指南指出，家长支持团体需要为家长提供材料和帮助热线，鼓励他们积极获取帮助；协助家长更好地发觉孩子的压力，应对孩子的心理问题；积极倾听家长诉求，邀请他们参与学校和社区组织的活动。

（二）基于社会的心理健康工作

在社会层面，新加坡主要通过以下三项措施为中小学生的心理健康发展提供广泛的上游支持和求助渠道，防范健康风险。

一是成立青年心理健康网[4]。2020 年 2 月，新加坡社会和家庭发展部，卫生部，教育部，文化、社区和青年部以及全国青年理事会联合成立青年心理健康网（Youth Mental Well-Being Network）。已有 1 500 名青年、家长、心理健康和社会部门专业人员加入该网络，他们共同制定改善中小学生心理健康状况的方案，目前已形成 22 个基础项目，努力推动中小学生心理健康领域的变革。

二是设立可及的社区服务。对于来自不同背景的中小学生，社区在心理健康支持方面发挥着更多作用。新加坡重视社区服务，通过在社区设立接触点使心理健康服务便于获得。目前，新加坡卫生部与心理卫生学院、护联中心等机构共同开发了一项“青少年心理健康综合服务”，使青少年可以获得协调的心理健康和社会支持服务，如个性化的基本情感支持、需求识别和交友服务，除了鼓励青少年遇到问题时寻求帮助，也会了解边缘青少年各方面的需求并提供援助，同时安排具有榜样作用的青年给予引导。

三是严格控制网络。这是新加坡应对中小学生心理健康问题的一大特色。为降低中小学生接触不良网络内容的风险，新加坡政府制定了互联网行为准则，包括网络服务供应商有义务屏蔽某些特定网站；政府有权要求供应商移除网站中令人反感的内容，如宣扬色情、暴力、同性恋和种族仇视等的言论、图片和视频；政府鼓励服务供应商开发和推广家庭上网系统，协助过滤不适宜的内容。一些社会学者还发起了“孩子上网时父母做什么”的讨论，提出“陪孩子上网父母义不容辞”的主张。

五、新加坡多方联动的心理健康干预模式

新加坡的心理健康服务已转向非机构化，并建立了分层护理方法。其中，社区心理健康响应、早期干预和评估（Response，Early Intervention and Assessment in Community Mental Health，REACH）[5] 是专门针对 9—16 岁中小学生的重要心理健康干预模式。

（一）REACH 的目标

REACH 有明确的目标，即通过早期评估和干预，改善儿童和青少年的心理健康；通过支持和培训，提高学校和社区合作伙伴发现和管理心理健康问题的能力；为社区中的中小学生建立心理健康支持网络，包括学校、全科医生和志愿福利组织（或非政府组织）。

（二）REACH 的团队

REACH 团队是由临床心理学家、社会工作者、职业医生和精神科护士组成的多学科团队。共有四个 REACH 团队覆盖全国四个学区，与学区内每一所学校建立联系，以确保连续性。见图 16-3。

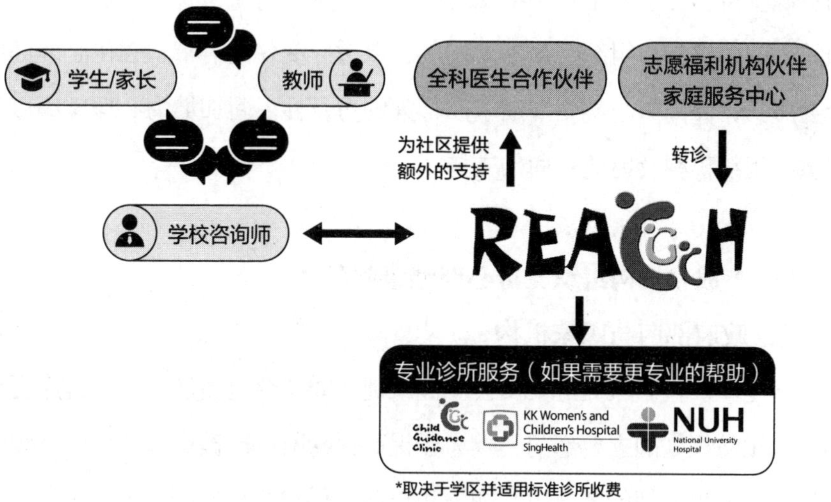

图 16-3　社区心理健康响应、早期干预和评估（REACH）的模式

（三）REACH 的工作流程

通过拨打 REACH 热线，学校咨询师和志愿福利机构工作人员可以将需要加强干预或关注的学生（如被评估为有自杀或严重精神健康障碍的高风险学生）转介给该团队。转介后，通常在学校对学生进行心理健康评估，必要时 REACH 团队成员也可以去学生家里进行评估或干预。REACH 将制订适当的治疗计划，然后与学校咨询师密切合作；如果学生需要更进一步的专业评估或治疗，REACH 团队会将他们转介到专科门诊（如新加坡心理卫生学院，新加坡国立大学医院或新加坡竹脚妇幼医院）。

六、新加坡心理健康服务机构组织及支持保障

20 世纪 60 年代，新加坡开始发展专业机构和精神卫生组织，以提供专业的心理健康服务和护理。同时，社会服务协会和组织也提供一些服务和资源支持。为了满足中小学生对心理健康服务日益增长的需求，新加坡相关部门、机构与组织必须不断发展，以适应变化的需求，强化心理健康社会服务，保障中小学生早期求助行为的可及性。新加坡为心理健康服务提供了组织机构及财政方面的支持。

（一）成立机构组织支持心理健康服务

1. 政府部门与国家机构

一是新加坡健康促进委员会。健康促进委员会是新加坡心理健康促进和疾病预防规划的主要部门，致力于提高民众对心理健康重要性的认识与理解，让每个人都能掌握生活知识和技能以促进心理健康，提高民众对心理健康问题的理解和识别并鼓励民众尽早寻求帮助，减少对有心理健康问题者的歧视。

二是跨部门心理健康工作组。2021 年 7 月，新加坡卫生部与社会及家庭发展部成立跨部门心理健康工作组，旨在监管和协调推进心理健康的各项措施，集合各机构资源共同制订全国心理健康战略与行动计划，为家庭、中小学生提供更大的心理支持。

三是新加坡心理卫生学院（也称心理健康研究所）。新加坡心理卫生学院是新加坡唯一一所三甲精神疾病治疗机构，其下属部门儿童指导诊所，拥有一支由儿童精神科医生、专职健康专家和研究人员组成的多学科团队，旨在研究基因和大脑机制对行为的影响、精神病理学的风险和保护因素以及儿科精神疾病的循证评估和治疗。

2. 社会服务协会与组织

一是新加坡心理健康协会。该协会成立于 1968 年 12 月，属于志愿福利组织（非政府组织和非营利性机构），致力于提高和改善对精神病患者的护理服务，并提升新加坡民众的社会福祉和心理健康。

二是新加坡“银丝带”组织。该组织成立于 2006 年，旨在推进公众对心理健康的认知和支持。该组织自成立以来，定期开展心理健康活动，与新加坡各心理健康组织、学校机构、社会服务机构和媒体等进行合作，通过创新手段与各年龄段的民众进行接触，以实现社会各界对心理健康持积极态度的愿景。

三是新加坡援人协会。该协会是一家非营利机构，致力于为面临危机的个体提供情感支持，以促进民众掌握关于自杀的正确观点及提高人们对预防自杀的警觉性。

四是社区健康评估小组。社区健康评估小组的服务对象为 16—30 岁的年轻人，为他们提供线上或线下个性化与保密的心理健康评估服务。在征得同意后，将寻求帮助者直接转介到适当的下游支持服务机构，以确保得到医院的专家门诊或社会服务机构及时的后续治疗。

（二）财政支持

1. 投入专项资金

为支持《国家心理健康蓝图》落地，新加坡政府在2007—2011年投入8 800万美元。此后，每年投入1 700万美元用于促进民众心理健康。2009年，新加坡政府又增加3 500万美元以支持提高新加坡民众情绪弹性和福祉的努力。作为2017—2021年五年期社区心理健康总体规划的一部分，新加坡政府划拨了1.6亿新元的额外资金，其中包括针对中小学生的预防性护理和早期干预。

2. 加强医疗保障

新加坡卫生部将心理健康服务纳入现有健康补贴和资助框架，以解决民众因无力支付费用而不能获得适当治疗的问题。符合条件的患者在综合诊所和公立专科门诊接受治疗时最多可获得75%的津贴；在公共卫生机构，符合条件的患者可获得高达80%的住院精神健康治疗补贴。患者还可以使用其医疗储蓄支付他们在慢性病管理方案下精神健康问题的门诊治疗费用。无力支付精神健康问题治疗费用的患者可以申请保险基金。

七、新加坡心理健康服务中的信息化手段

数字化是新加坡心理健康服务的新趋势，为提升心理健康服务的可及性和有效性不断赋能，也为更好地促进中小学生心理健康带来了新的可能。

（一）推广数字化信息平台

构建心理健康信息化平台，为来访者提供“一站式”服务。例如，新加坡卫生部医疗护理转型署、社会及家庭发展部、国家社会服务委员会和

心理卫生学院共同开发的心理评估和资源网站（mindline.sg），内置经过临床验证的自评工具，可根据用户自评结果，提供相应建议。该网站有专门的青年板块，提供与中小学生相匹配的信息与资源。新加坡关怀机构还在2023年2月推出了免费线上心理健康平台（Carey），服务群体为13—25岁青少年，全天候提供自助工具、在线资源和专业服务。来访者可通过该平台预约专业心理咨询师，也可通过自测问卷了解自身心理健康状况，找到相关资源，使用多种自助工具调节情绪或缓解压力。

（二）应用人工智能技术

人工智能技术让移动设备成为“口袋咨询师”。例如，在网站（mindline.sg）上，来访者能够与一位24小时在线的情感智能AI机器人Wysa聊天，并根据对话时检测到的情绪状态进行适宜有趣的自我护理练习。此外，新加坡开始尝试将人工智能引入心理健康诊断和监测。心理咨询师可以使用Opsis情感人工智能软件帮助诊断焦虑、压力和抑郁等心理健康问题；Opsis项目下还有一款名为Screencare的产品，能够识别患者情绪，帮助评估和跟踪患者心理健康状况。

（三）融合虚拟现实技术

新加坡Do You Mind？计划曾在2018年发起虚拟现实课程活动，由触爱组织（Touch Community Services）工作人员提供协助。在活动中，一些中学生通过虚拟现实技术了解患有抑郁症的感觉，然后再讨论这一经历及感受。

（四）构建心理健康信息数据库

新加坡为心理服务构建专门的数据库。例如，社区健康评估小组将所有转介人员的评估和结果保存到安全的数据库中。该数据库每周更新一次，并对数据进行分析，以不断改进服务。REACH 也寻求利用信息技术系统来加强所有提供服务的领域，包括使用数据分析技术来分析案例转介的趋势。对于跨组织或机构之外的转诊患者，特别需要注意的是临床问责制和患者个人数据的保密性。

八、新加坡对天才儿童心理健康的担忧、天才儿童的实践经验及循证启示

新加坡对天才儿童的培养有悠久的历史。1984 年，新加坡教育部启动“天才教育计划”，从基础教育阶段就为天才儿童提供适宜的教育，充分发掘天才儿童的潜能，使他们更好地为国家和社会服务。与此同时，天才儿童特殊的心理需求也受到关注。

（一）对新加坡天才儿童心理健康的担忧

过去 20 多年对天才儿童的研究已经扩展到包括非学术领域和社会情感领域，如社会情感适应能力。研究结果表明，一些有天赋的青少年比普通青少年更容易受到各种焦虑和适应危机的影响。对新加坡天才儿童心理健康状况的担忧主要体现在以下三方面。[6]

一是天才学生中的神经质完美主义。研究表明，与世界其他地区相比，亚洲社会中的神经质完美主义（Neurotic Perfectionism）和辜负父母期望的焦虑似乎令儿童有更大的负担。不断满足高期望的负担使儿童无法接受自己是一个不完美的人，特别是当父母的爱似乎依赖于儿童的成功表现时。新加坡是一个强调国家至上、家庭次之的亚洲社会，这种负担对于新加坡的天才儿童也是真实存在的。

二是天才学生对学业成绩和卓越的关注。儿童取得好成绩的期望和个人智力、情感需求、兴趣之间的紧张关系日益加剧。学业是中小学生心理健康问题最常见的原因，在有天赋的青少年中更为普遍。由于天才项目固有的对学业卓越的强调，可能会增加天才儿童的压力。家长和教师对有天赋的中小学生怀有更高的期望，并在不经意间给他们施加了不适当的压力。

三是天才儿童情感发展中的不平衡。一项对新加坡“天才教育计划”毕业生和非天才教育计划毕业生的横断比较研究发现，虽然前者在认知领域的表现明显优于后者，但这两组之间在情感领域的差异并不明显。人们也曾担心一些“天才教育计划”的儿童似乎缺乏敏感性和带有精英心态。因此，有必要确保天才儿童的情感发展不会落后于智力发展。

（二）新加坡天才儿童的实践经验及循证启示

1. 天才儿童的教育安置考虑其身心发展

合理的教育安置是天才教育得以保证科学性的关键环节。早期，许多学校拒绝让天才儿童科目加速或跳级，提前进入大学，加速的教育安置可能会损害天才儿童的社会与情感发展。智力超群的儿童需要高水平的智力刺激和挑战，常规的课堂环境也可能会导致天才儿童出现一系列潜在的问题，如成绩不佳、无聊或社交困难，因此，应该提供专门的教育来解决天才儿童对智力挑战和复杂性的需求。

目前，新加坡拥有较系统的天才教育学校体系，在“天才教育计划”的指导下，通过以下做法为天才儿童身心的全面发展提供了条件与保障：（1）天才儿童的安置方式总体上呈现出融合的趋势，即除了一些必要的特殊课程，增加天才学生与非天才学生一起上课的机会，以促进天才儿童的社会性发展。（2）强调“充实制”的天才儿童培养模式，即除课程以外，儿童也可参加充实活动、个别化研究项目、特殊项目和新加坡国立大学—教育部联合举办的人文社会科学研究计划等，这有助于丰富课程与教学内容，进而提高学生的综合能力。在融合教育的大背景下，新加坡天才教育的课程设置不仅满足了天才学生认知能力发展的要求，而且关注他们非认知能力的成长，使他们能够与非天才儿童一起，获得情感、态度和道德方面的全面发展。

2. 天才儿童心理咨询服务的循证启示

为了确保天才儿童的心理健康状况，需要为他们提供具有针对性的心理健康支持与服务。然而目前针对天才儿童特殊需求的咨询方法受到的关注较少。伊欧（Yeo）和斐弗（Pfeiffer）两位学者借鉴已发表的研究结果并结合新加坡教育背景与文化，为新加坡的天才儿童心理咨询服务提供了如下的循证启示。[6]

首先，可以通过以下三种形式为天才儿童或其父母提供心理健康咨询服务。

一是个体咨询。个体咨询是促进天才儿童整体发展的重要机制。一种对天才儿童有效的咨询方法是要在沟通过程中使用适当的语言和抽象水平，保证提供的心理教育信息的数量和类型，确保咨询师对天赋的舒适"姿态"。进一步需要考虑到：(1) 咨询师—来访者关系，不仅建立在同理心、一致性和接受度上，而且建立在关于天才儿童的本质和发展的知识上。(2) 采用更多的自我表露，较少采用"指导者"或"医生"的角色，应多使用"咨询师"或"同行者"的角色。(3) 尊重天才儿童的个性。咨询师应认识到天才儿童通常对在关系中的自主和协作有很大的需求，即使在年龄较低时。新加坡天才儿童很可能从一种认识到他们需要自主权的咨询关系中获益。

二是团体咨询。团体咨询能够使天才儿童掌握在换位思考、边界设定和适当的沟通方面的技能。皮特森提倡为天才青少年使用面向情感发展的讨论小组促进他们的心理健康、在学校的适应以及学习动机。通过团体咨询，他们可以发现其他天才儿童也有与自己类似的社会和情感担忧。同时，在团体中，帮助他们自我反思，让他人认识自我，讨论与天赋相关的问题，找到共同点，发展语言表达来传递情感，可能会帮助这些儿童在社交中感到更轻松。相比而言，团体咨询比个人咨询更具有治疗性，因为天才儿童可以从同伴中获得个人的洞察力和更多的支持、验证和理解，团体咨询会对新加坡的天才儿童很有效。

三是家庭咨询。与天才儿童相关的工作必须始终针对家庭和家长，家长的看法影响着天才儿童对其天赋的看法。因此，有效的咨询需要在天才儿童和家长之间进行调解，开辟一条可以分享和理解观点的沟通生命线。鉴于亚洲家长倾向于接受专业咨询顾问，新加坡的学校咨询师可以发挥中介作用。学校咨询师可以提供指导项目，比如为家长提供相关主题领域的研讨会。父母会乐于接受针对天才儿童普遍存在的发展问题、他们的特点和需求、抚养天才儿童的特殊关注以及天赋对社会情感发展的影响的指导。也可以为父母提供个人咨询，他们将受益于与他们的孩子的天赋有关的具体问题的指导。

其次，在咨询中需要注意以下两方面：（1）表达情绪。负面情绪会成为天才儿童寻求帮助的原因，也是需要关注的重点。有天赋的儿童被认为有更高的敏感性，高度的自我批评和情绪强度。因此，他们需要帮助来将天赋融入自我意识，理解、调节和表达情感。对天才儿童的咨询要帮助他们理解自己强烈的情绪，从而使他们能够发展更强的情绪自我调节能力。第一步是创造一种富有同情心的信任氛围，鼓励有天赋的儿童表达他们的情感。在亚洲社会，可能需要强调基于倾听和移情的交流，因为文化习惯可能会促使成年人、老师或父母提供明智的建议。咨询的目标是情感的释放，而不应是试图改变其行为。（2）解决完美主义。在解决亚洲天才儿童的问题时，咨询师总是需要面对完美主义的追求。格林斯潘（Greenspon）将完美主义设想为一种恢复过程，注重建立自尊，帮助有天赋的学生“感觉自己被接受，与他们的表现分开”。他主张通过对话或联合调查的方式，与有天赋的儿童一起探究他们思考失败的问题。对话中会审视，例如，错误意味着什么，别人的期望是什么，为什么不完美是可怕的等议题，这样咨询师、老师或家长就可以了解推动天才儿童形成完美主义的想法和感受。对话本身不仅是一种联结行为，也是一种接受行为，它可以进一步引导天才儿童寻找可能有效的新方法。

九、新加坡中小学生心理健康服务特点及展望

中小学生的心理健康是一个多方面的问题，由新加坡针对该群体的心理健康服务实践经验可知，以全社会的方式促进他们的心理健康并应对心理问题是必要的。新加坡全社会努力做到“心”往一处想，用关爱和包容推动中小学生心理健康安全网的建设。

以“品格与公民教育”为起点的学校服务全面护航。学校心理健康教育工作的开展依赖于拥有相关知识技能的工作者、心理健康课程、活动项目与同伴支持，共同构建起关爱支持的学校环境。全体教师、品格与公民教育教师（级任教师）与学校咨询师从识别、预防到求助支持建立起支持体系。据调查，包括新加坡在内的九个东盟国家中，只有新加坡在全国范围内提供有关心理健康的教师培训计划。[7]在品格与公民教育中推行的社会情感能力培养与心理健康教育的内容，保障中小学生更广泛更系统的知识与技能的获取。同时，课程与活动相结合，从知识技能学习到实际应用协调匹配，强化同伴间的支持机制，努力发挥身边人的支持性保护作

用，全方位护航中小学生的健康发展。

以“REACH”为代表的心理健康干预模式连续可靠。在新加坡，REACH 干预模式是以学校为基础的多方联动协作模式的典型代表，为儿童和青少年提供了有效、及时和方便的心理健康服务。借助 REACH 模式，形成以“学校咨询师—REACH 团队—学校咨询师（学校教师）”为核心的支持网络，REACH 团队能够迅速解决中小学生的心理健康问题，有心理健康问题风险的中小学生可以更早、更好地获得学校和社区的支持，减少延误治疗可能引起的加重状况和并发症。该模式在新加坡已取得显著进展，对学校需求的响应受到学校的认可，并在国际上引起了广泛的兴趣。

心理健康工作者分层分工以弥补专业人力短缺。新加坡面临着心理健康专业人力短缺的难题。据 2011 年的数据统计，新加坡的教育心理学教育者与学生的比例约为 1∶14 000。2015 年的数据显示，新加坡的公共和私营部门仅有 25 名儿童精神病学家，儿童精神病学家与儿童青少年人口比例约为 1∶35 000。为此，新加坡通过将管理权下移解决专业工作者较少的问题。也就是说，没有医务人员或心理学家直接在学校工作，而是通过给社区合作伙伴和家庭医生赋能，精神科医生可以将精力主要放在中度和重度病例上，由经过专业培训的合作伙伴来管理轻度至中度的精神障碍病例，使有限的专科资源保留给重症患者。新加坡的做法提供了一种可能的实践经验。

展望未来，新加坡针对中小学生的心理健康服务将进一步探索发展。据调查，新加坡青少年对国家精神卫生政策的主要关切和期望在于希望更清楚地了解所提供的支持、心理健康服务的成本以及如何提供服务，他们更喜欢为其量身定制或提供的服务，例如由具有类似经验的同龄人经营的服务。2022 年 9 月，在联合国召开的“教育变革峰会”上，新加坡承诺将加强对学生心理健康的支持，深化与青年、家长、专业人士和其他公共机构的伙伴关系，共同创建想法，采取集体行动。如何为中小学生打造友好型心理健康服务共同体是新加坡社会继续探索的问题。

参考文献：

[1] 新加坡教育部．品格与公民教育课程标准小学 2014 年实施 [R/OL]．[2023-03-22]．https://www.moe.gov.sg/-/media/files/primary/characterandcitizenshipeducationprimarysyllbuschinese.pdf.

[2] Ministry of Education. Character & Citizenship Education (CCE) Syllabus Primary [S/OL]．(2021-02-02) [2023-03-18]．https://www.moe.gov.sg/-/media/files/syllabus/2021-primary-character-and-citizenship-education.pdf.

[3] 唐科莉．新加坡：将家庭教育支持纳入"家校社三维教育网络"构建 [J]．上海教育，2022 (17)：22-26.

[4] Ministry of Education. Public invited to play a part in strengthening youth mental well-being [EB/OL]．(2022-09-29) [2023-03-18]．https://www.moe.gov.sg/news/press-releases/20210929-public-invited-to-play-a-part-in-strengthening-youth-mental-well-being.

[5] Ooi Y P, Ang R P, Ibrahim N H, et al. The continued development and practice of school psychology in Singapore: using REACH as an Illustration [J]．School Psychology International, 2014, 35 (1): 101-112.

[6] Yeo L S, Pfeiffer S I. Counseling gifted children in Singapore: implications for evidence-based treatment with a multicultural population [J]．Gifted Education International, 2018, 34 (1): 64-75.

[7] Nishio A, Kakimoto M, Bermardo T M S, et al. Current situation and comparison of school mental health in ASEAN countries [J]．Pediatrics international: official journal of the Japan Pediatric Society, 2020, 62 (4): 438-443.

第十七章

澳大利亚中小学心理健康教育与服务

2013—2014 年，澳大利亚一项全国性调查发现，19.9% 的中小学生自我报告了高或非常高的心理困扰，13.9% 的中小学生由父母报告了在过去 12 个月内被评估为患有精神障碍。2020—2021 年，另一项澳大利亚全国健康调查结果显示，0—14 岁的儿童青少年存在精神或行为问题的人数占比为 13%，15—24 岁的占比高达 28%。尽管澳大利亚有相当一部分 25 岁以下的年轻人患上精神疾病，但他们中有四分之三未能获得专业的支持和帮助。为解决中小学生一直以来存在的心理健康问题，澳大利亚政府联合社会、学校和家庭共同推进心理健康指导与服务，为中小学生提供多渠道、专业化心理健康服务。

一、澳大利亚中小学生心理问题的主要类型及检出率

一直以来，澳大利亚对中小学生的心理健康状况高度关注。结合大量的调查研究结果，澳大利亚中小学生的心理问题主要涉及以下几个方面。

一是焦虑症和抑郁症。2013—2014 年，澳大利亚全国心理健康和福祉调查显示，6.9% 的 4—17 岁的中小学生患有焦虑症，2.8% 的中小学生患有重度抑郁障碍。此外，10.9% 的 12—17 岁的中小学生曾有过自残行为，女生和男生的自残率分别为 26.6% 和 9.2%。另一项 2017—2018 年澳

大利亚统计局的心理健康调查数据显示，0—14 岁儿童中，男女生的焦虑症患病比例分别为 7.3% 和 4.7%，抑郁症的患病比例分别为 1% 和 0.9%，15—24 岁青少年中，患有焦虑症的男女比例分别为 13.9% 和 24.6%，抑郁症的男女比例分别为 9.3% 和 14.5%。

二是注意缺陷多动障碍。1998 年，一项针对澳大利亚 13—17 岁中小学生精神障碍患病率的调查显示，7% 的中小学生患有注意缺陷多动障碍，其中，注意力不集中型、混合型和多冲动型的占比分别为 4%、2% 和 1%。[1] 2013—2014 年，另一项澳大利亚全国心理健康调查显示，4—17 岁中小学生注意缺陷多动障碍的患病率为 7.4%，男女生的患病率分别为 10.4% 和 4.3%，注意力不集中型、混合型和多动型的比例分别为 3.4%、2.8% 和 1.2%。

三是校园欺凌。2009 年，澳大利亚儿童促进研究中心对 8—14 岁学生的调查发现，16% 的学生会每隔几周或更加频繁地遭受隐蔽欺凌，隐蔽欺凌在女生（18%）中比在男生（15%）中更常见，隐蔽欺凌最常发生在同性别的学生之间，47% 的男生更容易遭受另一个或一群男生的欺凌，48% 的女生更容易遭受另一个或一群女生的欺凌。[2] 近年来，网络欺凌成为欺凌的新方式。一项纵向研究显示，95% 的 12—13 岁学生在遭受传统的面对面欺凌时也遭受了网络欺凌。[3] 2013—2014 年，澳大利亚全国心理健康调查显示，11—17 岁中小学生的欺凌受害率为 13.3%，欺凌实施率为 1.6%。2020 年，经济合作与发展组织对全球 1 000 万 15 岁学生的调查报告显示，30% 的澳大利亚学生为欺凌的受害者；10% 的澳大利亚学生在学校里遭受殴打或者经历推搡，而全球平均水平为 7%。

四是抽动症。一项针对澳大利亚 86 名 7—16 岁的抽动症中小学生的调查发现，40% 患有声音抽搐，60% 患有运动抽搐。同时，该调查也显示患有抽动症的中小学生的父母对抽动症的了解程度较低，抽动症存在较高的污名率，大多数父母仅依赖于全科医生对中小学生抽动症的诊断和持续管理，难以获得澳大利亚卫生部的服务。[4]

五是药物成瘾。2007 年，国家药物战略家庭调查显示，79.6% 的中小学生仅使用过酒精，18.3% 的中小学生在有限范围内多重用药，2% 在多范围多重用药。另一项针对澳大利亚 12—17 岁中小学生的调查显示，相对于非药物使用者，多药物使用者和酒精使用者的心理困扰更高。[5]

六是自残与自杀。2013—2014 年，澳大利亚卫生部第二次全国心理健康调查结果显示，10.9% 的 12—17 岁中小学生曾有过自残行为，男生和女生的自残率分别为 6.8% 和 15.3%，其中男生和女生的自残行为达到 4 次及以上的分别占 2.8% 和 9.2%；此外，过去 12 个月内，有过自杀意念的中小学生占 7.5%，有过自杀计划的占 5.2%，企图自杀者占 2.4%。2021 年，澳大利亚统计局的调查数据显示，自杀已成为 5—17 岁中小学生死亡的主要原因，2021 年有 112 名中小学生自杀，每 10 万名 5—17 岁中小学生中有 2.7 例自杀死亡。其中男生的自杀死亡率为每 10 万名儿童中 3.0 例（共 63 人死亡），女生的自杀率为每 10 万名儿童中 2.4 例（共 49 人死亡）；超过一半（56.3%）死于自杀的儿童年龄在 16—17 岁。对于 15—19 岁年龄组而言，2020 年，每 10 万男生中有 17 人自杀死亡，女生为 6.1 人；2021 年，这一数值分别为 13.1 人和 7.1 人。

二、澳大利亚心理健康政策发展沿革

随着国际和国内社会竞争的不断加剧，中小学生在心理成长方面面临更大的挑战。澳大利亚为加强中小学生的心理健康教育工作，先后制定多项政策和文件，具体梳理如下。

1992 年，澳大利亚卫生部通过《国家精神卫生战略》。《国家精神卫生战略》是澳大利亚第一个精神卫生服务战略，旨在改善公民的心理健康与幸福，主要由国家精神卫生方针、国家精神卫生五年计划和精神健康权利与责任声明三项内容组成。在国家精神卫生五年计划的指导下，澳大利亚的精神卫生事业得到稳定发展，目前澳大利亚已经完成五个“五年计划”。

1993—1998年，澳大利亚实施第一个国家精神卫生计划。该计划旨在建立机制，将公民的意见纳入精神卫生政策；确定精神卫生服务与一般卫生部门之间的关系，将精神卫生服务与住房、社会支持、收入保障、就业和培训等其他服务联系起来，以提高精神卫生服务的质量和范围。1998—2003年，完成第二个国家精神卫生计划。该计划旨在将精神卫生的促进和预防工作纳入社会服务体系；加强对护理人员的教育、培训和支持，制定符合联合国决议和《精神健康权利和责任声明》的立法。2004—2008年，完成第三个国家精神卫生计划。该计划旨在提高服务响应能力和质量；在服务改革和提供方面建立伙伴关系；将重点从过程衡量转向结果衡量；更新国家精神卫生战略。2009—2014年，完成第四个国家精神卫生计划。该计划旨在加强精神卫生改革和服务提供方面的问责制；推动社会包容和康复重点。2017—2022年，完成第五个国家精神卫生和自杀预防计划。该计划旨在推动计划、服务和治疗的整合，改善严重和复杂精神疾病患者的状况；建立协调一致的国家自杀预防方法；改善土著居民和托雷斯海峡岛民的心理健康状况并预防自杀；减少污名化和歧视。

2003年，澳大利亚教育、幼儿发展和青年事务理事会颁布《国家安全学校框架》。该框架是国家级指导政策，旨在解决以校园欺凌、暴力、骚扰和儿童忽视与虐待为代表的心理安全问题，将传统的中小学校改造成安全学校，并提出安全学校建设的九大关键因素。

2009年，澳大利亚政府委员会提出《保护澳大利亚儿童国家框架

2009—2020》。该框架旨在减少虐待或忽视儿童现象的发生，并为脆弱的家庭和已经发生虐待或忽视儿童的家庭提供最恰当的应对方案。该框架以六项支持性成果为主，即儿童生活在安全和相互支持的家庭和社区中；儿童和家庭可获得促进安全和福祉的充分支持；儿童遭受虐待或忽视的风险因素得到解决；遭受虐待或忽视的儿童会获得促进安全和长期福祉所需的支持和照顾；土著儿童在家庭和社区中获得支持和安全；儿童性虐待和性剥夺得到预防，幸存者获得充分支持。第一个国家框架取得了进展，但在减少虐待或忽视儿童及其代际影响方面还有很多工作要做，2021 年，澳大利亚政府委员会又提出《保护澳大利亚儿童国家框架 2021—2031》。该框架设立四个重点领域以改善儿童的健康与福祉：一是对处境不利的儿童和家庭采取早期干预和有针对性支持的国家办法；二是解决土著和托雷斯海峡岛民儿童在儿童保护系统中的代表性问题；三是改善政府和非政府组织之间的数据共享和分析，以更好地确定弱势群体并提供支持；四是加强儿童和家庭寻求服务的能力。

2011 年，澳大利亚卫生部提出《国家儿童和家庭普及保健服务框架》。该框架旨在为 0—8 岁儿童及其家庭提供普遍的保健服务。这些保健服务主要包括四个核心要素：一是发育监测和健康监测，旨在监测儿童的身体、社交、情感和认知的发展，评估家庭心理健康的风险因素和保护因素；二是健康促进，旨在就儿童的发育和行为为家庭提供有组织的预见性指导与支持，减少家庭的焦虑；三是及早发现家庭需求，旨在确定已知的影响儿童健康、发展和福祉的风险因素，并与社区合作，最大限度减少风险因素的影响；四是响应已确定的需求，旨在提供适当的应对途径，如短期实践干预等。

2012 年 6 月，澳大利亚卫生部制定了《澳大利亚电子精神卫生战略》（*E-Mental Health Strategy for Australia*）。其中包括，对于有轻至中度精神疾病症状的人群，特别是经历压力、焦虑或抑郁的人群，期望通过扩大现有服务和利用新技术，发展成熟的电子精神卫生系统，及时有效地向消费者和护理人员提供高质量的服务，并将其纳入更广泛的初级卫生保健系统。该项服务的主要行动领域包括以青少年为重点的电话和在线咨询服务（虚拟诊所）及建立国家精神卫生门户网站等。

2012 年 12 月，澳大利亚政府委员会颁布《国家心理健康改革蓝图 2012—2022》。该蓝图明确提出公民心理健康是每个人共同的责任，强调生命的整体发展以及对儿童的早期干预，确定六个优先工作事项：提倡以人为本、以康复为导向的方法，增加有心理问题人群获得服务的机会；改善澳大利亚公民的心理、社会和情感健康，包括为来自不同文化和语言背景的人提供易于获得和理解的心理健康福祉信息；预防精神疾病；注重早期发现和干预；改善获得高质量服务和支持的机会；提高精神疾病人群的社会和经济参与度。

2019 年，澳大利亚卫生部提出《儿童青少年健康国家行动计划 2020—2030》。该行动计划为 0—24 岁群体的身心健康发展提供了清晰的指南，采用从产前和婴儿期、幼儿期、少儿期、青春期到青年期的生命历程工作方法，确定四个优先工作领域，即：改善健康不平等、提升父母健康素养、处理心理健康危险行为和预防慢性疾病；建立三项实施保障措施，即：以中小学生为中心建立中小学生数据库，增强中小学生健康促进的社会凝聚力，并根据中小学生的健康需求变化及时调整行动方案。

2020 年，澳大利亚卫生部发布《国家精神卫生和福祉流行病应对计划》。该计划为满足澳大利亚公民的心理健康和福祉需求，确定了十个关键的优先领域：满足当前的精神卫生需求并调整现有的服务；实施新的护理模式以满足新出现的需求；促进公民获得适当和及时的护理，将服务扩大到社区；处理复杂问题人群的心理健康报告；关注社会背景下的心理健康和自杀风险因素；满足弱势群体的需求；提供清晰一致的沟通；建设一支多学科的精神卫生队伍；提供强有力的治理和协调。

2021 年，澳大利亚国家精神卫生委员会制定《国家儿童心理健康和福祉战略》。《国家儿童心理健康和福祉战略》旨在促进 0—12 岁儿童的心理健康和福祉，概述了四个重点领域：在家庭和社区内，提高父母和照顾者的心理健康素养和技能，根据儿童的主要特点实施有针对性方案改善儿童心理健康和福祉；在服务系统内，重点是提高服务系统处理复杂状况的能力以及修订现行医疗保险项目以促进合作医疗；在教育环境内，确保教育工作者具备促进儿童心理健康和福祉的良好条件；在证据和评估方面，强调定期收集衡量儿童总体心理健康和福祉的全国性数据，将实施评估作为学校和儿童早期学习项目的核心组成部分。澳大利亚心理健康政策沿革如图 17-1 所示。

图 17-1　澳大利亚心理健康政策发展沿革

三、澳大利亚学校心理健康服务

学校是预防和干预中小学生心理问题的最佳场所之一，自 1992 年起，澳大利亚政府就开始重视学生的心理健康教育，并主要体现在基于澳大利亚学校的心理健康政策、学校心理健康服务内容以及学校师资等方面。

（一）学校心理健康政策

学校心理健康教育工作的推动离不开国家、政府层面的政策与框架设计，相关政策制度能够为学校提供整体性开展工作的规划，明确工作的职责与重点。澳大利亚政府针对学校层面提出心理重要计划、儿童最重要计划和学生福祉框架，指导学校心理健康服务工作。

1．心理重要计划

1997 年，由澳大利亚卫生部资助，澳大利亚校长协会实施的“心理重要计划”正式启动，并于 1998 年在 24 个试点学校开始实施。“心理重要计划”是一项针对中学生心理健康的倡议，旨在改善中学生的心理健康和福祉。该计划主要包括广泛的专业发展计划，促进学校心理健康教育资源的发展，心理健康教育的课程材料和指南以及相关预防自杀政策的制定。其中包括关于理解精神疾病的视听资源，即题为“绘制和管理心理问题”的资源，该资源提供了关于建立全校教育方法的过程信息，这些材料主要支持以下四个主题的教学：增强恢复力，处理欺凌和骚扰，处理悲伤和丧失以及理解精神疾病。该计划要求澳大利亚中学组建专门的心理健康教育队伍，并定期参加专业的心理健康教育发展研讨会。

2．儿童最重要计划

2006 年，澳大利亚卫生部联合其他部门面向小学制定“儿童最重要计划”，该计划采用全校教育的方法，并从以下方面推进和落实：一是建立积极的学校社区。积极的学校社区是指鼓励学校通过提供友好的学校环境，加强学生、学校工作者、家庭和当地社区的合作参与，使其产生归属感和包容感。二是发展学生的社会情感学习能力。该部分旨在帮助学校为所有学生选择和制定结构清晰的社会情感学习课程，涵盖五种核心社会情感能力。三是提供育儿支持和教育。学校为家长提供有用的育儿资源和支持，建立紧密的家校合作，如正式的育儿计划。四是为有心理健康问题的学生提供早期干预。建立学生支持小组，针对“有风险”或目前有心理困难的学生向教师提供帮助和建议，为学校教育工作者提供心理健康急救培训等。

3．学生福祉框架

2018年，澳大利亚教育部发布《澳大利亚学生福祉框架》(*Australia Student Wellbeing Framework*)，为澳大利亚学校提供愿景和指导原则，支持学校建立积极的学习环境，促进学生的福祉和安全。学生福祉框架包含五个关键要素：领导力、包容性、学生之声、伙伴关系和支持。具体而言，领导力是指校长或学校管理者要在建立积极的学习环境方面发挥积极作用，定期监测和审查学校，以及整个学校的安全和学生福祉；包容性是指学校的所有成员都积极参与建设一个有凝聚力和文化包容性的学校，培养和维持积极和尊重的学生—同伴、学生—教师、教师—家长及教师—教师的关系；学生之声是指学生是自己学习和幸福的参与者，学校需要创建并保持互动性的学习环境，鼓励学生积极参与其中，培养联系感；伙伴关系是指家庭、社区、学校相互尊重与友好合作，支持学生的学习、安全和福祉；支持是指教师、学生及家庭分享并培养对幸福和积极行为的理解，同时将其应用于对有效教学和学习的支持。

（二）学校心理健康服务内容

澳大利亚学校致力于为学生提供安全、支持和尊重的环境，鼓励培养学生的韧性，建立健康的人际关系和社会纽带以促进学生福祉。为此，澳大利亚开发了学校心理健康相关课程与社会情感学习项目，为学生提供丰富的心理健康促进资源，具体包括以下几方面。

1．开设健康与体育课程

2008年，为给学生提供公平、优质的教育，澳大利亚政府决定制定国家课程。2014年，健康与体育课程被纳入国家课程（幼儿园至10年级）。目前，国家课程包括八个学习科目，即英语、数学、科学、人文和社会科学、艺术、技术、语言、健康与体育，涉及七种一般能力的培养。在健康与体育课程中，学生获得知识、技能并发展理解力，以增强他们的自我意识，并建立和管理令人满意、尊重的关系。

健康与体育课程包括两大部分和12个关键领域。两大部分是指个人、社会和社区健康以及运动和体育活动。其中，个人、社会和社区健康部分针对不同年级的学生，从身体和变化、与他人互动、做出健康安全的选择三个主要方面教授学生心理健康的相关知识。健康与体育课程的12个关键领域中，心理健康和福祉是重点领域之一，该领域涉及如何在个人和学校层面管理自己并支持他人的心理健康和幸福。该领域融入学生从幼儿园至10年级的连续学习中，主要内容包括:（1）心理健康和福祉及促进方法。（2）消除社会对精神疾病的污名化。（3）身体、社会、精神和情感健康对福祉的影响。（4）身体形象和自我价值及其对心理健康和幸福的影响。（5）恢复力以及支持恢复力发展的技能。（6）寻求帮助的策略和学校支持的应对技能。（7）促进心理健康和福祉的支持网络。

除了国家规定的课程教授部分，教师还可以选择和健康与体育课程相融合的一些其他资源，主要包括以下两个课程资源。一是Headstrong。这是由黑狗研究所（Black Dog Institute）的研究人员为教师设计和开发的在线心理健康课程，满足澳大利亚9—10年级学生健康与体育课程中的个人、社会和社区健康需求。该心理健康课程在5—8周内进行，总共需要大约10小时的课堂时间，包括五个课堂模块和活动：寻求帮助、帮助他人、抑郁症和双相情感障碍、恢复力、建立幸福。教师可以轻松地将其纳入学习计划，以帮助学生减少羞耻感，提高整体幸福感。二是Bite Back。这也同样是由黑狗研究所提供的自我指导的免费在线积极心理学计划（自助计划），符合澳大利亚健康与体育课程中的心理健康和福祉这一关键领域的要求。2018 年，该资源的 2.0 版本正式发布，旨在改善 13—16 岁澳大利亚青少年的整体健康和恢复力。它通过积极心理学的五个领域（感恩、正念、性格优势、社会关系以及意义和目的）为中小学生提供为期 6 周的心理健康挑战活动，每周都包含动画、测验和活动。

2. 开展社会情感学习项目

一是 Smiling Mind 项目。Smiling Mind 是由澳大利亚心理学家和教育工作者开发的基于正念的社会情感学习项目，将正念理论和研究整合到澳大利亚各地学校使用的社会情感学习框架中，与澳大利亚课程中七种能力之一的个人和社会能力的发展要求相吻合，旨在帮助澳大利亚儿童拥有健康的心灵，建设积极活跃的课堂，为儿童提供在生活中茁壮成长所需的技能教学。该项目设有 120 个预先计划的课程和活动，涵盖 1—6 年级的 20 个社会情感学习主题，教师可以根据自己的教学计划缩短或延长课程，具体的主题内容包括乐观主义、感恩、积极沟通和成长心态等。

二是积极教育课程。积极教育课程是以澳大利亚社会情感健康为基础的特色课程。2009 年，澳大利亚政府率先在吉朗文法学校开展积极教育课程项目，经过十几年的实证研究及课程优化，该课程发展相对成熟。目前，澳大利亚中小学根据多种积极心理学的先进理论设计出一系列各具特色的积极教育课程，课程目标基本围绕着“提高幸福感”“预防和干预心理障碍”“创伤治疗”三个方面，以促进学生的心理健康。积极教育课程主要为外显课程和内隐课程。外显课程要求学生定期接受积极教育课程，拥有阶段性的学习内容和固定的课时；内隐课程暗含在学科课程当中，将外显课程的教育内容迁移至传统学科（具体内容见表 17-1），不同学科教师可以将积极教育课程嵌入课堂，以培养学生的积极心理状态。[6]

表 17-1 积极教育课程的具体内容

课程目的	外显课程	内隐课程
性格优势	了解性格优势；发展性格优势；拥有相似优势的师生交流与分享生活经验	采访家庭成员，了解家庭成员的性格优势，探索和促进家庭关系，发挥家族性格优势
积极投入	学习“不难也不易”的积极理念；培养好奇心；尝试新的兴趣爱好；学会合理衡量难度；发展心理韧性	开设体育、艺术和音乐等课程，感受与发掘心流体验
积极成就	介绍和对比成长型思维和固定型思维；了解成长型思维的思维方式	在学习学科课程时，使用成长型思维解决情景教学中的实际问题；运用成长型思维进行学习迁移
积极意义	介绍帮助他人的积极意义；制订积极的短期目标和长期目标	通过参加社区志愿服务，思考这些活动的目的和意义
积极关系	探讨如何在顺境和逆境中与他人相处；学会移情和向他人施展同理心	在学习文科课程时，研究如何建立求同存异的人际关系
身心健康	学会独立思考；提高解决问题的能力	要求学生列举和点评具有心理韧性的历史人物和文艺作品中的角色

3. 创设学生福祉中心

学生福祉中心（Student Well-being Hub）基于《澳大利亚学生福祉框架》而建立，旨在响应影响学生和学校的问题，为教育工作者和学生提供丰富的心理健康与福祉相关资源，建立积极、尊重和支持的教学社区，增进整个学校的福祉。为学生提供的具体课堂资源的关键主题包括：健康的身心、防止欺凌、尊重多样性、建立积极的关系、安全和负责任的选择和确保在线安全。在中心网站上，还提供培养学生韧性的在线专业学习、茁壮成长指南等资源以及有关防止网络欺凌的信息。其中，茁壮成长指南是一系列在线资源，专为 6—7 年级学生的教师和家长设计，旨在为他们提供技能、知识和乐观精神，使学生在中学及以后健康成长。学生可以在该中心找到适合他们年龄的信息、建议和游戏，帮助他们理解心理健康的重要性。

4. 实施评估及干预

针对特定学生的需要，学校心理学家可能会进行个体评估和干预（如个体治疗、学校的小组计划和 / 或家长培训），在学生的问题被诊断为由欺凌、同伴关系和学习压力等原因引起时，将由学校的学校心理学家进行干预，而无须转介到更临床的环境。此外，学校心理学家也可以实施小组干预（如共同完成社交技能课程，参加焦虑 / 抑郁小组、外化行为小组等）或培训学校人员解决特定的问题行为。

（三）学校心理健康服务的师资

学校心理学家是心理健康服务中的重要角色，在学生群体、学校工作人员及家庭获得支持服务方面发挥着重要作用，他们的工作主要是促进学生的心理健康成长。为确保学校心理学家的高质量服务，澳大利亚政府在师资培养方面提出了严格要求。

1. 学校心理学家的准入及培养

成为一名合格的澳大利亚学校心理学家必须要接受六年必不可少的培训学习，包括四年制的心理学学士学位以及两年制的心理学硕士学位或以上程度的学习。许多在学校工作的心理学家通常属于发展与教育心理学院，学院成员可以使用发展与教育心理学家的头衔，也可以使用其他头衔，如学校心理学家、指导官员或中小学生顾问。澳大利亚心理学会建议学校心理学家与学生的比例为 1∶500。

定期同行咨询和专业监督是对所有学校心理学家专业持续发展的强制

性要求，是确保学校提供专业心理服务的重要组成部分，有助于加强学校心理学家自身的心理健康。同行咨询和专业监督得到校长的全力支持，所产生的费用由用人单位支付。此外，为支持学校心理学家的专业发展，澳大利亚心理学会网站还开放合格心理学家的登记平台，所有具备相关资质的心理学家和学校心理学家都可以注册登录，从而为学校心理学家搭建网络交流平台。

2. 学校心理学家的职责

学校心理学家支持中小学生取得学业成功，保持心理健康以及社会情感健康。具体职责包括:（1）开发、实施和评估个人或团体干预措施（如治疗性干预和行为矫正），以解决学生的认知、社会情绪和行为问题。（2）在重大事件期间和之后为学校成员提供支持。（3）通过向教师、家长、监护人和其他利益相关者（全科医生，精神卫生人员等）提供建议或咨询，间接满足学生的需求。（4）能够就学校环境中的系统程序和实践提供专家建议（如行为管理、纪律和同伴支持等）。

四、澳大利亚基于家庭的心理健康服务

中小学生心理健康问题的产生有相当一部分原因与家庭教育有关，为了确保家庭在中小学生心理健康方面发挥积极作用，澳大利亚政府出台多项举措，提供多方面资源帮助家庭、学校和社区，通过共同努力促进中小学生心理健康。

（一）建立儿童和家庭综合中心

2021 年澳大利亚国家精神卫生委员会制定的《国家儿童心理健康和福祉战略》中，一项关键优先行动，即为 0—12 岁儿童建立 15 个儿童和

家庭综合中心，以通过全面、多学科的护理，为儿童及其家庭提供支持，改善儿童心理健康和福祉的早期干预结果以及补充和加强向儿童及其家庭提供的现有服务，为儿童提供当代循证评估、治疗、护理和支持。具体包括：（1）对家庭系统的干预、帮助和支持，探索和解决养育、依恋、关系或家庭系统的需求，防止社会性、行为和情感困难的进一步发展。（2）结构化治疗，根据儿童发育阶段和家庭情况提供的多方面治疗、护理和支持，满足儿童的发展以及情感、社会和行为需求，同时为家庭提供帮助儿童实现健康的指导。（3）专门治疗，如针对特定精神疾病的治疗、针对孤独症谱系障碍儿童的早期干预方案、针对创伤儿童的干预措施等。

（二）开展家庭心理健康支持服务

澳大利亚政府社会服务部门开展家庭心理健康支持服务，为表现出早期精神疾病迹象或有发展精神疾病风险的18岁以下儿童及其家庭提供密集、长期的早期干预和非临床的社区精神健康支持，具体包括三个级别的支持：一是对中小学生的心理健康进行评估以确定他们的风险因素和保护因素；每季度审查和修订一项家庭行动计划以便为参与的家庭拟定目标方向；为中小学生及其家庭提供持续性支持，并成立针对性的治疗小组。二是为中小学生提供短期、即时的援助，包括需求评估及最多六次的短期援助。三是组织开展社区活动，提高中小学生对精神卫生事项的认识，并确保社区更有能力应对心理问题。

（三）提供福利中心的指导资源

澳大利亚政府资助的学生福祉中心还为中小学生家长提供相应资源。家长可以在其中找到有关欺凌、网络安全、与孩子和学校沟通等重要主题的信息和建议，帮助他们为孩子健康积极的学习与生活提供支持与保障，与学校建立积极的沟通，并为更广泛的学校社区做出积极贡献。特定资源主题包括帮助孩子应对欺凌、攻击和暴力，建立相互尊重的关系，支持孩子做出负责任的决定等。每一个主题下配有相关资源链接，从国家政策和实际状况出发，帮助家长加深对内容的了解，提高实际应用水平。

五、澳大利亚社会心理健康服务

澳大利亚社会层面有很多代表性的专业组织机构参与中小学生的心理健康服务，为有心理健康问题的中小学生提供支持和专业服务，其中两个比较受欢迎并有代表性的组织机构是 Beyond Blue，Headspace。

（一）Beyond Blue 以及做自己

2001 年，Beyond Blue 成立。它是致力于讨论澳大利亚抑郁症、焦虑症和相关心理疾病的全国性的、独立的非营利组织。该组织的目标是提高在澳大利亚建立心理健康社区的重要性。2017 年，澳大利亚国家精神卫生委员会任命该组织领导创建和推出国家心理健康教育倡议“做自己”。这一倡议为教育工作者和领导者提供了一个专业学习框架，该框架包括心理健康社区、家庭伙伴关系、心理弹性、早期支持和共同响应（见图 17-2）。Beyond Blue 为学校及家庭提供的心理健康相关服务包括如下内容。

1. 为学校开发心理健康教育课程

2003 年，Beyond Blue 面向 8—10 年级中学生开发了心理健康教育课程，旨在通过提高适应能力促进青少年情绪健康和获得积极的学习成果。课程以认知行为理论为基础，课程时间为 3 年，学生每年参加 10 节课程，每节课时间为 30—45 分钟。该课程采用一系列交互式教学方法，如小组

图 17–2 “做自己”倡议的学习框架

练习和讨论、角色扮演、深度学习任务、测验和视频演示。同时，该心理健康教育课程可以在不同学习领域（如健康与体育、英语或社会研究）中教授，各学校可以自主决定最合适的学习领域来提供该课程。

2. 为家庭提供教育指南

Beyond Blue 根据不同年龄段的儿童，为澳大利亚家庭提供详尽的教育指南，指南内容包括：(1）针对 1—5 岁儿童，注重培养社会情感，如培养儿童社交技能，了解儿童的气质和情绪，注重儿童友谊的发展。(2）针对 6—12 岁儿童，注重培养儿童的沟通技巧，管理情绪、解决问题以及应对欺凌的能力，鼓励儿童的独立性。(3）针对 13 岁以上的儿童，帮助他们建立韧性，培养积极的自我意识，帮助指导孩子应对焦虑。（4）为家长提供预防孩子自杀的策略。

3. 为教育工作者提供职前培训

“做自己”通过职业教育培训部门为教师提供职前教育和免费获得工具和资源的途径，其中包括预防和应对自杀的工具包、《职前教育工作者手册：早期学习服务》及《职前教育工作者手册：中小学》等，帮助教育工作者满足国家、州和地区的要求、优先事项和标准，更好地促进学生心理健康。

（二）Headspace 心理健康服务机构

2006 年，澳大利亚联邦政府设立 Headspace 国家青年心理健康组织，该组织的核心是 Headspace 中心模型，该中心模型包括 16 个部分，其中有 10 个核心服务部分，6 个驱动部分。该模型建立在当地社区服务的基础上，其任务是设计和建立国家青年精神健康服务体系，提供高度可及的青年友好中心，为 12—25 岁青少年及青年提供早期心理健康干预服务，具体包括如下内容。

1. 创建青年服务社区

Headspace 已在澳大利亚各地逐步实施，其覆盖范围由 2007 年的 70 多个社区已扩大到 2018 年的 110 个社区[7]。青年服务社区的主要活动包括：在当地社区开展提高社区意识的活动，加强年轻人寻求帮助的行为；发展专家、青年和职业友好型青年服务，确保年轻人的需求得到协调和综合响应；利用 Headspace 培训包来规划和实施当地教育和培训计划；制定清晰流程，让青年和护理员参与社区意识活动以及 Headspace 服务平台的规划、发展和审查。总之，重点是确保为青年提供友好的环境和便捷的服务。许多青年由于病耻感而不愿意接受公共的心理健康服务，以社区为基础的服务，将为青年提供一个更有吸引力和更有效的切入点，吸引他们加入。

2. 增加获得服务的机会

Headspace 最重要的一点是接受所有类型的转诊，包括自我转诊，服务是免费或低成本的。Headspace 中心坚持"无错误的门"政策，确保青年可以提出任何问题，同时减少青年及其家人在寻求心理健康服务过程中的障碍，这与澳大利亚其他的传统精神卫生服务形成了鲜明对比。此外，Headspace 为年轻人提供及时的回应，同时会在正常营业时间之外运营，从而在不影响青年学习或工作的情况下为其提供服务。

3. 构建数字心理辅导平台

数字工作和服务平台（Digital Work and Study Service，DWSS）由澳大利亚政府社会服务部门支持的 Headspace 开发，旨在通过数字平台与临床心理健康服务相结合的工作和学习支持，改善 15—25 岁患有精神疾病的年轻人的心理健康问题。该服务通过网络聊天、视频会议、电子邮件和电话进行，使年轻人无论身在何处，都能以他们喜欢的方式获得服务。这也是一项临床整合的整体服务，提供一对一的密集优势支持，年轻人可以通过数字工作和服务平台获得各种支持，包括每周的专家帮助，网络研讨会等。

六、信息化手段在澳大利亚心理健康服务中的应用

信息化是指在心理健康服务中运用现代信息技术开发资源、优化过程，为中小学生提供便捷式服务。目前，信息化手段已广泛地运用在心理健康服务中，具体涉及以下方面。

（一）在线心理健康筛查及应用程序

黑狗研究所是澳大利亚唯一一所研究心理健康的医学研究机构，该机构通过数字工具和新疗法来预防和治疗焦虑和抑郁等疾病，为教师和学生开发一系列免费的循证心理健康资源和工具，其中包括学生在线心理健康筛查及护理。

1．在线心理健康筛查：一帆风顺

“一帆风顺”（Smooth Sailing）是基于学校的在线心理健康项目。该项目通过阶梯式护理模式改善高中生的抑郁症状和焦虑症状。该服务模式以心理健康寻求帮助理论为基础，将寻求帮助描述为一个转化过程，包括对问题的认识和评估、症状的表达和支持需求、帮助来源的可用性以及寻求护理的意愿披露，如图 17-3 所示。

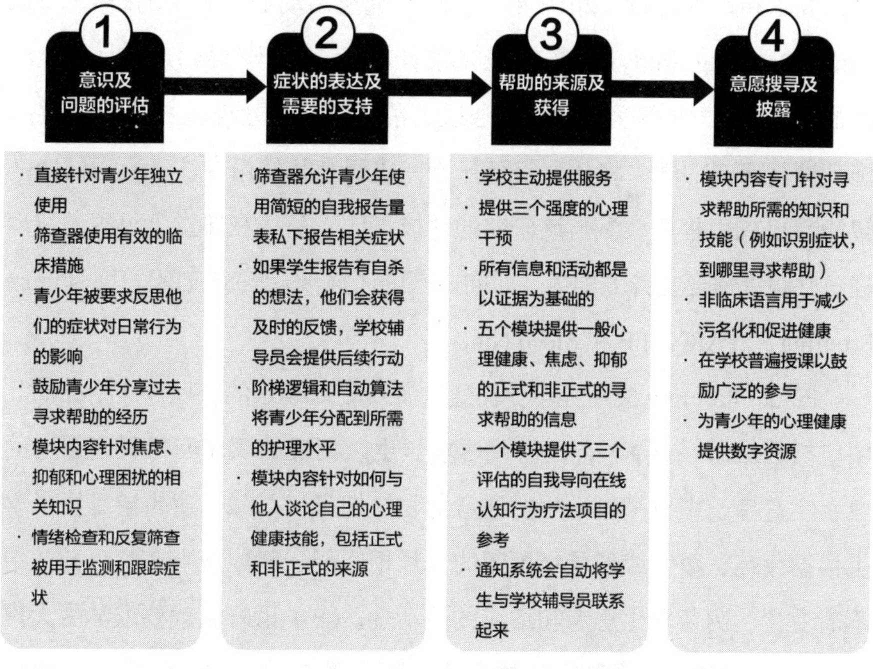

图 17-3 “一帆风顺”：青少年心理健康求助理论的应用

在课堂上，“一帆风顺”服务按照阶梯式护理原则，通过将焦虑、抑郁和自杀的自动症状筛查与强制性护理和随访相结合，将所提供的帮助强度与症状的严重程度相匹配。具体而言，学生被要求访问一个网站，创建一个个人档案，并完成普通焦虑量表和健康问卷。该项目根据学生的回答，使用经过验证的阈值，自动将学生分配到护理步骤。该服务为每个用户创建一个独特的指示板，其中概述了建议的模块和内容，对轻中度症状的青少年采取低强度的干预措施（如在线心理教育和在线认知行为治疗），对重度症状青少年进行密集的面对面干预措施（如学校咨询）。该服务每6周重复一次症状筛查。

2. 心理健康数字工具及应用程序

心理健康数字工具及应用程序旨在消除寻求帮助的障碍，如污名化、成本和地理位置。2019年，黑狗研究所启动面向未来的研究（The Future Proofing Study），这项研究预计在六年内与134所澳大利亚学校的13—18岁中小学生合作，通过智能手机为中小学生提供预防性措施，参与研究的学生将从8年级开始完成调查并使用专注于心理健康的智能手机应用程序，参与该研究的学校工作人员将在课堂上组织学习课程，并跟进需要支持的学生。面向未来的研究涉及三个应用程序：Future Proofing、SPARX-FP和Sleep Ninja。

Future Proofing应用程序旨在通过游戏测量学生的心理健康指标。其中包括五款游戏：（1）记忆游戏要求学生以相反的顺序回忆长度递增的数字字符串，主要测量学生的注意力和短期记忆。（2）逻辑游戏要求学生根据颜色、数字或形状将不同的卡片相匹配，匹配规则在整个游戏中不断变化，测量学生思考和适应的灵活性。（3）语音游戏要求学生大声朗读和重复文本，测量学生的语速和语气的变化。（4）打字游戏要求学生复制一个简短的文本样本，并输入他们自己撰写的关于日常主题的自由文本，测量学生打字的速度和流畅度，修改的次数及情感单词的使用。（5）运动游戏在获得许可的情况下收集学生的运动数据，以帮助研究人员了解学生运动的变化与心理健康水平之间的关系。

SPARX-FP 是一款基于认知行为疗法原理的奇幻游戏，该游戏设置七个关卡，每个关卡大约需要 20 分钟完成。通过 SPARX-FP，学生将学习以下技能：放松、解决问题、保持活跃、处理强烈的情绪、识别无益的思维习惯、用现实的思维代替无益的思维及人际交往能力（如建立信心）。

Sleep Ninja 是第一款专注于 12—16 岁青少年的智能手机应用程序，该程序基于失眠认知行为疗法，包括睡眠追踪功能、基于睡眠指南的推荐就寝时间、临床医生指导的放松音频以及一系列睡眠技巧和信息，旨在帮助青少年降低焦虑和抑郁症状等。睡眠忍者通过六次“训练课程”帮助学生学习睡眠策略，养成健康的睡眠习惯，以提高睡眠质量，学生在完成每个培训课程后将获得代表不同级别的“腰带”，最终目标是在睡眠中获得黑带。具体而言，学生通过完成一个训练课程来获得下一个“腰带”，共需要六周时间来完成睡眠忍者计划（六个培训课程 / 模块）。

（二）育儿信息网站

2006 年，澳大利亚社会服务部门针对 0—18 岁儿童青少年建立了育儿信息网站，即“养育健康儿童”。该网站列举了儿童青少年在成长过程中可能遇到的心理问题，如抑郁、焦虑、注意缺陷障碍等，为有需要的家庭提供免费、可靠、具有科学验证的信息，包括如何识别儿童青少年的心理问题以及对其进行干预的有效措施，这些信息有助于父母和照顾者保证儿童青少年健康成长。在“养育健康儿童”的基础上，儿童健康专家以及部分中小学生父母组成的小组开发了移动应用程序。例如，在儿童发脾气的情况下，该应用程序可以通过提供管理脾气的提示来指导父母应对儿童的问题，涉及识别触发因素和减轻压力等。同时，该程序涵盖焦虑、抑郁、压力和欺凌等育儿常见主题，还可指导使用者何时以及如何寻求进一步的专业帮助。

（三）网络咨询服务

1991 年，Yourtown 慈善机构开设儿童求助热线服务（Kids Helpline）。儿童求助热线服务是澳大利亚唯一的全国青年帮助热线，通过电话、网络聊天和电子邮件等媒介为 5—25 岁中小学生及青年提供全天候的免费信息咨询，包括针对简单问题的普遍护理（如提供信息或转诊、短期问题解决）以及针对存在多种问题、复杂精神疾病患者的复杂护理（如心理教育、持续咨询、伤害风险评估）。从 2012 年起，网络咨询服务的使用人数逐年递增。为帮助中小学生获得更好服务，儿童求助热线做出以下服务改进:（1）延长网络咨询营业时间。从 2016 年初起，儿童求助热线将网络咨询服务时间由每天 8—10 小时逐渐延长至 16 小时。（2）减少网络咨询的等待时长。数据显示，网络咨询的等待时长已经由 2012 年的 78 分钟减少到 2017 年的 24 分钟。（3）提高网络咨询的回复率。数据显示，网络咨询回复率已经由 2012 年的 30% 增长至 2016 年的 45%。目前，儿童求助热线形成了以网络咨询为主，电话和电子邮件咨询为辅的咨询与支持服务模式。

七、澳大利亚中小学生心理健康服务特点

中小学生的心理健康工作一直是澳大利亚政府的重点关注内容。为支持中小学生的心理健康成长，澳大利亚政府先后出台多项政策为其保驾护航，提供制度保障。学校、家庭和社会在国家政策的引导下齐心协力，开

展各项融合课程，普及信息化手段，提供服务便利。

（一）开发多元个性的课程资源，渗透心理健康教育

中小学生是国家的未来，在中小学生心理健康工作上，必须关口前移，以学校为主阵地，开发多种融合的课程资源。首先在澳大利亚的健康与体育课程中，心理健康和福祉是其重点领域之一，个人和社会能力的培养也强调了社会情感健康的重要性。其次，Smiling Mind、Bite Back、Headstrong 等项目在国家课程心理健康目标的指引下，开发了各具特色的心理健康课程模块，以促进中小学生的心理健康。

（二）探索实践创新的服务途径，重视社会化的心理健康服务体系

澳大利亚中小学生的心理健康服务重视全员参与，并得到了国家有关心理健康计划和战略的大力支持，促进中小学生的心理健康已不再局限于学校内部，社会各方力量联合学校、家庭共同推进中小学生的心理健康。其中，最知名的是 Beyond Blue，为学校和家庭提供心理健康相关的课程资源与教育指南，其次是 Headspace，重点为 12—25 岁患有精神疾病的青少年提供心理健康相关服务。

（三）普及信息化手段，提供云端心理健康服务

澳大利亚非常重视利用信息化手段为中小学生提供便捷的心理健康服务。首先，澳大利亚开发多个信息网站供学校及家庭可以在不受时间地点限制的情况下享受到服务资源，如养育健康儿童网站、儿童热线服务网站及黑狗研究所等，为有心理问题的中小学生提供干预措施。其次，在这些网站资源的基础上，又各自推出针对不同年龄段和不同心理问题的应用程序，旨在让心理健康服务惠及每一个中小学生。

参考文献：

［1］Sawyer M G, Miller-Lewis L R, Clark J J. The mental health of 13-17 year-olds in Australia: findings from the national survey of mental health and well-being［J］. Journal of Youth and Adolescence, 2007, 36: 185–194.

［2］Cross D, Shaw T, Hearn L, et al. Australian Covert Bullying Prevalence Study（ACBPS）［R］. Australia: Child Health Promotion Research Centre, Edith Cowan University, 2009: xix-xxi.

［3］Shin H H, Braithwaite V, Ahmed E. Cyber and face-to-face bullying: who crosses over?［J］. Social Psychology of Education, 2016, 19: 537–567.

［4］O'Hare D, Eapen V, Helmes E, et al. Recognising and treating tourette's syndrome in young Australians: a need for informed multidisciplinary support［J］. Australian Psychologist, 2016, 51（3）: 238–245.

［5］Kelly A B, Chan G C K, Mason W A, et al. The relationship between psychological distress and adolescent polydrug Use［J］. Psychology of Addictive Behaviors, 2015, 29（3）: 787–793.

［6］Mereduth O'Connor, Georglana C. The geelong grammar positive psychology experience［DB］. Social and Emotional Learning in Australia and the Asia–Pacific, 2017: 353–370.

［7］Rickwood D, Paraskakis M, Quin D, et al. Australia's innovation in Youth Mental Health Care: the Headspace Centre model［J］. Early Intervention in Psychiatry, 2019, 13（1）: 159–166.

第十八章

南非中小学心理健康教育与服务

为提升中小学生的心理健康水平，南非以政府牵头为主推进心理健康相关政策的制定，同时不断完善“家庭—学校—社会”多方联动合作的心理服务支持体系，坚持以“宣传预防—筛查评估—干预治疗”为工作主线，力图为中小学生提供多渠道、全方位的心理支持服务。南非利用学校、专业组织、社区等资源为中小学生及其监护人及时提供必要的支持和帮助，积极联动各方资源筑牢中小学生精神卫生防线。虽然目前南非对心理健康服务领域的关注度和投入比例逐渐提高，服务质量和效率逐步提升，但仍然面临资源不足、覆盖率低等许多挑战，尤其在信息技术应用方面目前仍有较大提升空间，另外对天才儿童的心理健康问题的关注也有待提升。

一、南非中小学生心理健康问题现状

根据南非国家统计局的数据显示，2021 年南非 5—17 岁中小学生人口数量约为 2 070 万，占南非总人口的三分之一（34.2%）。中小学生的健康发展一直备受关注，但由于环境与经济等特殊因素，南非许多中小学生面临着巨大的心理健康问题。导致中小学生出现心理健康问题的因素种类繁多，除原生家庭、学业压力、人际交往等常见的因素外，南非较为贫困的生活条件和流行率较高的艾滋病病毒、登革热病毒等也是造成心理健康问题的额外风险因素。2022 年南非 U-Report 民意调查发现，约 73% 的儿童和年轻人认为他们需要心理健康支持。开普敦大学 2021—2022 年《儿童和青少年心理健康》调查显示，有超过 13% 的 10—19 岁青少年确诊精神障碍。南非中小学生的心理健康问题主要涉及以下几个方面。

（一）焦虑、抑郁等情绪问题

联合国儿童基金会 2015 年报告中显示，抑郁、焦虑情绪问题是南非乃至全球中小学生都较为严重的心理问题，在南非有 16.5% 的儿童在 14 岁之前经历过至少一种常见的情绪问题，如焦虑、抑郁、双相情感障碍等。根据全球健康指标与评估研究所（Institute for Health Metrics and Evaluation，IHME）提供的 2019 年南非中小学生抑郁、焦虑的调查数据，5—19 岁中小学生中抑郁水平较高人数占比为 3.3%，焦虑水平较高人数占比达到 6.5%。在南非导致抑郁、焦虑等情绪问题的主要因素为负面的童年经历、接触暴力、虐待、贫困、药物滥用等。

（二）酒精与药物滥用

在南非，毒品和酒精的低成本和容易获得是增加青少年毒品和酒精滥用的风险因素。南非抗焦虑和抑郁组织表示，吸毒成瘾的平均年龄为 12 岁，全国有一半青少年存在酗酒问题。另外，根据南非社区吸毒流行病学网络（South African Community Epidemiology Network On Drug Use，SACENDU）发布的最新报告，在 2021 年，20 岁以下青少年主要因大麻滥用而入住治疗中心并接受矫正。可见青少年时期是许多人尝试使用酒精和其他物质的高发时期，但他们往往未能意识到这些物质对健康造成的伤害，也有人通过使用药物或酒精来处理巨大的压力或困难带来的消极情绪，然而这些易成瘾的物质可能会反过来使现有的心理健康问题变得更糟。

（三）校园暴力

在南非，校园暴力包括暴力威胁、心理虐待、抢劫、身体攻击、帮派暴力、体罚、性暴力和欺凌。南非国家统计局的数据显示，中小学生在学校遭受的最常见暴力形式是教师体罚，2019 年有近 84% 的儿童遭受过教师体罚，其次是教师的言语侮辱、戏弄和骚扰。与言语虐待相比，中小学生更容易遭受同龄人的身体虐待。[1] 根据南非国家统计局 2021 年发布的相关报告显示，与 2009 年相比，2019 年南非 5—17 岁儿童遭受学校暴力的比例下降了近一半，虽然校园暴力现象有所减少，但仍有必要持续关注以保护中小学生心理健康。

（四）自杀

根据 2021 年世界卫生组织发布的《2019 年全球自杀》报告中，南非的自杀率在非洲排名第六，其中青少年自杀问题较为突出。此外，世卫组织的全球卫生估计项目对 2000—2019 年南非儿童和青年的自杀情况调查结果显示，15—19 岁青少年自杀人数明显多于 0—14 岁儿童的自杀人数。[1]

根据 2018 年南非全国青少年危险行为调查数据，21% 的初二至高二青少年发生过一次及以上的自杀未遂行为。南非抗抑郁和焦虑组织在 2019 年的报告中也同样指出，有 17.6% 的青少年曾经历过自杀未遂，超过 20% 的 18 岁青少年曾有过一次或多次自杀未遂的行为。此外，该组织 2023 年发布的最新报告《自杀的语言：预防和耻辱》显示，自杀是造成南非 15—24 岁人群死亡的第二大原因。

二、南非心理健康政策发展沿革

南非的心理健康政策发展经历了以下几个阶段。

1994—2001 年：心理健康政策的初始阶段。南非在 1994 年结束种族隔离政策，开始民主转型。1997 年，南非第一个精神卫生政策指南获得批准。在此期间，心理健康政策的发展仍处于初始阶段，政府对心理健康问题的重视程度较低。此时，南非的心理健康服务主要由非政府组织和私人机构提供，政府角色较为有限。

2002—2012 年：心理健康政策的发展阶段。2002 年，南非政府通过《心理健康法》，正式确立国家心理健康政策的框架。该法规定心理健康服务的标准和程序，并建立心理健康服务的管理机构。该法被视为将精神卫生作为公共卫生问题解决的重要一步，推动了需要精神卫生保健者的人权，包括获得护理的权利。此后，南非开始逐步加强对心理健康问题的关注和投入，政府在心理健康服务领域的角色逐渐扩大。

2013 年至今：心理健康政策的不断完善阶段。2013 年，南非通过新的《精神卫生政策框架》和《2013—2020 年战略计划》，与世卫组织精神卫生行动计划保持一致，包括任务分担和将精神卫生纳入初级卫生保健服务。《精神卫生政策框架》是南非首个官方精神卫生政策，是实施 2002 年《心理健康法》的重要工具。它整合了科学证据和最佳实践，重点关注人权和弱势群体。《2013—2020 年战略计划》提出八个关键目标。一是以地区为基础的精神卫生服务，并将精神卫生纳入初级卫生保健；二是精神卫生保健的机构能力建设；三是监测、研究和创新，以提高服务质量；四是加强提供精神卫生保健的基础设施和设施能力；五是改进精神卫生技术、设备和药物；六是深化跨部门合作；七是提高精神卫生人力资源的能力；八是宣传、促进精神健康和预防精神疾病。

总的来说，南非的心理健康政策发展经历了从初级阶段到逐步完善的过程，南非政府在心理健康服务领域的投入和角色意识逐渐加强，心理健康服务的质量和效率逐步提高。

三、南非教育机构健康服务

（一）教学关怀与支持方案

教学关怀与支持方案（Care and Support for Teaching and Learning，CSTL）是南部非洲发展共同体的一项倡议，于 2008 年被南非基础教育部采纳。[2] 该方案的目标是促进学校成为包容性的学习、照料和支持中心，保证所有儿童，尤其是弱势儿童的教育权利，通过消除学习和教学障碍，预防和减少对弱势学生在学校的入学率、保留率、成绩和进步产生负面影响的因素，以综合应对弱势儿童或受到伤害儿童面临的社会排斥、社会障碍和心理健康问题。为实现相关目标，南非基础教育部明确学校教育在教学关怀与支持方案落实方面的举措，除了要求各学校必须确保为学生提供社会心理支持，为需要情感、心理和社会需求支持的学生建立转介网络，培训教育者向学生提供心理支持等，还规定各学校在关怀与支持方案中的具体职责。

学校各方职责包括校长和管理团队、学校管理机构、学生代表委员会、学校支持团队、教育者。其中校长和管理团队由校长、副校长、两名商务和科学系主任以及两位资深教育工作者共六名成员组成，主要对教育者进行评估，审查相关的筛查知识和能力，确保其在课堂上能够识别有学习心理社会障碍的学生并为他们提供支持；制订年度学校改善计划与个人计划，以促进教育者的个人成长和发展，提高学校提供社会心理支持的能力；建立学校支持团队，包括具备心理社会技能的个体或组织代表；准确识别需要心理社会支持的学生，明确教育者、学校管理机构和学生代表委员会各自在提供支持方面的作用；建立学校与周围社区服务、社会发展部和其他提供社会心理支持的政府部门的转介网络。

学校管理机构由校长、教育者、家长、学生组成，通过调查研究了解什么是社会心理支持，以及明确周围社区可能导致学生需要支持的情况；与家长分享什么是社会心理支持和校方的责任信息；审查教育工作者和学校资源的预算拨款以识别和支持需要心理社会帮助的学生。

学生代表委员会是由学生选举产生的代表团体，成员为学生，主要负责调查了解什么是社会心理支持，以及明确周围社区可能导致学生需要支持的情况；与学生分享有关心理社会支持的信息，教授他们如何帮助那些需要心理社会支持的同伴，并向学生介绍学校提供的支持措施。

学校支持团队是一支为学生提供支持和辅导的专业团队，也对需要提供心理社会支持的弱势学生进行识别，并规划和实施这方面的策略，并倡导在学校和社区中开展关爱和支持活动。

教育者会评估所有经历过创伤事件的学生对心理社会支持的需求；与需要提供心理社会支持的学生父母或监护人接触，了解在课堂上可以提供的支持以及父母如何在家提供支持，确保学生上学和表现良好。

该方案对学生、父母或监护人也进行了相应的职责指导。学生需要加入同伴支持小组，帮助识别经历过创伤的学生，并给他们介绍教育者；为经历过创伤事件的学生提供支持，给予倾听并支持他们寻求教育者的帮助。父母或监护人应确保让教育者知晓孩子经历过创伤，从而对孩子进行额外的学习需求评估；向学校和教育者了解能够满足孩子额外需求的相关服务和支持，并保障孩子的需求。

目前多个地方政府部门和机构与基础教育部合作，为教育者和学生提供心理社会方面的支持，如与社会发展部、卫生部合作，帮助学生与社会工作者、心理学家和精神病学家均与学校建立联系。同时，学校与非政府组织或社区组织联系起来，为有酒精和药物滥用问题的学生提供治疗和咨询，以帮助他们克服个人挑战和困难，实现健康成长。

（二）学校综合卫生方案

学校综合卫生方案于2012年由南非卫生部和基础教育部共同制定并联合实施，逐步扩大学校保健服务的覆盖面，使所有中小学生都能享有这些服务，旨在解决学生当前面临的身体和心理健康问题，推进实施能够促进童年和成年期学生健康与福祉的干预措施。[2]项目倡导每所学校在校领导的支持下成立专门负责健康服务的学校支持团队。学校健康服务贯穿四个教育阶段：基础阶段（学前班—3年级）、中间阶段（4—6年级）、高级阶段（7—9年级）以及继续教育和培训阶段（10—12年级），且涉及健康筛查、现场服务和健康教育三方面措施，其中涉及心理健康服务的有健康筛查和健康教育措施。

1. 成立学校支持团队

团队成员由生活技能指导教师、学校卫生小组成员、学校管理层代表、相关非政府组织或社区管理组织代表、同伴教育者（指经过培训的志愿者，他们通过与同龄人互动，提供支持和教育的作用）和学生组成，并由生活技能指导教师或指定人员负责协调校内该项目的所有活动。学校支持团队的工作内容包括：动员学校社区各方（包括教育者、学校管理层和其他参与者）参与并执行实施学校卫生方案；确保为所有学生提供该项目的所有服务内容；确保根据该项目中监测和评估的相关规定收集、整理、存储和转送数据；管理该项目为学校提供的相应设备；与非政府组织和其他社区组织在内的外部服务单位建立合作关系。

2. 心理健康支持与教育

心理评估与筛查工作。该项目的心理健康筛查工作包含基本心理健康和心理社会风险评估。筛查工作由专业护士负责，分别在四个教育阶段对学生进行评估。如遇到留级复读的情况，或者教师、家长、学生本人提出要求，可进行额外的个人评估。基础教育阶段以评估筛查工作为主，侧重于筛查儿童是否存在学习障碍以及是否存在或面临长期健康、心理社会问题或其他问题的风险，并倡导以教育中心为筛查发育或行为障碍的枢纽，帮助有心理健康问题风险的儿童与当地社会发展部门或卫生部门医生建立联系，以获得更多支持，为护理人员提供信息，按实际需要与服务支持网络建立联系。在基础教育以后的教育阶段仍然进行筛查工作，但更侧重于保证学生能够获得性、生育以及心理健康方面的支持关怀服务。

心理健康教育工作。当前心理健康教育已纳入学校课程。基础阶段主要提供虐待相关的主题教育；在中间阶段增加生活导向式的健康教育，重点关注虐待、青春期、药物和物质滥用相关主题；在高级阶段新增艾滋病病毒咨询检测，以及与自杀相关的主题。该板块为学生提供全面的生活导向型学习内容，引导学生建立负责任的公民身份，拥有健康和丰富的生活以及培养社会参与、娱乐和体育活动、就业和职业选择的技能、知识和价值观（见表 18-1）。

表 18-1　学校综合卫生方案中的心理健康系列服务

心理健康服务	心理健康筛查
基础阶段（学前—3 年级）	
心理健康 心理社会支持	虐待（性虐待、身体虐待和情感虐待）

续表

心理健康服务	心理健康筛查
中间阶段（4—6 年级）	
心理健康 心理社会支持	虐待（包括性虐待、身体虐待和情感虐待，欺凌和暴力） 青春期（例如身体和情绪的变化、月经和青少年怀孕） 药物和物质滥用
高级阶段（7—9 年级）	
心理健康 心理社会支持	虐待（包括性虐待、身体虐待和情感虐待，欺凌和暴力） 艾滋病病毒咨询检测以及污名化减轻 药物和物质滥用 自杀

3. 部门协作

政府、工会、私营部门、学术机构、公民社会和非政府组织之间建立有效的合作伙伴关系，协助拟定、执行、监测和评价学校卫生的优先领域，帮助学校落实卫生方案。国家及各省卫生部、基础教育部和社会发展部负责学校卫生方案相关服务提供者之间的协调，并定期召开会议确保各级所需合作的落实。

（三）同伴教育方案

南非基础教育部于 2011 年发布《南非学校学习者同伴教育方案实施准则》，该文件指出同伴教育是一个动态的过程、战略、沟通渠道、系统和工具，指在特定情况下选择和充分训练某些个体，让他们为同处于该情况的其他个体的福祉做出贡献。同伴教育者通常具有以下特征：受学生尊重并能与之交谈；能对同龄人的行为产生影响；具有良好的人际交往能力；能够与同伴交往，负责任且值得信赖。同伴教育者应为群体成员做出重要贡献，如有助于开发知识、技能、价值观和态度，加强寻求健康的行为，减少风险行为和脆弱性，提高心理弹性等，以一种积极的方式影响身边同伴。方案指出，要成功实施同伴教育，应将其纳入主流教育活动。在校实施同伴教育干预有三种不同的模式。

一是作为生活指导课程的一部分。这种模式作为生活导向课程的一部分，在生活指导教师（Life Orientation Educator）指导下在课堂上实施。这种模式将生活技能培训和同伴教育整合为一个项目，其中不同的执行者呈现课程的不同部分。需要特别注意的是，当教育者和同伴教育者参与到课程的前期工作时，他们应该关注自己最擅长的课程方面。例如，教育者在提供信息方面表现最好，而同伴教育者在形成规范方面表现最好。

二是生活指导主题以外的同伴教育。同伴教育课程在第一种模式的基础上加以实施，但与其不同的是，同伴教育课程不局限于以班级为单位实施，而是可以将学生组织在不同的小组中分别实施。根据学校时间表进行分配，全校均可在特定时间参与同伴教育（如活动周），展示他们的课程，这些活动在生活指导教师的监督下完成。

三是将同伴教育纳入在校青年（15—24岁）领导力发展计划。这部分由学生代表委员会主持，将同伴教育置于学生代表委员会的活动时间表中，同伴教育者的活动可以与学校中其他学生推进的活动协调进行。生活指导教师监督以课外活动为主的同伴教育。在学生代表委员会的支持下，同伴教育者可以组织适合青年参与的活动，以提高人们对高风险行为的认识，并让学生参加活动。这个模型的重点在于意识、参与和同伴教育者影响其同伴行为的楷模作用。

四、南非家庭与社会心理健康服务

（一）针对家庭的心理健康指导

和谐的家庭环境和积极的家庭支持对中小学生的心理健康发展非常重

要。南非政府、卫生部、国家社会发展部、非政府组织等相关部门主要采取以下三项措施为家庭提供支持。

1. 立法和政策改革

《2021年南非家庭白皮书》将促进家庭福祉和加强家庭关系作为优先事项，并更加注重促进和预防干预的相关措施，如加强家庭和照料者保护儿童的能力。国家政策还提出家庭功能在儿童心理健康方面发挥的关键作用：家庭功能影响家庭压力和父母心理健康状况，并且可能引起家庭的不稳定和暴力行为。这里的家庭功能指的是父母对孩子的养育、照料、支持和保护等功能，家庭功能障碍包括忽视、暴力、遗弃、沟通不畅、滥用药物等，健康的家庭有时会表现出这些特征中的一种或多种，但功能失调的家庭出现家庭功能障碍的频率会更高并且程度更加严重。

2. "肩并肩"倡议

卫生部于2015年发布的"肩并肩"倡议是一项旨在促进形成父母和儿童之间的安全和关爱关系以帮助5岁以下儿童健康成长的全国性运动。该运动以世界卫生组织于2018年通过的《养育照料框架》为基础，以母亲和儿童为中心，通过社交媒体资源，为儿童和母亲提供财政支持和保障，促进幼儿在卫生机构和家庭获得全面的养育照料服务。该运动为完善保健机构和动员社区的保健工作人员提供了方向，但加强卫生系统服务幼儿及其家庭的能力还需要进一步提升。

3. 有针对性的以家庭为中心的育儿干预措施

心理教育、父母和家庭技能培训以及行为、心理和创伤治疗等干预措施对儿童心理健康、父母的养育行为和家庭功能产生了积极影响，世界卫生组织和联合国儿童基金会设计的"青少年终身健康育儿项目"于2018年在南非三个社区开展试点。该项目旨在通过改变父母养育子女的态度和做法改善亲子关系，减少父母的虐待行为，促进儿童形成安全型依恋，改善儿童的认知和社会情感发展。特别是在资源贫乏的环境中，考虑环境压力、父母心理健康和儿童幸福之间的相互作用，为照顾者提供积极育儿策略。

（二）针对社会的心理健康指导

南非政府、卫生部等相关部门为提供社会支持所采取的行动主要体现在推行一系列立法和政策改革，以及针对地区精神卫生系统进行改革和完善两方面。

1. 南非政府推行一系列相关政策和改革

20 多年来，中小学生的心理健康一直受到南非政府和政策制定者的关注。例如，南非政府在 2003 年制定《儿童和青少年心理健康政策指导方针》，2004 年制定《儿童和青少年心理健康框架》。2019 年颁布《国民健康保险法》，旨在通过形成高质量的医疗保健来提供全民医疗保险，解决南非国民的经济困境。该法指出，所有儿童都将获得“基本医疗保健服务”，并且学校将提供健康服务，以满足身体的需求，促进学龄儿童的心理健康。

2. 完善和加强地区精神卫生系统

南非政府提出，将精神卫生服务分散到各个地区卫生系统，并纳入基础卫生服务，因此南非卫生部出台《2013—2020 年国家精神卫生政策框架和战略计划》，国家精神卫生委员会对此计划进行推行。该计划详细说明了地区卫生服务在加强南非中小学生心理健康服务中的核心作用。相对于其他非洲国家，南非拥有更多的儿童和青少年精神病学专家，但是多集中在少数城市，因此地区的精神卫生服务的完善十分重要。卫生部指出地区卫生服务将由一个专门的地区精神卫生小组监督，负责相关活动，包括实施协作护理和任务分担；在心理健康专家小组的支持下，对较低护理级别的工作人员进行心理健康培训和监督，制定临床方案、以社区为基础的康复方案等，促进部门间合作。采用以社区为基础的护理模式可使人们更公平地获得医疗保健服务。所有社区均采用世界卫生组织提出的三级干预模式，该模式从以社区为基础的“非正式”服务开始，往上是正式护理支持的三个层级，随着级别的升高，提供的医疗服务更加专业。其中，较低层次的服务能够满足大多数儿童的心理健康需要，级别越高，费用也越高。

具体的精神卫生干预措施被纳入地区保健服务的核心计划，并由受过培训的工作人员具体实施。具体包括:（1）对严重精神疾病患者的康复过程进行药物监测和心理社会性康复训练。（2）在初级保健诊所（如南非农村或镇县小型诊所）和社区（如学校）发现和管理中小学生精神障碍，并酌情转介。（3）在专科精神病医院中提供次级专家服务（Sub-specialist Services），如针对中小学生的心理健康服务。

五、南非心理健康服务机构及保障

南非中小学生面临严重的社区暴力、虐待、艾滋病病毒，其心理健康问题对南非的公共健康构成重大威胁。面对心理健康相关的复杂影响因素，需要一种综合的跨部门方案来改进中小学生心理健康问题的预防、治疗和护理。下面对南非的心理健康服务机构及财政保障进行简介。

（一）国家管理机构

南非卫生部是与心理健康关系最密切的部门。南非共有九个省份，卫生部在各省分别下设了省级卫生厅，除各省份设立的省卫生厅，与心理健康有关的部门还有：卫生部、基础教育部、社会发展部、精神病医院、护理和康复中心、地区卫生服务机构等。上文所提及的《教学关怀与支持方案》《学校综合卫生方案》《2021 年南非家庭白皮书》等均有上述部门参与。后文将简述这些部门的相关工作职责。

卫生部是南非的国家政府部门，核心职责是为南非结构化和统一的卫生系统提供框架，其目标是通过关注可获得性、公平、效率、质量和可持续性，不断改进卫生保健提供系统，通过预防疾病和促进健康的生活方式来改善健康，负责政策制定、协调和支持省级部门，以及对省级卫生部门的监测、评估和监督；通过应用社会团结、交叉补贴和公平原则，逐步实现全民健康覆盖，并为所有寻求医疗保健的公民提供财务风险保护。

基础教育部的核心管理职责包括提高教与学的质量、提高教师的能力和实践水平、增加获得高质量学习资源的机会；进行定期评估以跟踪进展情况，建立世界一流的标准化国家评估体系，从持续参与国际评估中吸取重要经验教训；改善儿童早期的发展，如普及学前班年级教育和提高儿童早期发展质量；建立可信的问责制度、加强学校管理，促进学校功能的提升、加强民政事务处的能力。

社会发展部的核心管理职责包括管理和监督社会保障，包括社会援助和社会保险政策，目的是在出现生存风险（如因失业、残疾、老年或死亡而失去收入）的情况下预防和减轻贫困；发展社会福利服务，通过与国家资助机构、非政府组织、社区组织和信仰组织等执行机构合作可持续发展方案，为减少贫困、脆弱性和艾滋病病毒 / 艾滋病的影响提供支持。

精神病医院、护理和康复中心归属于精神保健单位，其核心管理职责包括提供住院和有限的门诊精神卫生服务；为二级和初级保健服务提供持续的日常培训、监督和支持；提供专业服务，如提供与法医精神病学（Forensic Psychiatry）有关的服务和提供面向儿童及青少年的专业服务。

省卫生厅是省级部门，主要职责是将国家政策转化为省级战略和业务计划，其中包括明确的目标、预算和时间表，监测和评价国家精神卫生政策和立法的执行情况，为精神卫生服务提供可持续的预算，与地区卫生管理人员密切合作，在地区层面推动精神卫生资源和服务的公平分配和提供；将心理健康指标纳入日常信息系统，进行心理健康看护的日常监测和评价；促进部门间合作，将涉及精神卫生的所有部门，包括教育、社会发展、劳工、刑事司法、住房、农业部门和非政府组织聚集在一起，在规划和提供服务方面与各界进行协调；在各省扩大精神卫生工作队伍，确保将精神卫生保健纳入所有卫生服务，尤其是纳入区卫生系统内，在精神卫生规划、服务监测和将研究成果转化为政策和实践方面建设省级卫生管理能力。

地区卫生服务机构是地方性卫生服务机构，核心管理职责包括根据国家和省的优先事项，提供促进和预防心理健康的干预措施；将精神健康纳入地区保健治疗和康复服务的核心工具包，对怀孕期间的精神疾病进行例行检查，并酌情提供咨询和转诊；在严重精神疾病康复框架内进行药物监测和心理社会康复；在初级保健诊所检测精神疾病和管理常见精神障碍（如抑郁症和焦虑症），并酌情转诊；在初级保健诊所发现和管理中小学生精神障碍，并酌情转诊；按照《精神卫生法》（2002 年）的规定，在指定地区和区域医院住院环境中提供紧急护理（24 小时）和 72 小时观察服务，为所有普通保健工作人员开展心理健康培训方案，以便进行基本的筛查、发现和治疗，以及转诊复杂病例，同时建立和维持精神卫生转诊和反向转诊途径，在初级保健层面实施临床评估和干预方案，根据基本药物清单，向地区卫生系统的所有适当层级提供精神药物。

（二）社会团体组织

1. 南非抗抑郁和焦虑组织

南非抗抑郁和焦虑组织（South African Depression and Anxiety Group，

SADAG）成立于1994年，是现今非洲最大的精神卫生组织，在全国拥有180多个支持小组，内容涉及多种不同的精神健康主题，包括抑郁症、焦虑、创伤、慢性病、双相情感障碍等。在青少年领域，该组织主要关注青少年自杀、青少年自杀预防、考试压力等问题，通过开设专门的学生支持小组，出版青少年自杀预防手册，同时开通自杀危机热线和Cipla心理健康热线等服务，守护青少年的心理健康。

2. 南非心理健康联合会

南非心理健康联合会（South African Federation for Mental Health，SAFMH）是一个全国性的非政府组织，成立于1920年，是南非最大的全国性精神卫生联合会。该组织以社区为基础，为资源不足的社区提供必要的精神卫生服务，旨在改善精神卫生资源，提高公众对精神卫生的认识。具体职能包括制订各种方案并提供相应的服务，提高公众的心理健康意识；利用各平台扩充心理健康资源；与政府、非政府组织和其他组织合作，在工作场所、学校、高等教育机构开展培训和提升计划；利用网站和其他在线平台传播信息，并运营心理健康服务台，向有需要的个人及其家人、专业人员和组织提供信息、支持和推荐等。

3. 南非精神卫生信息中心

南非精神卫生信息中心（Mental Health Information Centre of Southern Africa，MHIC）由开普敦大学和斯泰伦博斯大学于1995年合办，其服务内容包括：提供临床医生和心理健康专业人员的心理教育培训；在精神病学及相关领域开展研究工作；提高公众对心理健康问题的认识；鼓励精神疾病的早期诊断和治疗；解决与精神疾病相关的耻辱感等。其中也包括针对儿童和青少年精神病学的内容。

4. 社区心理健康和精神病学基金会

精神疾病患者缺乏安全、体面、优质、永久和负担得起的住房是当前南非心理健康保障体系面临的主要问题。为此，社区心理健康和精神病学基金会（Community Mental Health and Psychiatry Foundation，CMHP）通过24小时综合护理，促进长期精神疾病患者的安全和生活质量。社区心理健康和精神病学基金会致力于根据患者的生活、学习、工作和社交环境，为其介绍精神康复的实践和理念，并提供住房设施和日常照料的服务。

5. 其他平台

儿童热线，1986年在夸祖鲁—纳塔尔省发起，旨在应对南非儿童性虐待的严峻问题。儿童热线是一个非营利组织，致力于保护儿童免受一切形式的暴力，在南非营造“儿童权利文化”氛围，维护儿童心理健康。

开普敦大学儿童研究所。开普敦大学儿童研究所旨在通过研究、宣传、教育和技术支持，呼吁南非社会将儿童置于所有政策的中心，以保护儿童免受伤害，提升其应对压力和逆境的能力，为其提供茁壮成长的机会，并为促进平等、实现权利和改善南非所有儿童状况的政策、法律和干预措施做出贡献。

（三）资金保障

1. 南非政府提供公共精神卫生支出

根据南非心理健康服务和项目的卫生系统成本评估，2016年南非近一半的精神卫生总支出在精神病院一级，有24%的患者在出院后三个月内再次入院。粗略估计表明，南非需要精神治疗的无保险人口中只有极少数接受过某种形式的住院和门诊精神治疗。这项研究首次在全国范围内反映了精神卫生支出情况，表明南非政府精神卫生支出的低效性和局限性。

2. 其他筹款组织

（1）我的学校、我的村庄、我的星球

“我的学校、我的村庄、我的星球”（MySchool，MyVillage，MyPlanet）项目创立于1997年，是南非社区支持的筹款项目。此项目每月会为7 500余所学校、慈善机构、环境保护和动物福利组织筹款超过700万兰特（约合人民币269万元）。在消费者购物时，该项目会为其提供捐款的选项。使用“我的学校、我的村庄、我的星球”卡进行支付，将部分支付费用捐赠给学校或者慈善机构。根据项目名称“我的学校、我的村庄、我的星球”该项目分为三部分。“我的学校”旨在确保所有儿童都能获得他们应得的优质教育，有超过7 500所注册学校受益于该组织筹集到的资金。“我的村庄”旨在支持慈善机构和福利组织，帮助社区中的弱势群体（孤儿、有需要的儿童、老年人和残疾人）。“我的星球”专注于保护环境、保护野生动物和维护动物福利。

（2）国家彩票委员会

国家彩票委员会成立于1998年，自2000年起根据《彩票修正案》为各界提供资金支持。该委员会从国家彩票收入中产生资金和运营预算，每周将27%的收益资助给公益事业。南非心理健康联合会就接受该组织的资助。

六、南非心理健康服务中的信息化手段应用

（一）通信技术支持

随着网络覆盖范围的扩大，南非网络用户数量迅速增长。南非88%的家庭以及自由州省90%的家庭都至少拥有一部手机，互联网增加了人们获得保健、监测健康结果的机会，也为卫生干预创造了更多机会。心理

学家在内的一系列精神卫生保健提供者已开始使用移动网络来改善人们获得保健、监测健康结果的机会。该方式极大改善了医院人手不足以及财政负担等问题。同时，信息支持也可以帮助父母了解和改善青少年的心理健康问题。[3]

南非的许多心理健康服务机构开设在线咨询平台，为公众提供远程心理辅导和咨询服务。例如，南非抗抑郁和焦虑组织提供免费的心理健康咨询服务，包括在线聊天、24 小时热线、电子邮件等。其官网还特别提供青少年自杀相关的主题栏目，其中包含自杀预防手册等一系列知识宣传资料。此外，当前一些心理健康机构和专业人士也开始在社交媒体平台如社交网络和视频共享网站上开展宣传活动。他们通过发布相关知识、教育和支持的帖子，提高广大公众的心理健康意识。[3]

（二）远程监测技术支持

南非还采用远程监测技术监测心理状态，这些技术包括心率监测器、睡眠追踪器和其他传感器设备，用于记录有关个人身体和精神状态的数据，并上传到医生的数据库中。这些数据用于识别并更好地管理患者的心理健康问题。[4]

许多卫生政策制定者认识到人们需要充分的心理健康支持，这在一定程度上促进了数字医疗的发展。如采用基于短信的解决方案、移动的医疗应用程序、远程医疗和远程医疗、基于“WhatsApp”的系统、人工智能以及聊天机器人和机器人等。包括南非在内的五个国家还进行了一项名为非洲青年心理健康伦理数字创新网络的项目，专注于开发一个面向非洲年轻人的数字心理健康干预措施的强大框架。该项目将不同的年轻人群体置于数字创新的中心，了解并确定他们的需求以在非洲实现心理健康。

总之，目前南非已开始推进数字化、信息化技术在心理健康服务领域的应用。但医疗保健的数字化需要大量资金购买设备和软件来应用、扩展以及推广，当前南非医疗保健数字化仍面临资金不足的挑战。

参考文献：

[1] Statistics South Africa. Child Series Volume I: Children exposed to maltreatment [EB/OL]. (2023-02-28) [2023-12-15]. https://www.statssa.gov.za/?page_id=1854&PPN=92-02-01.pdf.

[2] Department of basic education in South Africa. Health promotion [EB/OL]. [2023-12-15]. https://www.education.gov.za/Programmes/HealthPromotion.aspx.

[3] Mbunge E, Batani J, Gaobotse G, et al. Virtual healthcare services and digital health technologies deployed during coronavirus disease 2019 (COVID-19) pandemic in South Africa: a systematic review [J]. Global Health Journal, 2022 (2): 102-113.

[4] Anthony Jnr B. Implications of telehealth and digital care solutions during COVID-19 pandemic: a qualitative literature review [J]. Informatics for Health and Social Care, 2021, 46 (1): 68-83.